직장인 성공백서

직장인 성공백서

2019년 7월 18일 1판 1쇄 발행

지은이 | 한일섭
펴낸이 | 양승윤

펴낸곳 | (주)영림카디널
　　　　서울특별시 강남구 강남대로 354 혜천빌딩
　　　　Tel. 555-3200 Fax.552-0436
　　　　출판등록 1987. 12. 8. 제16-117호

http://www.ylc21.co.kr

ⓒ 한일섭, 2019

값 15,000원

ISBN 978-89-8401-232-5 (03190)

「이 도서의 국립중앙도서관 출판예정도서목록(CIP)은 서지정보유통지원시스템
홈페이지(http://seoji.nl.go.kr)와 국가자료공동목록시스템(http://www.nl.go.kr/kolisnet)에서
이용하실 수 있습니다.(CIP제어번호: CIP2019026051)」

직장인 성공백서

한일섭 지음

영림카디널

시작하며

우리는 인생을 살아가면서 많은 일을 하며 다양한 경험과 체험을 합니다. 특히 직장인들이 일을 하면서 만들고 축적해 온 알찬 경험과 노하우는 퇴직을 하면서 사라져 버리거나 사장되어 버리기에는 아까운 지적(知的) 자산일 것입니다.

　은퇴 생활을 하면서 같이 늘 어울리던 선배 두 분께 우연한 기회에 이런 말씀을 드렸더니 "그러면 그 경험을 책으로 함 써보는 게 어때!" 하시면서 농담조로 던진 그 소리가 나의 뇌리에 박혀 용기를 내보았습니다.

　책의 제목을 '직장인 성공백서'로 붙였습니다만, 일과 사람에 관한 개인적인 경험과 생각에 지나지 않는다는 사실을 밝혀 둡니다.

　그리고 내용 중에 든 사례들은 개별 사안이나 특정 인물을 비난할 의도로 묘사된 것이 아니라 이해의 폭을 넓히기 위한 사례이니 오해 없으시기 바랍니다.

아무쪼록 이 책을 읽으시는 분들의 앞날에 조금이라도 도움이 되었으면 하는 바람과 함께 앞으로의 건승을 빕니다.

이 책을 펴내는 데 많은 도움을 주신 이의명 회장님, 이연우 선배님 그리고 출판사 관계자 여러분께 감사 말씀 드립니다.

마지막으로 나의 평생 동반자이자 든든한 울타리인 사랑하는 정혜, 큰딸 진아, 작은딸 승주 모두 아빠를 성원해줘서 고맙고 사랑해!!!

2019년 7월 18일
한 일 섭 올림

소 확 성의 방정식
소소하지만 확실한 성공

$$성공 = 品 \times 力^2 \times 事^3 \times 人^5 \pm 老^3$$

직장인들이 직장 생활을 하면서 주위로부터 성공이라는 단어를 많이 듣게 된다. 과연 무엇을 성공이라고 하는 걸까?

어떻게 보면 취직하는 것을 성공이라 할 수 있다. 또 자격시험에 합격해 전문직으로 취업하는 것이나 사업을 해서 돈 많이 버는 것을 성공이라 할 수 있다.

이는 사람에 따라 다르며, 사람의 기대 수준을 반영하는 지극히 주관적인 개념일 것이다. 하지만 직장인에 한정해 놓고 보면 직장에서 인정을 받아 제때 승진하고 남들에 뒤처지지 않는 것이 아마 가장 무난한 성공이 아닐까 싶다.

물론 능력이 탁월해 수억 원 이상의 연봉을 받거나 임원에 승진도 하고 궁극적으로는 사장에까지 오를 수도 있겠지만 이는 극히 드문 경우이고, 일반적으로 직장인의 성공이란 직장에서 무난하게 근무해 천수(정년)를 다하는 것이 아닐까? 말이 무난하다는 표현이지 나이가 들어갈수록 이 또한 쉬운 일은 아닐 것이다. 요즘 대부분의 회사에서는 여간해서 직원들이 정년까지 근무하는 것을 두고 못 본다. 여러 가지 이유가 있겠지만 현실이 그렇다는 것이다.

늦게 승진해가면서 천천히 정년까지 다니려 해도 대부분의 회사에는 직급 정년이라는 것을 두고 있다. 그렇다고 고속승진하면 조진조퇴라는 영광스러운 불명예가 뒤따르게 된다. 결국 남이 갈 때 같이 가는 것이 정답이 아니겠는가? 하지만 그것도 결코 쉬운 일이 아니라는 것을 많은 직장인들은 경험적으로 알 것이다. 참으로 진퇴양난인 것이 직장 생활이다. 어쩔 수 없는 일이다. 영원한 '을'의 신세인 직장인들에게는 열심히 일해서 동료에 뒤처지지 않고 승진할 때 승진하고 나갈 때 같이 나가는 수밖에 없다. 한때 소확행(소소하지만 확실한 행복)이라는 말이 유행했는데, 그래도 자신이 몸담은 직장에서 오래 살아남는다면 소확성이라고나 할까? 이는 신세한탄이 아니라 어쩔 수 없는 직장인의 운명과 같은 것이다.

성공의 의미를 어떻게 정의하든, 직장에서의 성공은 자신의 품성(品)과 능력(力), 하는 일(事), 그리고 만나는 사람(人)에 의해 결정된다.

品

: 사람의 지속적인 성격으로 '품성(品性)'을 나타내는 것이다. 바로 '사람의 됨됨이'이다. 여기에는 도덕성, 정직성, 성실성, 인간애가 내포되어 있다. 집단 사회에서 인간관계는 품성에 의해 좌우되는 경우가 많다. 즉 성공을 위한 가장 기본적인 변수가 되는 것이다. 품성은 성취감을 북돋아 성과를 고취시키는 역할도 한다.

力[2]

: 학력, 스펙 및 직장 경력 등에 바탕을 둔 기초 능력(力)과 자기 분야에서 일하는 데 필요한 전문 능력(力)을 나타낸다.

직장인이 되기 위해서는 학력이라든지 스펙이라든지 아니면 전 직장에서의 경험 등 그때까지 쌓아왔던 경력이 그 바탕이 될 것이며 바로 그 사람의 능력이 된다. 기초 능력은 직장 생활을 통해서 숙달 심화될 수 있다. 하지만 사전에 그 요소를 파악하고 이해해 빠른 시간 안에 체득해야 한다. 전문 능력은 인재로서의 부가가치 원천이며 끊임없이 새로운 기술의 획득이나 업데이트가 필요한 것이다. 전문 능력도 중요하지만 기초 능력을 충실히 갖춰야만 직장에서 일 잘하는 사람, 즉 성공하는 직장인이 될 수 있다.

事[3]

: 성과를 나타내는 것으로 자신이 한 일(事)의 성과, 부하 직원

과 한 일(事)의 성과 및 상사와 함께 한 일(事)의 성과를 의미한다.

일이란 모든 변수의 집약체라 할 수 있다. 즉 개인의 품성이라든지 능력이라든지 인간관계 등의 종합적인 결과물이 일의 성과로 나타나는 것이다. 성과로 일의 성공 여부가 결정되고 성과가 직장에서 성공의 중요한 열쇠가 된다. 나와 부하 직원과 나의 상사가 하고 있는 일이란 어떻게 보면 성과를 말하는 것이다. 일의 결과는 바로 성과로 나타나기 때문이다.

직장에서의 성공은 나 혼자 잘한다고 해서 가능한 게 아니다. 상사를 잘 만나거나 잘 보필해야 하고 부하 직원을 잘 육성하고 관리해 성과를 올리는 것이 나 혼자 잘하는 것보다 더욱 중요하다. 각종 자기계발서에 등장하는 협동력을 말하는 것일 수 있지만, 여기서는 그 이상의 의미를 가진다. 물론 직장인의 기초 능력이 탄탄히 뒷받침되어야만 일의 성과를 올릴 수 있음은 더 말할 필요가 없다.

人^5
:: 나(人), 부하 직원(人), 상사(人), 인맥(人) 및 가족(人)이라는 사람과의 관계력을 나타낸다. 여기서 '나'는 관계를 맺는 능력을 나타내기도 한다.

이 방정식에서 보는 바와 같이 성공을 위해 가장 중요한 것은 결국 사람이다. 직장에서 어떤 상사를 만나고 어떤 부하 직원을 만나는 것 외에 나와 연을 맺은 외부 사람, 즉 통칭해서 인맥도 직장에서 성공하기 위한 변수가 된다는 것이다. 가족이 나의 성공 요소에서 가장 중요한 기본 변수가 되는 것은 물론이다. 나와 가족의 행복을 위해 일을 하고 그것이 나의 성과를 올리는 동기가 되는 것이다.

老[3]

: 마지막으로 이 책에서는 다루지 않지만 노후를 추가하겠다. 인생의 성공을 말한다면 노후 자금(老), 노후 시간(老), 노후 건강(老)에 따라 가감될 것이다.

품성과 일과 사람이 직장 생활의 성공을 좌우하지만 종국에는 노후 생활의 성공 여부에 따라 인생의 성공이 결정될 것이다. 마지막 여정이 순탄하지 않다면 그 사람의 인생이 성공했다고 말하기 어렵다. 직장인들은 지금 근무하는 직장 생활이 중요하다고 생각하겠지만, 현재의 생활도 인생 경로의 일부분일 뿐이다.

그렇다. 현재에 충실한 것이 가장 중요하다. 하지만 그 다음 인생 경로를 고려하면서 직장 생활을 한다면 보다 지혜로운 삶을 설계할 수 있지 않을까?

궁극적으로 직장에서의 성공보다는 인생의 성공이 중요하다. 물론 직장의 성공이 인생의 성공을 견인하는 것임에 틀림없지만 반드시 그러한 것은 아니다. 직장에서 성공한 삶을 산 사람들이 인생의 마지막 여정, 즉 은퇴한 삶에서 실패하는 경우를 숱하게 보았다.

이에는 여러 요인이 있겠지만 가장 큰 원인은 다름 아닌 인간의 욕심에서 비롯된 것이다. 직장에서의 성공을 그리워해서인지 그 생활로 되돌아가지는 못하더라도 내려놓지 못하고 뭔가를 해보려는 미련이 마지막 여정을 망치는 대표적인 케이스이다.

요컨대 인생의 성공이란 학창 시절의 성공, 직장 시절의 성공에 은퇴 생활의 성공까지일 것이다. 마지막 여정인 노후 생활을 망치게 되면 모든 인생 여정이 한낱 신기루로 사라져버리는 것이 아닐까?

이 책에서 성공방정식을 구성하는 品·力·事·人에 따라 나의 경험을 토대로 일과 사람에 대한 이야기를 해보고자 한다. 아무쪼록 여기서 일과 사람에 관한 지혜를 조금이라도 배울 수 있기를 바란다.

차례

시작하며 4
소확성의 방정식 6

제1장 직장인에게 성공이란?

성공의 정의 19
성공의 첫걸음은 목표 설정부터 23
직장인의 성공 28

제2장 잘하는 사람, 못하는 사람, 안 하는 사람

일 잘하는 사람, 못하는 사람 41
두 부류의 차이 45
일 안 하는 사람 52
나쁜 상사 54
적응 × 적응은 곧 순응 58

제3장 옳은 일, 그른 일

의사 결정의 역학	65
리스크 관리	84
경영 혁신의 함정	95
조직의 논리	106
일과 사람, 그리고 모순	118
올바름의 미덕을 살려라	141

제4장 직장인도 사람이다

본성과 겉모습	165
직장인의 5적(敵)	174
도적들	186
조직의 미아들	196
십이취군상(十二醉群像)	203
일곱 난쟁이	210

제5장 생존의 기술

직장인의 기초 능력	217
배움의 기술	226
일의 기술	240
관계의 기술	252
돈의 기술	272
건강의 기술	277
성공의 길	285

제6장 오페라의 별들

인간만세 – 역경을 딛고 일어선 개천의 용	291
철갑을 두른 거품 – 거품도 남이 알아채지 못하면 실력이다	294
방패 뚫는 엿가락 – 상사의 사랑을 받는 것도 기술	297
낮은 포복의 거인 -겸손도 성공에 도움이 된다	300

집사의 왈츠
- 가늘고 길게 사는 비결   302

안개 속의 등대
- 직장에서 동반자를 만나는 행운   305

킬리만자로의 삼촌지설(三寸之舌)
- 달변가의 성공 행로   309

완벽한 인간
- 뱁새들의 선망, '황새'   311

솜털 속의 철옹성
- 투철한 신념, 진정한 강자   314

중원의 지배자
- 인간관계의 연금술사   317

박힌 돌 굴러온 바위
- 월급쟁이가 믿는 구석은 실력뿐   320

마지막 황제, 영원한 보스
- 영웅은 하나다   323

마치며   327

제 1 장

직장인에게 성공이란?

우리는 돈과 명예, 권력을 추구하며 정상의 자리에 오르는 사람들을 흔히 본다. 그들은 자신의 인생을 성공작이라고 자평할 수 있고, 주변에서도 그리 평가할 수 있다. 하지만 성공이란 막연한 말이다. 아무리 이룬 것이 많을지라도 삶이 순탄치 않거나 불편하다면 진정한 성공이라고 할 수 있을까? 그렇지 않다. 자신의 처지에 따라 나름의 척도를 들이대면 실로 다양한 유형의 성공 사례가 나오리라는 게 내 생각이다. 나는 지금 직장인에게 어떤 성공이 최선이고 바람직한지를 전하고자 한다.

성공의 정의

성공의 이미지는 사람마다 다르다. 성공이란 매우 막연한 말이다. 자신에게 있어서 성공의 의미를 생각해보고 그 정의를 내리는 것이 중요하다. 성공한 사람들은 돈이나 권력을 가진 것이 성공이라고 생각하지는 않는다.

성공이란 무엇인가?

직장인의 성공을 서론하기에 앞서 성공의 의미를 생각해보지. 인생의 성공은 무엇인가?

단 한번 뿐인 인생에서 성공하고 싶은 것은 당연하기 때문에 누구에게나 중요한 질문이다. 그러나 누구도 쉽게 답변하지 못한다. 성공은 도대체 무엇일까?

성공이라는 단어가 나오면, 우리는 사회적 지위 또는 명예를 지녔거나, 돈을 벌어 남보다 유복한 생활을 하고, 위대한 발명이나 자원봉사로 사회에서 의미 있는 활동을 하며, 스포츠 또는 예술 등의 분야에서 감동을 선사하는 사람들을 떠올린다.

성공은 사람에 따라 여러 의미와 함께 다양한 이미지를 전한다. 하지만 세상에 존재하는 성공이란 궁극적으로 '승리하는 것', '성취하는 것', '성장하는 것' 등 세 범주로 유형화할 수 있다. 다분히 추상적이라고 할 수 있겠지만 성공한 사람들은 크게 이 세 가지 유형에 포함시킬 수 있을 것이다.

하지만 우리 개개인의 인생사를 살펴보면 인생이란 하나의 성공으로만 끝나는 게 아니다. 살아가면서 수많은 일들을 접하고 그 일 하나하나가 성공으로 이어지며 인생극장을 완성하게 되는 것이 아니겠는가? 우리는 순간순간 이기고, 성취하고, 성장하면서 성공의 쾌감을 만끽하기도 한다.

중요한 것은 우리가 과연 어떤 성공을 원하는지 분명히 해야 한다는 사실이다. 격언 하나를 소개하겠다. "성공이란 타인의 권리를 존중하고, 사회 정의에 반하는 일 없이 스스로 가치 있다고 인정한 목표를 황금률에 따라서 하나하나 실현해 나가는 과정이다."(나폴레옹 힐)

한마디로 성공이 궁극적으로 지향하는 목표가 있어야 한다는 것이다. 성공의 목표에는 지극히 개인적인 소망이 담겨있다. 결국 이기고, 성취하고, 성장해 나가려면 어떤 성공을 지향하며, 그 성공을 위해 스스로 무엇을 할 것인지를 선명하게 정해야 한다.

가끔 우리는 성공을 그릇되게 생각하곤 한다. 무엇보다 성공하려면 천재적인 능력이 필요하다고 착각하는 사람들이 의외로 많다. 빌 게이츠의 천문학적인 재산, 아놀드 슈워제네거 또는 신디 크로퍼드의 육체, 알베르트 아인슈타인의 두뇌, 마이클 조던의 운동신경, 도널드 트럼프의 비즈니스 감각, 월트 디즈니의 창의력 등을 떠올리면서 말이다.

당신이 천재적 능력을 갖고 있다면 남보다 유리하게 이런 유명 인사들이 걸어간 성공의 길에 올라설 수 있을지 모르겠다. 하지만 그렇다손 쳐도 성공의 의미를 제대로 깨닫지는 못하리라 생각된다. 이는 단지 남의 성공한 인생을 복사한 것일 뿐 자신에게 진정한 성공인지를 따져보지 못하고 살게 되는 것이다. 어찌 보면 허망한 인생일 수 있다.

돈만 많으면 성공했다고 오해하는 사람들도 있고, 무언가 원하는 것을 손에 쥐면 성공이라고 여기는 사람들도 있다. 글쎄, 순간의 기쁨이나 충족감은 있겠지만 내가 살아온 인생 궤적을 되돌아보면 부질없고 덧없는 게 아닌가 생각된다.

성공의 정의는 다양하다. 한마디로 말하기 어렵다. 성공이라면 비즈니스의 쾌거나 부자가 되는 것을 생각하기 쉽지만, 꼭 그렇지는 않다. 부모로부터 경제적 자립을 이룬 것도 성공이며, 개인의 목표나 꿈을 달성하는 것도 성공이다. 행복한 가족이나 친구를 만드는 것 역시 성공의 반열에 올려놓을 수 있다.

실제로 비즈니스에서 성공해 부자가 된 많은 사람들이 말한다. 행복이란 미래에 있는 것이 아니라 '지금'에 있다. 성공하면 행복하게 되는 것 같지만, 실제로 행복하지 않은 사람은 부자가 되어도 행복하지 않다는 것이다. 미래는 '지금의 순간'이 차곡차곡 쌓여 이루어지는 것이므로 '지금'을 행복하게 사는 것이 중요하다.

성공은 '얼마나 많이 가졌는가'로 측정하는 게 아니라 '어떤 사람이 되었는가'로 측정하는 것이다. 인간 내면의 마음에 무엇이 있는지, 어떠한 생각을 품고 있는지가 더욱 중요하다는 말이다. 예를 들면, 비즈니스의 진정한 성공은 돈을 버는 것만이 아니라 고객을 진정으로 떠받들며 고객을 위한 경영 철학을 실행하는 것일 수 있다.

결과적으로 성공이란 내가 느끼는 행복의 양과 깊이의 총합으로 이루어진다고 생각한다. 이는 성공이 기쁨과 만족감을 끌어올리는 데 얼마나 기여했는지에 따라 결정되며, 결국 성공의 열쇠는 우리 자신에게 있음을 나타낸다. 다시 말해, 타인의 눈을 의식한 성공이 아니라 자신이 진심으로 하고 싶고 기뻐할만한 일을 찾아 이루는 게 진정한 성공일 것이다.

누구나 당연하다고 생각할 수 있겠으나, 우리는 현실에서 이런 간단한 원리를 놓치고 만다. 자신의 성공을 설계하고 달성하고자 한다면 진정한 성공의 의미를 되새겨보고 자신에게 충실할 수 있는 일이 진정으로 무엇인가를 생각하라.

성공의 첫걸음은 목표 설정부터

성공의 첫걸음은 목표를 명확히 설정하는 데서 출발한다. 목표를 설정하면 잠재의식이 꿈틀대기 시작한다. 그리고 자신이 원하는 방향의 목표를 향해 시종일관 지속적으로 나아감으로써 인생의 밸런스를 유지해야 진정한 성공이라 할 수 있을 것이다.

목표 설정의 중요성
일이나 인생의 성공은 목표 설정으로부터 나온다.

- 명확한 목표 설정이 당신의 성공을 만들어 낸다!
- 목표를 설정하면 잠재의식이 움직이기 시작한다!
- 목표를 종이에 적으면 그것은 현실에서 무엇인가 된다!

여러분은 어디서 이런 걸 들은 적이 없는가?
이러한 것을 체험하는 사람은 대부분 실제로 목표의 설정이 성취에 필요한 것이라는 사실을 정확히 파악하고 있다.

목표를 달성하는 사람은 목표 달성으로 만족감에 가득 차 행복을 느끼는 경우도 있겠으나 그렇지 않은 경우도 많이 있다. 예를 들면 일의 목표를 달성했다고 해도 차례차례로 밀려오는 목표량의 물결에 휩쓸려 우울함이나 답답함에 술이나 도박을 스트레스 해소책으로 삼는 등 생활의 밸런스를 잃는 사람도 적지 않다.

성공한 사람이라고 불리어 텔레비전이나 잡지 같은 매스컴에 방송된 사람들을 조사해보면 사업의 축소, 또는 고액의 빚을 지고, 노숙자 생활을 하고 있다는 이야기도 있다.

일시적인 목표 달성은 지금까지의 거듭된 부분을 파괴하고, 패망의 길로 이어지게 하는 경우다. 이는 제대로 된 목표가 설정되지 않아 우연한 성공을 주체하지 못해 발생하는 일이다.

정확하고 신중하게 자신이 원하는 방향의 목표를 설정해서 시종일관 같은 곳을 향해 지속적으로 실행(성공)해 나감으로써 다른 사람과 비교하는 일 없이 인생의 밸런스를 유지하고, 성취감을 느끼면서 성장하는 진정한 만족감을 얻을 수 있을 것이다.

자신에게 던지는 3개의 질문

만약 당신이 지금보다 직장과 인생에서 성공하고 싶다면 우선 자신에게 다음과 같은 3개의 질문을 던져보라.

- 나에게 있어서 성공이란 무엇인가?
- 내가 실현하고자 하는 꿈과 이상, 가치 있는 목표는 무엇인가?

- 목표 실현과 달성을 준비하기 위해 내가 할 일은 무엇인가?

목표를 설정하려면 이 세 가지 질문이 매우 중요하다. 왜 이런 질문이 중요할까? 스스로에게 맞는 성공을 찾아서 정의하고 그에 맞는 목표를 설정하기 위해서이다.

보통 성공하는 사람의 경우 자신이 어떠한 인생을 보내고 싶은지, 어떤 분야에서 어떤 성과를 올리고 싶은지, 그리고 실현하는 과정에서 무엇을 소중히 여겨야 하는지 등을 명확하게 알고 있다. 간디나 마더 테레사, 아인슈타인, 에디슨처럼 세계적으로 저명한 인물들도 그렇게 해서 입지전적인 성공을 거두었다. 따라서 '나에게 성공이란 무엇인가?'를 통찰하는 게 무엇보다 중요하고 거기에는 꿈이나 이상, 가치 있는 목표가 담겨야 한다.

앞서 언급한 대로 성공의 의미는 사람마다 다르다. 성공하는 인생을 좇는다면 나름 어떤 성공을 원하는지 정해야 목표를 설정할 수 있다. 그래야만 구체적인 방법이나 방안을 찾아낼 수 있다.

자신이 실현하고자 하는 이상이나 목표를 갖게 되면 다음과 같은 부가가치가 생겨난다. 정열과 의욕이 절로 솟아나며, 협력자 또는 지원자를 만나기 쉬워지고, 리더십과 결단력 같은 여러 능력을 발휘하게 된다. 또 실패해도 역경을 넘고자 하는 마인드가 생겨나며, 그런 이력이 쌓여 알려지면 영향력이 커지고 주변의 평가나 조직 기여도가 높아진다.

여기서 상상해보자! 1억 원짜리 손목시계를 사기 위한 노력과 유괴된 소중한 사람의 몸값을 지불하기 위해 1억 원을 모으는 노력이 같겠는가? 사람은 자신에게 절박한 일이라면 바로 반응하게 된다. 어떻게든 해결하려고 몸을 던지려들 것이다. 설령 실패하더라도 다시 일어서서 뜻을 이룰 때까지 포기하지 않고 앞으로 나아간다. 이러한 과정을 통해 손에 넣은 성취나 목표는 당신의 마음을 채워주고 다음 단계로 나아가는 토대가 되어 자신을 성장시키게 된다.

만사 불여튼튼

성공하려면 무슨 일이나 튼튼히 대비하고 준비해야 한다. 결과를 얻으려면 원인을 철저히 분석해야 한다. 또 무언가를 손에 넣으려면 그 대상이 있어야 한다.

우리가 흔히 '인과의 법칙', '대상의 법칙'이라고 부르는 것인데, 무엇인가를 손에 넣고 싶으면 그것을 손에 넣기 위해 준비를 하고 먼저 대가를 지불해야 함을 말한다.

성공하는 사람의 경우 결과가 돋보이지만 실은 남모르는 곳에서 끊임없이 노력하고 도전하며, 실패를 거듭하고 있다. 우리는 그저 빛나는 결과만을 보고 동경할 뿐이다.

성공하는 사람들은 목표를 이루기에 앞서 철저한 준비나 대가를 염두에 두고 성공을 다짐한다. 만약 당신이 성공하고 싶다면 다시 한 번 이 세 가지 질문을 되새겨 봐야 한다.

- 자기 자신에게 성공한 인생이란 어떤 것인가?

- 성공을 위해 어떤 꿈과 이상을 목표로 내세울 것인가?
- 준비를 어떻게 해나갈 것인가?

직장인의 성공

직장인에게 최선의 길은 가늘고 길게 가는 것이다. 굵고 길게 간다면 더할 나위 없겠지만 모두에게 그런 길은 열리지 않는다. 대부분 직장인들은 '소소하지만 확실한 성공'을 꿈꾼다. 바로 높은 연봉을 받고 제때 승진하며 오래 살아남는 것이다.

도전과 성공은 아름답다

직장에서 성공이란 무엇인가? 아마 일을 하면서 동료들과의 경쟁에서 이기고 목표를 성취하는 것일 게다. 즉 목적이나 목표를 달성하면 '성공'이고, 달성하지 못하면 '실패'가 된다. 아주 간단하게 정리하면 성공이란 자신이나 남(조직)이 정한 목적을 달성하는 것, 또는 남(조직)이 정한 기준을 달성하는 것이다.

결국 직장인에게 성공이란 정해진 목적이나 목표를 향해 나아가되 일시적으로 잘 되지 않을 때에도 포기하지 않고, 계속 도전해 나가는 과정을 의미한다.

성공은 새로운 도전이다. 당연히 실패는 모든 것을 끝내거나 단념하는 것이다. 나는 직장인에게 도전하고 있는 순간이야말로 충만하고 행복한 인생, 즉 성공이라 하고 싶다. 나는 뭔가 목표를 달성해 성공했다고 해서 일이 끝났다고 생각하지 않는다.

성공하기 위해서는 목표를 세워야 한다. 목표를 세우는 일 없이 성공은 없다. 목표 없는 성공은 그저 우연일 뿐이다.

그럼 목표를 세우려면 어떻게 해야 할까? 일과 관련된 목표는 조직에서 주어지는 것이 대부분이다. 물론 스스로 정하는 목표도 있지만 이는 조직에서 주어지는 목표를 달성하기 위한 세부 목표일 것이다. 일과 관련된 목표설정은 큰 문제가 되지 않는다. 단지 그것을 성공하기 위한 방법론만 제대로 선택하면 되기 때문이다.

하지만 직장인으로서 자신의 목표는 스스로가 세워야 한다. 우선 자신이 정말로 하고 싶은(되고 싶은) 것이 무엇인지를 면밀히 따져보라. 그것이 장기적인 목표(꿈)가 된다. 다음에 그것을 달성하기 위해서 필요한 것, 예를 들면 자격, 경험, 연습, 공부 등을 준비해야 한다. 그것이 중간목표가 된다. 마지막으로 중간목표를 달성하기 위해 매일 해야 하는 단기목표를 세운다. 그 단기의 목표를 달성하면서, 장기의 목표를 향해 나아가게 된다.

매일의 작은 목표(단기목표)를 달성하면서 또 그것을 반복하며 중장기 목표를 향해 성취해 나가는 것이 직장인이다. 결국 작은 성공을 계속 이루다 보면 큰 성공으로 이어지기 마련이다.

하지만 무작정 달려서는 안 된다. 가끔 가고 있는 방향이 틀리진 않았는지 확인해야 한다. 언제쯤이 좋을까? 어느 하나의 목표를 달성했을 때 그 순간은 큰 목표를 향해 제대로 가고 있는지 확인하는 시간이며 다시 목표를 설정하는 계기가 된다.

혹여 한두 번의 도전만으로 포기하지는 않는지 되돌아보자. 도전하고 있는 동안은 성공할 가능성이 '100%'가 되지만 그만두는 순간 그 가능성은 '0%'가 된다.

제 몸에 맞는 성공의 공식을 찾아라

직장인 개인에게 성공이란 무엇일까? 성공이란 자신이 뜻하는 목적이나 목표를 이루는 것이다. 목적이나 목표는 생각하는 사람에 따라 각양각색일 것이다. 또한 많은 성공한 사람들이 나름대로 자신의 성공 비결을 말하며 성공에 정의를 내리지만 그것은 어디까지나 그 사람들의 척도에 지나지 않는다. 보통 사람들은 대개 그렇게 엄청난 성공을 이루지 못한다. 어떻게 보면 그들이 말하는 성공의 정의는 직장인들의 몸에 적절하지 않을지 모르겠다.

특히 일정한 틀 속에서 주어진 일을 하면서 행복을 찾아야 하는 직장인들에게 그러한 위대한 사람들의 성공 공식은 한낱 치장에 불과할 수 있다.

세상에서 그 누구도 엄두 내지 못할 성공을 이룬 사람들이 말하는 것을 들여다보면 성공한 자들의 오만이 엿보이기도 한다.

평범한 직장인들은 그들의 성공담을 어떻게 받아들일까? 아마 자신과 무관한 허망한 소리로 들릴지 모르겠다. 하지만 실망하지 마라. 그들은 전 인류의 극소수에 해당하는 초월자들이다. 우리 같은 평범한 직장인들과 관련 없는 인생을 산 사람들이다. 그들을 흉내 낸다고 그들처럼 절대로 될 수 없다. 단지 그들이 말하는 성공이란 성공했기 때문에 한가하게 전할 수 있는 소리일 뿐이다. 과연 그들이 성공하기 전에 그들의 말대로 따라했다면 지금과 같은 성공을 이루었을까? 절대로 그렇지 않다. 이는 결과를 보고 답을 말하는 것과 같은 이치다. 물론 그들의 삶을 비하하는 것이 아니다. 그만큼 성공하기란 쉬운 일이 아니라는 것이다.

직장인들은 그들의 태산만한 성공보다는 직장에서 할 수 있는 소소한 성공이 더 중요하다. 즉 사람은 각자의 그릇에 맞는 성공의 길이 있다. 그것이 바로 목적이 된다.

이러한 단순한 원리를 이해하지 못하면서 '성공하고 싶다'고 생각하는 것은 결국 다른 사람의 성공을 흉내 내거나 그저 부를 쌓으면 성공한다는 식의 공허한 이야기가 되고 만다.

자칫 복권이나 도박 같은 한 방을 노리는 사람과 다를 바가 없다. 하지만 그것이 정말 당신 자신이 원했던 성공일까? 남의 성공을 흉내 내는 것에 지나지 않는 것은 아닐까?

사람들이 크게 성공했다고 부러워해도 그것은 어디까지나 그 사람들이 보는 성공이다. 앞에서 말한 것처럼 사람마다 추구하는 성공이 다르기 때문에 누군가에게 성공했다고 단언할 수는 없다. 즉 어떤 사람이 성공했는가는 그 사람 자신밖에 모르는 것이다.

예를 들면 올림픽에서 금메달을 목표로 한 사람이 은메달을

땄을 경우 그 사람은 스스로 과연 성공했다고 말할 수 있을까? '부', '명성', '권력'. 모든 것을 손에 넣은 사람이 사실 가족과 함께 조촐하게 살기를 포기하는 대가로 얻은 것이라면 그는 과연 스스로 성공한 사람이라고 말할 수 있을까?

요컨대 성공에는 절대적 기준이 있는 것이 아니다. 직장인이 평범하게 직장 생활을 한다면 이 또한 성공이라고 말할 수 있다.

직장인이 성공해서 거두는 결실은 그들의 것에 비하면 한줌의 모래알도 되지 못한다. 그들은 소위 말하면 가진 자, 즉 주인 행세를 하는 사람들이다. 행동방식이나 사고방식이 다를 수밖에 없다. 그런 점을 간과한 채 그들의 성공 사례를 세상의 법리처럼 전하는 이야기들을 보면 쉽게 납득하기 어렵다.

성공은 월급과 승진, 그리고 끝까지 살아남기

직장인에게 중요한 성공 요소는 연봉(월급), 승진, 근무 기간이다. 풀어서 말하자면 '연봉을 많이 받고, 제때 승진하며, 오래 근무하는 것'이다. 연봉을 많이 받지만 승진과 거리가 멀고 오래 근무하지 못하는 경우가 있으며, 연봉은 소소하고 승진도 쉽지는 않지만 오래 근무할 수 있는 경우가 있다. 연봉도 낮고 승진은 꿈도 못 꾸고 짧게 근무해야 하는 경우 또한 있다.

따라서 직장인은 의식하든 하지 않든 연봉과 승진 및 근무 기간의 조화로운 조합을 찾아야 한다. 물론 이러한 구조가 본인이 선택한다고 가능한 것은 아니다. 본인이 근무하고 있는 현재의 직종이나 회사의 형태에 따라서 모든 게 미리 정해져 있을 수 있다.

공무원이나 교사가 요즘 각광 받는 것은 연봉도 적당하면서 오래 근무할 수 있어서 일 것이다. 요즘에는 승진에 대한 기대치도 달라져 제때 승진하는 것보다 오래 근무하는 것을 중시하는 풍조가 생겨났다. 하지만 직장에서 제때 승진하는 것도 중요한 성공의 요소임에는 틀림이 없다.

월급, 승진, 근무 기간으로 직장인의 성공 요소를 한정한다면 어떤 요소를 목표로 할 것인지는 직장인 각자의 개인적 입장이나 여건에 따라 결정될 일이다. 물론 현재 직장에서의 경험과 관계를 바탕으로 자기 사업을 꿈꾸는 사람도 있을 것이고, 과거에 그렇게 해서 큰 성공을 이룬 사람도 있었지만 그것은 어디까지나 특출한 예외의 경우다. 보통의 평범한 직장인은 그렇지 않다.

아마 현재 대부분의 직장에서 성과가 좋으면 높은 연봉을 받을 것이다. 성과주의가 제법 보편화된 결과이다. 물론 그렇지 않은 조직들도 있겠지만 그런 곳에서도 성과가 좋으면 승진해서 연봉이 높아지기는 마찬가지다. 하지만 성과가 좋다고 반드시 승진하는 것은 아니다. 승진은 다양한 요인들에 의해서 결정된다. 따라서 제때 승진하기 위해서는 인간관계, 평판, 리더십 등 비정형적인 요소에 많은 주의를 기울여야 한다.

마지막으로 높은 연봉을 받고 제때 승진한다 해도 오래 근무하는 것은 또 다른 얘기다. 물론 계속 승진해서 최고경영자까지 오른다면 자연스럽게 오래 근무하게 되겠지만 대부분의 사람들에게는 해당되지 않는다. 오래 근무한다고 해서 반드시 같은 직장을 고수할 필요는 없다. 능력을 인정받는다면 다양한 조직에서 근무 경력을 늘려 나갈 수 있을 것이다.

물론 인생의 성공을 위해 계획을 세우고 매일 많은 노력을 하는 사람들이 많다. 하지만 대부분의 직장인들은 신경을 안 쓴다. 아니 못 쓴다는 게 맞을 것이다. 현실적으로 일이 많고 머리가 복잡할 뿐만 아니라 매일매일 주어진 맡는 바 일을 하다 보면 바쁘기 때문이다. 머리로는 잘 아는 것도 몸으로 실천하기 어려운 게 직장인의 현실이다.

하지만 너무 걱정하지 마라. 직장인은 굳이 성공에 대해 의식적으로 신경 쓸 필요가 없다. 바쁘게 돌아가는 일상의 업무에 성공의 해답이 있다. 직장인은 일을 잘하면 연봉도 높아지고, 제때 승진도 할 수 있고, 오래 근무할 수 있다.

다양한 성공의 사례들

직장인에게 성공이란 사람마다 다르게 생각할 수 있겠지만 그 차이는 얼마든지 좁힐 수 있다고 생각한다. 일단 월급쟁이로서의 직장인이란 매월 일정한 급여로 생활하는 봉급생활자이다. 따라서 가장 중요한 것은 오래 다녀야 한다는 것이다. 매월 일정한 소득으로 생활하고, 자식들 공부도 시키고, 재테크도 해야 한다.

물론 개인의 능력에 따라 많은 성과급을 받을 수도 있지만 그것은 극소수의 능력자들에 한정된 얘기다. 다만 회사의 실적이 좋다면 1년에 한두 번 성과급을 받을 수 있는 행운도 누리겠지만 그 비율을 보면 그리 높지만은 않다.

따라서 직장인에게 성공의 종류를 꼽아보자면 그리 많은 선택지가 있는 것은 아니다. 하지만 몇 가지로 그 종류를 정리해볼 수는 있다.

첫째 유형은 연봉추구형이다. 이런 경우는 전문적인 능력이 있는 극히 소수의 사람에게 해당되겠지만 갈수록 이런 유형의 직장인이 많이 늘어나고 있다. 즉 승진이나 근속년수에는 신경을 쓰지 않고 일정 기간 능력을 발휘해 평생 계획했던 자금을 확보하는 경우다. 이들은 목표 금액에 도달하면 깨끗이 직장 생활을 정리해서 새롭게 계획한 인생을 산다. 어떻게 보면 누구나 꿈꾸는 직장인의 로망이 될 수도 있겠지만 여기에는 탁월한 전문 능력이 요구된다. 물론 관련된 직종이 그리 많지가 않다.

두 번째 유형은 기간추구형이다. 연봉이든 승진이든 크게 신경 쓰지 않고 정년까지 근무할 수 있기를 바라는 유형이다. 우리의 경제구조가 안정적인 선진형으로 변모하면서 이런 유형의 선호도가 많이 높아지고 있다. 직종으로는 공무원이나 교사가 전형적인 유형이지만 최근에는 이 분야의 연봉 수준도 꽤 높아져 그 선호도가 더욱 상승하고 있는 것 같다. 뿐만 아니라 노후연금 제도도 탄탄하게 뒷받침되고 있어 수명이 늘어난 요즘은 생애소득이 아마도 가장 높을 것이다.

세 번째 유형은 승진추구형이다. 사회에서 출세욕이나 성취욕이 강한 사람들이 추구하는 유형이다. 월급쟁이에게는 그리 실익이 없는 유형이지만 유달리 권력욕이 강한 사람들이 있다. 직장에서 승진에 목을 매는 경우다. 특히 승진은 동기들보다 빨라야 하고, 직위도 권력을 행사할 수 있는 조직을 원하고, 승진이 늦어지기라도 하면 큰일이라도 벌어진다고 느낀다. 물론 이런 유형을 추구하는 사람들은 능력이 있고 성과도 탁월하다. 하지만 승진을 빨리하다 보면 어느 순간 더 이상 승진할 수가 없고 주위에 경쟁자들만 많아지게 되는 아주 답답한 상황을 맞게 된다. 전형적인 굵고 짧게 근무하는 유형이다.

네 번째 유형은 중간추구형이라 부르겠다. 적정한 연봉에 제때 승진하는 것도 바라지만 정년까지 근무하기를 원하는 보통사람의 유형이다. 아마 대다수 직장인들이 여기에 해당할 것이다. 소소하지만 확실한 성공일 수 있다. 단 그 전제는 일을 잘해야 한다는 것이다. 평균적인 성과를 내면서 남에게 뒤처지지 않고 조직의 중추를 이루는 평범한 직장인들의 모습이다. 하지만 이도 잘 되지는 않을 것이다. 일정한 나이가 되면 보이지 않는 마지노선이 나타나기 때문이다.

맘대로야 되지는 않겠지만 승진 시기를 스스로 조정할 수 있는 것도 아니지만 경험상으로 같은 동기 중에서도 가장 승진이 늦은 사람이 가장 오래 근무하는 것을 보고 많은 괴이함과 부러움을 느낀 적이 있다.

어떠한 형태로든지 결국 모든 직장인들은 이 중 한 유형으로 나타날 것이다. 스스로가 미리 선택해서 직장 생활을 한다는 것은 우스운 일이지만 어찌 되었든 이런 문제를 머릿속에 담아두고 직장 생활을 한다면 미래를 설계하는 데 도움은 될 것이다.

아무튼 대불성(大不成 : 크고 불확실한 성공)이 아니라 소확성(小確成 : 소소하지만 확실한 성공)을 목표로 한다면 일을 잘하면 된다.

특히 '소확성'을 목표로 한다면 평범한 관리자로서 부하 직원을 육성하고 상사를 잘 보필해 성과를 높여나가야 한다. 더불어 다양한 인간관계와 가족을 소중히 여겨 성공을 완성해가는 것이 평범한 직장인의 성공이다.

직장인은 그게 답이다. 여기서 소확성이란 소소한 연봉을 받고 제때 승진하지는 못하지만 오래 근무하는 것이다. 대불성이란 높은 연봉, 제때 승진, 오래 근무다. 이를 한마디로 정리하면 '굵고 길게'다.

제2장

잘하는 사람,
못하는 사람,
안 하는 사람

어떤 조직이든 일 잘하는 사람들이 있는가 하면 성실한데도 일을 못하는 사람들, 그리고 되도록 일을 안 하려는 사람들이 모여 있다. 여기에 이런 세 부류의 사람들을 지휘 통솔하고 관리하는 상사들이 있는데 모든 면에서 위아래로부터 찬사를 받는 좋은 상사야 굳이 언급할 필요가 없을 것이다. 이런 상사를 만난 부하라면 더할 나위 없이 행복한 직장인이 아닐까. 문제는 나쁜 상사다. 나쁜 상사 역시 일을 잘하거나 못하거나 안하는 사람들의 하나다. 하지만 어느 부류이든 순기능도 하고 역기능도 하며 부하 직원들의 희비를 부르곤 한다. 그래서 나쁜 상사도 세 부류와 함께 다루고자 한다.

일 잘하는 사람
못하는 사람

직장에서 성공하고 각광받는 사람은 일 잘하는 부류이지만 여러 가지 복잡한 이해관계가 얽혀 있다 보면 반드시 그러한 것만은 아니다.

항상 예외가 있게 마련이지만 일반적으로 최고경영자나 상사는 일 잘하는 사람을 좋아할 수밖에 없다. 일 잘하는 사람들이 자신의 성과를 높여 주기 때문이다. 물론 아첨하거나 사적이익을 안겨주는 부하를 배려하는 경우가 흔히 있지만, 이는 전체의 성과 구조를 흩트릴 정도로 큰 비중은 아니다.

기업이 요구하는 것은 바로 성과이다. 누구나 직장에 다닌다는 것은 자신의 성과, 팀의 성과, 본부의 성과, 궁극적으로 회사의 성과를 올리는 것이 목표이며 그 대가로 월급과 성과급을 받는 것이다. 기업에서 성과 말고는 어떠한 변명도 통하지 않는 게 바로 '돈의 논리'이다.

요즘 기업의 오너들은 자식이 경영 능력이 없으면 회사 일에 관여치 못하게 한다. 아무리 핏줄이 소중하다고 할지라도 그들 사이에 소유와 경영을 분리하려는 의식이 강해지고 있는 것은 바로 돈의 논리 때문이 아니겠는가? 경영은 전문경영인에게 맡기는 게 요즘 추세이다.

따라서 기업에서 최고경영자는 성과를 중시할 수밖에 없고 이는 곧 일 잘하는 사람들을 찾게 되는 요인이 되며, 더불어 모든 직원들이 일을 잘 하게 하는 것이 경영자의 지대한 관심사다.

일을 잘하는 사람은 생산성이 높고, 돈도 잘 벌고, 고객을 잘 관리하며, 제품의 품질을 향상시키고, 불량품을 줄이고, 서비스를 잘 하며, 제조원가를 줄이고, 좋은 제품을 개발하는 등 회사 수익에 많은 기여를 한다. 즉 비용을 줄이고 수익을 높여 궁극적으로 회사의 이익을 크게 만드는 것은 대부분 일 잘하는 사람들에게서 나온다.

물론 일을 잘하는 것은 모든 직장인들의 로망이다. 일을 잘해야 회사로부터 좋은 평가를 받고 승진도 하고 보너스도 많이 받을 수 있기 때문이다. 가족에게 체면도 서고 말이다. 그러면 일을 잘하기 위해서는 어떻게 해야 하는가?

나도 선뜻 해답을 내놓치는 못한다. 시중에 나온 수많은 책들이 일 잘하는 방법을 전하고 있고 좋은 내용들을 잘 정리해놓고 있어 그러한 책을 참고하면 되겠다.

　내가 여기서 하고 싶은 말은 다름이 아니라 내 경험을 바탕으로 사례들만 소개할 테니 판단은 여러분들이 하기 바란다는 것이다. 왜냐하면 일을 잘한다는 것은 개인의 성향, 일을 하는 환경 및 직장의 기업 문화 등 많은 요인들에 의해 달라지는 개별적인 판단의 문제이지 절대적인 기준이나 방법이 있는 것은 아니기 때문이다.

　내가 근무한 직장에서 일을 못한다고 찍혀 여러 부서를 전전하다가 결국 퇴사해 다른 직장으로 옮긴 직원이 그 직장에서 아주 일을 잘한다는 소문을 자주 듣곤 한다. 그때마다 나는 직장인이 일을 잘하고 못하고는 직장에서 요구하는 기대치나 수준을 맞추느냐에 달린 것이지 절대적인 잣대가 있는 게 아니라는 것을 새삼 깨닫는다.

　일 못하는 사람이란 자신은 열심히 일을 하지만 그 성과가 좋지 못한 사람늘이다. 즉 일의 결과로 부정적인 평가를 받는 경우이다.

　여기에는 분명 이유가 있다. 일하는 스타일이 잘못되었거나 생각하는 방법이 잘못되었거나 업무 기술이 부족하거나 등등 다양한 이유가 있을 것이다. 하지만 정작 중요한 문제는 일 못하는 사람은 본인이 스스로 일을 아주 잘하는 것으로 생각한다는 점이다.

　즉 열심히 성실하게 일하는 것 자체만으로 잘한다고 착각하는 것이다. 그러니 본인의 부족한 면을 채우거나 잘못된 행동을 고칠 생각을 하지 않게 된다.

일 못하는 사람들을 면담해보면 이구동성으로 자신은 일을 잘하고 있으며 부족한 것이 없다고 생각하는 것에 그저 놀랄 따름이다. 그렇게들 생각하고 있으니 일을 못하는구나 하고 생각한 적이 한두 번이 아니었다.

물론 모든 사람이 일을 잘하기를 바란다는 것은 불가능하겠지만 일 잘하는 사람이 많을수록 회사의 성과가 올라가지 않겠는가?

두 부류의 차이

일 잘하는 사람들은 일을 하면서 항상 부족한 면을 많이 느껴 더 배우고 노력해야 한다고 생각한다. 반면에 일 못하는 사람들은 대부분 자신은 부족한 것이 없으며 더 배울 것이 없다고 생각한다.

두 부류의 평가는 성과에 따라 갈리지만 일을 잘하는 사람들은 그들만의 공통점이 있고, 일을 못하는 사람들 또한 그렇다.

첫째, 일 못하는 사람은 보고를 잘 하지 않는다

일 못하는 사람들은 대부분 일을 완료해서 자신이 만족할 때까지 상사에게 일의 진행 사항을 보고하지 않는다. 즉 일을 지시한 사람을 만족시켜야 하는데도 자기만족을 위해 일을 하는 셈이다. 만일 일이 잘못돼서 바로잡느라 온 직원들이 매달려야 하는 사태까지 야기하기도 하는 데 그야말로 민폐다.

일이란 지시하는 상사조차 애초에 어떠한 방향으로 가야할지 모르고 지시하는 경우가 있다. 일의 진행을 봐가면서 그때그때 지시 사항을 수정하게 되는 상황이 수시로 발생하는 것이다. 특히 전략이나 기획, 마케팅 분야 같은 곳에서 흔히 그런 일들이 발생한다. 그런데 지시를 받고는 제멋대로 해석해서 자기만의 생각으로 일을 진행한다면 어떻게 되겠는가?

일은 결과가 중요하지 열심히 하는 게 중요한 것이 아니다. 일을 잘하는 사람들을 보면 수시로 상사와 소통하면서 물어보고 또 물어보며 일을 한다. 그러니 상사가 원하거나 회사가 원하는 방향으로 결과를 만들어 내고 상사와 소통해서 이루어진 일이니 상사도 만족하지 않을 수 없다. 일 잘하는 사람은 머리가 좋은 게 아니라 엉덩이가 가벼운 것이다.

둘째, 일 못하는 사람은 일의 프레임워크가 없다

일을 못하는 사람들을 보면 대개 반복되는 업무는 아주 잘 하는데 새롭거나 과거에 경험하지 못했던 업무는 처리가 늦고 처리 과정에 많은 오류를 일으킨다. 즉 새로운 업무지만 대부분 과거의 방식대로 처리하다 보니 전혀 예상 밖의 상황을 초래하게 되는 것이다.

상사가 일처리가 잘못되었다고 질책이라도 하면 선임자가 가르쳐준 대로 일을 처리했다고 강변하며 억울함을 하소연하지만 자세히 들여다보면 그는 업무를 전혀 다르게 수행한 것이다.

일을 잘하는 사람은 다양한 업무의 일반적 공통점을 추출해 다양한 상황들에 적용할 수 있는 프레임워크를 만들어 사용한다. 하지만 일 못하는 사람들은 선임자나 선배로부터 물려받은 처리 방법만을 고수하기 때문에 새로운 일에 직면하면 시행착오를 밥 먹듯이 할 수밖에 없다.

셋째, 일 못하는 사람은 숨은 뜻을 읽지 못한다

상사(임원인 경우가 대부분)가 말로 지시한 것과 실제로 지시하고 싶은 내용이 다른 경우가 종종 있다. 물론 상사가 부하 직원을 믿고 충분히 자신의 의도를 이해하리라고 생각하기 때문이다.

일 잘하는 사람들은 이런 지시의 속뜻을 충분히 파악해 정확하게 이행한다. 그래서 일 잘한다는 소리를 듣는지도 모른다. 하지만 상사의 입에서 나온 말만 곧이곧대로 듣고 일을 처리하면서 나중에 상사가 질책하면 지시한 대로 했는데 왜 그러냐고 반발하는 직원들이 있다. 상사로서는 참으로 난감하다.

같은 조직 내에서 회의를 하면서도 이런 현상이 많이 생긴다. 임원에게는 특히 공개적으로 투명하게 일을 처리하면 곤란한 경우가 있다. 그럴 때 지시는 해야겠는데 알아서 부하 직원이 제대로 처리했으면 하지만 그 의도를 파악하지 못하면 낭패스러울 수밖에 없다. 그렇다고 공개적으로 드러내놓고 지시하면 보안이 지켜지지 않아 대사를 망치는 상황도 생겨나니 말이다.

직장에서는 임원의 의중을 헤아려 실무진이 알아서 방향을 정하고 해결해야 할 일들이 숱하다. 그런 일들일수록 임원 스스로 애매모호하게 지시하고 넘어가는 경우가 왕왕 있다. 결국 일 잘하는 사람이라면 눈치의 힘을 십분 발휘해 일의 전말을 유추해가며 척척 처리해나간다. 경우에 따라 임원이 최고경영자에게 지시받은 일이라면 그런 능력은 아주 긴요하게 쓰인다.

넷째, 일 못하는 사람은 가성비가 낮다

일을 못하는 사람 중에는 완벽주의자가 많다. 사람이 완벽하다면 누구나 반기려 들 것이다. 하지만 직장의 일이란 시한부에 걸려있지 않은 게 없다. 무슨 일이든 시한을 맞추는 게 아주 중요하다. 아무리 좋은 제품이라도 시한 내에 제대로 납품하지 못하면 한낱 쓰레기에 지나지 않는다. 이를 좀 고상하게 표현하면 가성비가 없는 것이다. 우리가 음식점을 고를 때도 가성비를 따지는데 하물며 회사 일을 하는데 가성비를 나 몰라라 할 수는 없지 않겠는가?

상사의 지시를 들으면 일을 어디까지 진척시킬지, 모든 과정을 홀로 처리할 수 없다면 어떻게 분담해야 할지 전략적인 접근 자세가 필요하다. 그럼에도 불구하고 1분 1초가 아까운 시간에 상사가 지시했다고 해서 혼자 머리를 싸매고 끙끙대며 시간을 보낸다면 결국은 조직에 심각한 누를 끼칠 수밖에 없다. 가장 황당한 경우는 초등학교 독후감 수준의 일을 지시했는데 시한을 넘겨 박사학위 논문 수준의 일로 만들어 왔다면 상사는 야단치지도 못하고 속만 끓이게 될 것이다.

다섯째, 일 못하는 사람은 모든 고객을 만족시키려 한다

고객이라고 다 고객은 아니다. 회사에 이익을 가져다주는 고객이 진정한 고객이다. 즉 기업으로서는 고객다운 고객을 선별하는 게 큰 과제이다. 의외로 고객 얘기를 꺼내면 긴장하는 직장인들이 많다. 고객이 회사 수익의 원천이라서 고객은 무조건 잘 대해야 하고 영원한 '갑'이라고 생각하기 때문이다.

하지만 기업에서 보면 고객으로 인해 손실을 보는 경우가 숱하다. 굳이 블랙컨슈머를 거론하지 않아도 고객과의 불상사로 인해 발생하는 손해는 무시하지 못한다.

물론 고객은 소중한 존재이며, 고객이 조그마한 불편이나 불만을 가지지 않도록 세심한 주의를 기울여 최선을 다해야 한다. 하지만 사소한 고객에 신경을 쓰다 보면 정작 회사에 아주 중요한 고객에 대한 배려와 관심이 소홀해질 수 있다. 즉 하나를 얻으려고 하다가 열을 잃어버리는 우를 범하게 된다는 것이다.

우량 고객일수록 조용히 행동한다. 소소한 고객은 조그마한 것으로 난리를 피우지만 우량 고객은 맘에 안 들면 조용히 다른 거래처로 이동해 사라진다는 사실을 알아야 한다. 그래서 우량 고객의 모니터링은 한 치도 게을리해서는 안 된다.

일 잘하는 사람들은 소소한 고객은 놓치더라도 우량 고객 관리에 집중하지만 일을 못하는 사람들은 하나같이 모든 고객을 만족시키려 정신없이 바쁘다. 그러다 보면 우량 고객을 등한시하게 되니 그 결과는 뻔하지 않겠는가?

여섯째, 일 못하는 사람은 +α를 생각하지 못한다

일을 하다 보면 평소에 고민하고 해결하기 어려웠던 문제의 해결 방안을 찾는 기회가 생긴다. 부수적인 효과라고 할 수 있겠다. 하지만 대부분의 사람들은 현재 진행 중인 일에 급급하다 보니 그 기회를 놓치기 일쑤다. 일 잘하는 사람은 현재의 바쁜 일이 마무리되고 나면 바로 그 일을 다시 추진해 그동안 해결하지 못한 일의 처리 방안을 찾아 마무리하는 것을 볼 수 있다. 물론 그렇게 하지 않아도 된다. 그러나 그 차이가 향후 큰 차이를 낳는다. 상사의 입장에서 볼 때 어떻겠는가? 회사일이란 칸막이가 있는 게 아니다. 일 하나하나가 모여 회사의 큰 성과를 만들어 내기 때문에 눈에 보이는 일의 해결을 미룬다면 이는 곧 직무유기에 해당되는 것이다.

일을 못하는 사람일수록 상사의 지시가 없으면 할 일이 없는 것으로 생각하는 경향이 있다. 정신노동자인 사무직은 업무량이 들쑥날쑥하기 때문에 일이 없으면 놀아도 된다. 하지만 일 잘하는 사람들은 일을 기다리지 않고 스스로 기획해 필요하고 개선되어야 할 일을 찾아 처리한다. 상사의 입장에서 보면 그런 직원이 예쁠 수밖에 없다. 조직의 일을 개선하고 새로운 아이디어를 내어 더 좋은 성과를 올리고 있다면 당연히 성과를 인정해야 하지 않겠는가?

일곱째, 일 못하는 사람은 스스로 완벽하다고 생각한다

직원들을 인터뷰해 보면 일 잘하는 사람과 일 못하는 사람들간에 묘한 공통점이 나타나는 것을 알 수 있다. 일 잘하는 사람들은 하나 같이 본인이 많이 부족하며 더 배우고 공부해서 보다 나은 성과를 올리는 것이 목표라고 한다. 지금도 잘 하고 있으며 현 상태를 유지하는 것만으로도 조직에서는 더 이상 바랄 것이 없다고 해도 아니라고 부정한다. 본인 스스로가 만족을 못하는 것이다.

 반면에 일 못하는 사람들은 이구동성으로 열심히 하고 있으며 더 이상 잘할 수 없다고 한다. 즉 현재 잘하고 있으며 만족한다는 것이다. 객관적으로 보아도 많이 부족하고 더 노력했으면 하는데 본인은 완벽하다고 생각하니 더 이상 할 말이 없다. 그러니 일을 못하는 게다. 사람은 본인이 부족하다고 느껴야 더욱 열심히 노력하는 법인데….

일 안 하는 사람

회사에서 가장 골칫거리가 일을 안 하는 사람들일 것이다. 일 잘하는 사람과 일을 못하는 사람들은 열심히 일하는 사람들이다. 단지 성과의 차이가 있을 뿐이다. 하지만 일을 안 하는 사람들은 조직의 빈틈에 숨어 일을 피하거나 다른 사람들의 일을 방해하는 존재이다.

일을 안 하려면 조용히 숨어나 있을 것이지 꼭 일하는 사람들에게 감 놔라 배 놔라 하면서 간섭을 한다. 아랫사람이 그러면 혼이라도 내겠지만 일 안하는 사람들은 대부분 중간 직급 이상의 고참이 대부분이다. 꼭 군대에서 제대를 앞둔 말년 병장 같은 모습이다.

회사에서 필요한 사람은 일 잘하는 사람과 일 못하는 사람이다. 일 못하는 사람일지라도 나름 회사에 성과로 기여한다. 단지 회사의 기대치에 못 미칠 뿐이다. 하지만 일 안하는 사람은 회사 돈만 축내는 베짱이다.

이런 사람에게 상사가 일을 지시하면 대부분 비판적 시각에서 단점만 나열하며 왜 그 일을 해야 하는지 모르겠다는 식의 비아냥거리는 말투부터 나온다. 만에 하나라도 잘못된 경우가 생기면 자기가 옳았다며 의기양양해 해서 아예 불붙은 곳에 기름을 붓는다. 도대체 이런 사람이 왜 직장에 몸을 담고 있는지….

회사의 규모가 클수록, 그리고 조직이 세분화되어 있을수록 일 안하는 사람의 안식처가 많아진다. 얼핏 보기에 조직이 세분화되면 될수록 개인의 업무 단위 역시 세분화되겠지만, 그러다 보면 세분화의 정도가 한 사람의 업무량에 못 미치는 경우도 생겨나기 때문이다.

암튼 일 안하는 사람들은 용케 숨어서 감시망을 벗어나 있다. 기업에서 무임승차하는 직원들은 전형적으로 일 안하는 사람들이다. 이런 사람들은 직장 동료들과도 잘 어울리지 못한다. 성격 자체가 비협조적인 경우도 있겠지만, 일과 관련해서 서로 모이고 어울리는 직장 사회의 특성상 직장 동료들과 어울릴 수 있는 기회조차 없는 경우가 많기 때문일 것이다.

나쁜 상사

왜 나쁜 상사만 별도로 거론하는가 하면, 대부분의 상사들은 일 잘하는 사람들이다. 일을 못하면 상사로 승진하지 못했을 것이다. 나쁜 상사도 일을 잘해서 승진하고 부하 직원을 거느리는 관리자의 위치에 있는 게 아니겠는가?

　기업에서 승진 심사를 할 때 가장 곤혹스러운 것이 그런 문제이다. 누군가를 승진시킨다면 그 사람이 앞으로 역할을 잘할 것으로 기대하기 때문이다. 그러나 앞날을 평가할 마땅한 툴이 없기 때문에 거의 모든 기업에서 과거의 실적을 참조해서 승진 여부를 가리게 된다. 다시 말해 관성의 법칙을 철칙으로 삼는 것이다. 기업에서는 과거에 잘한 사람이 미래에도 잘할 것이라는 막연한 기대로 승진자를 결정한다.

따라서 상사라면 일 잘하는 좋은 상사로 불리는 게 당연하다. 단지 나쁜 상사만이 문제가 되는 것이다. 이것은 승진의 오류 중 하나이지만 어쩔 수 없다. 그만큼 미래를 평가한다는 것이 어렵다는 반증이 아니겠는가?

직장에서 보면 일에 관한 한 나쁜 상사는 쉽게 구별할 수 있다. 대부분 나쁜 상사라고 하면 인간적으로 나쁜 사람과 동일시하는 경향이 있는데 그것은 아니다. 다만 일을 하는 데 있어 바람직하지 못하기 때문에 나쁜 상사라고 부를 뿐이다. 즉 좋은 상사라 할지라도 인간적으로 나쁜 사람은 얼마든지 있다. 물론 인간적으로 좋고 나쁜 것은 일과는 무관하니 여기서는 언급하지 않겠다.

첫 번째, 가장 나쁜 상사는 부하 직원에게 일의 핵심 노하우를 알려주지 않는다.

나쁜 상사는 일의 절차 중 블랙박스라 할 수 있는 주요 사안을 자신이 직접 마무리하는 습성을 갖고 있다. 본인은 하루도 휴가를 사용하지 못하며 일의 핵심을 내내 손에 쥐고 있다. 왜냐하면 자신 이외에 아무도 그 일을 마무리할 수 없기 때문이다. 아마 부하 직원에게 자기 일의 핵심을 알려주면 자신이 설 자리가 없어진다고 생각하는 모양이다.

직장에는 이런 상사들이 많이 있다. 자신이 알고 있는 업무 방법이 전가의 보도라도 되는 양 꼭꼭 숨겨두고 있으며 자신이 회사에서 가장 중요하고 필요한 존재라고 인식시키려 든다. 물론 어리석은 임원은 그 직원이 없으면 일이 안돌아 가는 줄 알고 붙박이로 옆에 두길 원한다.

관리자의 임무 중 하나가 부하 직원을 성장시키는 역할인데 이래서야 따르는 부하 직원이 있겠는가? 하지만 그런 상사가 있는 한 조직의 일은 잘 돌아간다. 아마 평생 근무를 한다고 해도 그 상사는 자기의 일만 할 것이다. 내가 다니던 직장에도 비슷한 사람이 있었는데 움켜쥐고 있던 일만 하다가 직장을 그만두었다.

두 번째, 임원에게서 결재나 보고 또는 지시 사항 받는 일을 부하 직원에 시키지 않고 본인이 직접 담당하는 상사가 있다. 이는 임원을 예우해서도 아니고 임원이 그러라고 해서도 아니다. 단지 부하 직원이 임원과 대면하게 되면 자신의 자리가 위태로워질까 두려워 아예 임원과 부하의 만남을 차단하려는 얄팍한 꼼수인 것이다. 아주 흔한 나쁜 상사들이다. 부하 직원을 경쟁 상대로 생각한다면 그는 더 이상 관리자가 아니다.

세 번째, 잘못을 인정하지 않고 책임을 지지 않는 상사도 흔히 볼 수 있다. 관리자는 조직에서 책임을 지는 자리이다. 그 사람을 단위 조직의 리더로 임명한 이유는 조직의 자원을 이용해 최대한 성과를 올리라는 회사의 명령이다. 이는 곧 조직을 통할하는 권한이다. 따라서 조직원인 부하 직원들의 평가 및 성과, 그리고 처우도 그 관리자의 책임 아래 이루어지는 것이다. 그럼에도 불구하고 조직의 좋은 성과는 자기가 잘해서 얻어낸 것이고 조직이 잘못되면 부하 직원 탓으로 돌리는 관리자들을 의외로 많이 볼 수 있다. 물론 책임이라는 무게감 때문이겠지만 최악인 상사이다.

  물론 책임을 진다는 것은 쉬운 일이 아니다. 그렇다고 모든 상사들이 책임을 회피한다면 그 기업은 망한다. 상사는 책임을 지는 자리이다. 그렇기 때문에 본인이 책임지는 일이 없도록 조직을 잘 이끌어서 좋은 성과를 만들어야 하는 책무가 있는 것이다.

적응×적응은 곧 순응

조직에 몸을 담으면 순응해야 한다. 조직은 생각하는 갈대가 아니다. 기억하는 갈대이다. 조직의 룰을 어기면 반드시 기억된다. 직장인이 조직에 순응하는 것은 곧 의무다.

순응은 직장인의 의무
순응이란 환경이나 변화에 익숙해지거나 체계, 명령에 적응해 따르거나 부드럽게 대응한다는 말이다. 통상 우리는 '순응하다'라는 말보다 '적응하다'라는 말이 더 친숙할 것이다. 다른 사람들은 어떨지 모르겠지만 그 두 단어에 대한 나의 느낌은 그렇다. 이를 뉘앙스란 말로도 표현할 수 있겠다.

회사와 같은 조직은 직원이 회사의 방침이나 규율에 잘 적응하고 순응하기를 바란다. 그래야만 소기의 조직 성과를 낼 수 있기 때문이다. 규범이든 지침이든 모두 조직이 최대한의 성과를 내기 위해 만들어진다. 또한 조직 내에서 이루어지는 하나하나의 의사결정도 그 목적을 달성하기 위해 이루어진다.

가끔 입사 후 몇 개월도 지나지 않아 그만두는 직원들을 보게 된다. 퇴사 이유를 물어보면 대부분이 적응하지 못해서란다. 물론 다른 인생 경로를 선택하기 위해 그만둔다고 말하지만 그 이면에는 적응하지 못한 결과가 있다.

입사할 때 결심은 개인의 인생행로에서 큰 결정이었을 텐데 몇 개월 되지도 않아 인생의 다른 경로를 선택하겠다고 나선다면 그것은 분명 정상적인 상황이 아니다. 이는 지금까지와 전혀 다른 환경과 변화에 적응하지 못한 결과이다.

학교라는 울타리에서 낭만적이고 여유로운 생활이 회사라는 울타리 안에 갇히게 되면 누구라도 겪게 되는 현상일 것이다.

조직체계의 엄격함에 위축되고, 상사의 지시가 아니꼽게 여겨지고, 선배 동료들의 거들먹거림이 역겨워지고, 월급의 무게가 가벼이 여겨지며 자신이 속한 울타리가 부끄러워지기 시작하면서 탈출이라는 결정에 이르게 된 것이다.

이는 결국 조직에 순응하지 못하는 반항의 최종 종착지이다. 울타리의 선택도 탈출도 자기 몫이지만 모든 울타리가 자신에게 열린 문은 결코 아니다. 그만큼 울타리의 선택도 탈출도 신중해야 한다.

인사 문제로 조직에 대들지 마라!

조직에 대한 반항은 직원들의 승진 문제에서 많이 불거진다. 경험상으로 보면 전형적인 케이스는 같은 조직 내에서 같은 일을 하면서 비슷하게 승진 대상이 되었을 때 승진 탈락자가 하는 일상적인 말이 있다. "나는 저 친구보다 영업 실적도 좋고 업무도 잘 하며 직원들과 화합도 잘하는데 왜 내가 승진하지 못하고 저 친구가 승진하느냐." 불편부당치 못한 승진 심사라고 한다.

이해 못하는 바는 아니다. 실제로 그 친구가 꾸준히 영업 실적이 좋았다. 객관적으로 보아도 그 친구가 승진하는 것이 타당하다. 하지만 그때 회사 방침으로 정해진 기준이 있어 그 친구는 그것에 걸렸다. 본인에게나 대외적으로 밝힐 수는 없지만 중요한 회사의 정책 방침이었다.

그 직원이 안타까워 다양한 방법으로 설명했다. 승진 심사는 영업 실적만 보는 것이 아니라 관리자로서의 미래 역할까지도 고려하며 수많은 요소들을 함께 판단해 심사한다. 물론 영업 실적이 중요한 요소이기는 하지만 이는 어디까지나 과거의 기록일 뿐 미래의 관리자로서 평가받을 수 있는 요소는 아니지 않느냐며, 지금은 섭섭하더라도 내년을 기약하자 나 나름대로 최대한 설득을 하며 달랬다.

이대로 끝냈으면 좋았을걸….

그 친구는 더 기고만장해 사장에게 따지겠다고 한다. 그 말에 나는 화가 치밀어 "그래 맞네. 자네를 승진시키지 않기를 잘했어! 이렇게 회사 방침이나 결정에 승복하지 못하고 반항적인 직원을 관리자로 승진시켰으면 어쩔 뻔 했어!"라고 다 들으라고 크게 소리쳤더니 그 친구도 정신이 들었는지 "죄송합니다"라고 한다.

때로는 회사의 결정이나 방침이 개인에게 섭섭할 수 있고 불편부당하지 않게 보일 수가 있다. 하지만 기업이라는 조직은 절대로 헛짓을 하지 않는다. 집단지성이 작용하는 관계로 대부분의 일이 걸러지고 회사의 목적에 반하는 일은 하지 않는다.

그러한 의사결정을 할 때는 그만한 이유가 있는 것이다. 직원은 회사에 순응해야 한다. 어떤 조직이든 그 조직에 속해 있는 구성원은 순응해야 한다. 그것은 직원의 의무이다. 그것이 조직을 발전시키고 내가 발전하는 길이다. 그렇다고 해서 복종하라는 말은 아니다.

특히 승진이나 이동 등 인사 문제로 회사에 대들지 마라. 조직에서도 가장 신경쓰는 부분이지만 어쩔 수 없는 수많은 요인들이 있다. 불가피한 경우는 조직도 기억한다.

인사는 최고경영자의 최종 의사결정이다.

순응과 복종은 다르다

복종이란 자신의 의사와 상관없이 타인의 명령이나 의사를 그대로 따르는 것을 말한다. 조직에서 가끔 상사들은 자신에 대한 부하 직원의 복종을 조직에 대한 순응이라고 착각하는 경우가 있다. 특히 공과 사를 구분치 못하고 사적인 지시를 거부하는 부하 직원을 조직에 대한 항명으로 여기며 조직 부적응자로 취급하는 경우이다. 어떻게 보면 상사 자신이야말로 조직에 순응치 못하고 있는 것일런지도 모르는데….

순응이란 조직이 지향하는 목적을 달성하기 위해 정해진 룰과 사회통념상 올바른 방법으로 자신의 의지로 가장 최선의 길을 찾는 효율적이고 생산적인 능동적 행동 양식이다.

반면에 복종이란 위계 시스템에서 자신의 의지가 아니라 타인의 의지를 대신 수행하는 상태로 지극히 수동적인 행동 양식이다. 특히 상사가 그른 일을 지시해 수행케 할 때 이런 복종을 요구하는 경우가 많다. 즉 시키는 대로 하고 생각하지 말라는 것이다.

직원 스스로가 이러한 복종을 조직에 대한 순응이라고 착각하는 경우도 있다. 왜냐하면 그것이 편하기 때문이다. 상사와의 갈등을 일으키기보다 복종을 통해 편해지려는 지극히 이기적인 생각의 발로이다. 그러면서 조용히 이직을 준비하는 경우를 많이 봤다. 상사가 경계해야 할 대목이다. 조직의 관리자 입장에 섰을 경우 부하 직원들이 일을 할 때 복종해서 하는지 조직에 순응해서 자신의 의지를 가지고 일하는지에 대해 많은 주의를 기울여야 한다.

물론 상사가 사적인 일로 복종을 요구할 때는 설령 자신에게 불이익이 있다손 치더라도 과감히 거부해야 한다. 경험적으로 수많은 사례를 보더라도 정상적인 조직이라면 부당한 사적인 지시를 거절한 직원이 장기적으로 불이익을 당한 적은 본 적이 없다. 사적이거나 부당한 지시를 거절하는 행동도 조직에 순응하는 길이기 때문이다.

제3장

옳은 일,
그른 일

직장에서 일이란 열심히 하는 것으로 끝나서는 안 된다. 눈에 보이는 성과, 즉 부와 가치를 창출하며 기업의 지속가능경영에 필요한 기반을 차곡차곡 쌓아야 하는 것이다. 물론 성과를 일궈내는 과정은 시간과 자본을 되도록 최소화해서 효율성과 가성비를 최대한 끌어올리는 식이어야 한다. 일을 잘하는 직장인이란 바로 기업의 이런 본능에 충실한 사람들이다.

의사 결정의 역학

대학에서 전공 분야가 무엇이든 가장 먼저 배우는 과목은 아마 원론일 것이다. 원론이야말로 전공 학문의 기본 이론과 전공이 왜 필요한지, 무엇을 추구하는지, 세부 분야는 어떤 것이 있는지, 다른 학문과의 연계성은 어떻게 되는지 등을 총괄적으로 다뤄 그 학문을 한눈에 이해할 수 있게 돕는다. 따라서 원론을 따라 읽다 보면 하나의 학문이 우리 인류의 삶이나 정신세계에 투영되는 철학적 명제들이 선뜻선뜻 머릿속에 들어온다.

무엇을(what)보다는 어떻게(how)가 중요

회사일도 마찬가지이나. 사무관리든 영입이든 개발이든 경영이든 철학적이라고는 할 수 없지만 숱한 명제에 부딪힌다. 명제는 주로 최고경영자의 경영 철학, 회사의 방침, 상사의 지침으로 정해지지만 정책이나 전략 부문에 근무하는 직원들은 이에 맞춰 목표를 설정해 일을 하게 된다. 즉 경비 절감, 구조조정, 신상품 개발, 마케팅, 경영 혁신 등과 관련해 하루가 멀다 하고 각종 명제들이 쏟아져 나오고 이를 추진하는 사항을 실무적으로 다루는 일이 직원들에게 떨어진다.

명제를 해결하기 위해 각종 회의를 하다 보면 답답한 경우가 많이 발생할 것이다. 해결할 방법론을 토의하는 자리에서 화려한 미사여구로 당위론적인 명제만을 되풀이해 떠드는 사람들이 의외로 많다. 어떻게(How)를 찾아야 할 자리에서 무엇(What)을 하자고만 해서야 길이 나올 리 없다. 예를 들어, '경비 절감'이란 명제를 놓고 방법을 논의한다고 치자. 지금의 회사 사정을 쭉 늘어놓고 타사와 비교해가며 그만큼 불필요한 경비를 줄여야 한다고 주장하나 어떻게 할 거냐고 물어보면 "잘 줄여야죠"라는 식의 막연한 답변만 털어놓는다.

물론 기업에서는 불요불급한 비용 지출을 가급적 자제하고 있어 줄일 군더더기도 대체로 없다. 그래서 줄일 분야를 찾기 어렵기 때문에 그런 소리를 하는 것을 모르는 바도 아니다. 그렇게 쉬울 것 같으면 회사 방침으로 지시하면 되지 왜 굳이 본부, 팀, 개인 단위로 경비 절감 방안을 찾으라고 하겠는가?

예컨대, 경비 절감이 명제라면 우선 각 조직 단위별로 지출 경비를 분석해서 경비 항목을 상·중·하로 분류하고, 항목별 중요도별 경비 금액을 합산해 '하(下)'는 30% 절감, '중(中)'은 20% 절감, '상(上)'은 10% 절감이라는 원칙을 세운다. 그리고는 회사 전체의 이익 규모에 따라 10%씩 상향하든지 5%씩 하향하든지 상황에 따라 원칙을 탄력적으로 운용한다. 이렇게 수치를 들어 구체적으로 문제를 푸는 게 설득력이 있지 않을까?

"잘 줄입시다!" "불요불급한 경비지출은 자제합시다!" "무조건 모든 경비를 10% 줄입시다!"

이런 구호는 그저 하나마나한 원론적인 얘기다. 경비를 줄이

자고 하는데 '경비를 잘 줄입시다'라고 답하는 꼴이다.

경비 절감이란 명제를 해결하려면 그 명제를 실행할 수 있는 각론을 구체적으로 또는 수치로 만드는 게 필요하다. 물론 거기에는 부작용과 역효과가 따를 수 있기 때문에 항상 장단점을 명시해야 하고 예상 효과를 부풀리지 말고 정확하게 산출해야 한다.

직장인은 시행착오와 함께 성장

직장 생활 중 새내기 때부터 반복하는 것이 있다. 시행착오다. 직장 생활이란 많은 시행착오를 통해 발전하고 성장해 가는 과정이다. 상사가 되었을 때 부하 직원이나 후배 직원들이 시행착오를 겪으면서 성장해 가는 모습을 본다. 자신의 경험을 공유해 가며 착오를 줄이게 도와주기도 하지만 새로운 일들이 수시로 생겨나기 때문에 이전의 방법론이 먹혀들지 않는 경우가 많다. 그래서 상사든 선배든 후배에게 건별로 해결 방법을 가르치기보다는 어떤 일이든 처리할 수 있게끔 매뉴얼이나 공통적인 절차, 즉 플랫폼을 가르쳐 주는 게 현명할 수 있다. 이를 통해 후배들이 문제 해결 능력을 깨우치고 키우게 해야 한다고 하지만 의외로 쉽지 않다. 왜냐하면 상사조차 문제 해결 능력을 완벽하게 갖추지 못한 경우가 많기 때문이다.

기업의 입장에서는 시행착오를 줄이는 것이 중요하다. 시행착오 그 자체가 비용이며 이는 손실로 연결되기 때문이다. 단순히 건별 해결 방법만 습득한다면 유사한 사안에도 잘못된 처방을 내려 낭패를 보게 되는 수가 있다. 이 세상에서 벌어지는 문제들이 항상 같은 양상이 아닌데다 겉으로는 비슷비슷해서 하나의 사안을 해결했던 방법이나 절차만으로 다른 사안을 처리하리라 장담하기 어렵다.

예컨대 세일즈 부문에서 다양한 고객들을 유치하려면 그 고객들을 모두 소화할 수 있는 유치 플랫폼이 있어야 한다. 이는 회사에서 제공할 수 있는 게 아니다. 자신에게 맞는 플랫폼을 스스로 찾아야 한다. 몇몇 편중된 고객을 공략하는 방법만으로는 살아남지 못한다.

세일즈 부문에서 판매왕에 이른 사람들을 보면 자신만의 스타일이 있고 그것이 바로 그 사람이 찾아낸 자신만의 세일즈 플랫폼이다.

납기를 맞추지 못하면 말짱 도루묵

업종과 규모는 천차만별이라도 기업 활동이란 생산과 판매(영업) 및 이를 뒷받침하는 사무 활동으로 이윤을 창출하기 위한 조직 체계를 가지고 있다. 비단 기업뿐만 아니라 목적이 이윤 창출은 아니지만 조직 체계를 갖춘 집단이라면 그 목적을 달성하기 위한 조직 활동이 필요하다.

조직 활동이란 기획, 보고, 결재(의사결정), 이 세 가지 과정으로 총칭할 수 있을 것이다. 이 과정에는 아주 중요한 요소가 하나 추가된다.

바로 기한이다. 기획이든 보고든 결재든 마무리가 되어야 하는 기한이 있다.

아무리 좋은 결과물을 만들어 낸다고 한들 납기에 맞추지 못하면 아무짝에도 쓸모가 없다. 생산, 건설, 유통 등과 같은 업종에서만 납기가 중요한 게 아니다. 고객과의 관계에서도 납기 문제는 어겨서는 안 되는 철칙이며 신뢰의 큰 축으로 작용한다.

문제는 회사 내부에서 일어나는 일처리 중 이 문제를 의외로 간과하는 경우가 많다는 것이다. 납기(기한)가 있는데 이리저리 바쁘다는 핑계로 해당 조직이나 상사에게 로비(?)를 하거나 아예 연락도 없이 기한을 지키지 않아 전체 일정에 차질을 야기하는 경우기 허다하다. 기한을 둘러싼 이러한 논란은 일하는 방식과 밀접한 관계가 있다.

기획서를 만들거나 보고서를 작성할 때 시한에 맞추기 위해 열심히 하지만 일하는 방식 때문에 그르치는 경우가 왕왕 있다. 즉 시한이 촉박하다 보니 실무자는 보고 시간도 아까워 오로지 기획서나 보고서를 만드는 데만 온통 정신이 팔린다.

상사도 여러 가지로 바쁘다 보니 지시하고 난 후 다른 일에 신경을 쓸 수밖에 없어 일의 진행 상태를 체크하지 않는다. 결국 결과만 기다리고 있는 꼴이 될 수밖에 없다. 그러나 정작 마감 시한은 얼마 남지 않았는데 실무자가 작성하고 있는 보고서나 기획서의 방향이 잘못 설정되었다면 이건 큰 낭패가 아닐 수 없다. 완성된 보고서를 받아 본 상사는 시간이 촉박하니 비상을 걸어 철야를 해서라도 다시 작성해야 한다. 주변에서 보면 이런 불상사는 일상적으로 벌어지곤 한다. 결국 다음날 업무에까지 영향을 미치게 된다.

기한이 있는 일을 할 때는 납기가 촉박할수록 중간보고를 수시로 해서 진행 과정에서 발생하는 오차(가야할 방향과 실제 만들어진 방향과의 차이)를 줄여 나가야 한다. 대부분의 경우 바쁘니까, 일을 잘 하니까 하고 나중에 결과물을 보고 논의하는 경우가 많다. 시간이 충분할 때라면 별 문제가 없다. 수정하면 된다. 하지만 납기가 촉박할 때는 사정이 다르다. 조직이 아무리 정교하게 설계되어 있고 업무 체계가 정밀하다고 하더라도 사람의 일처리에는 실수가 있게 마련이다. 실수를 줄이기 위해서는 상호 소통이 중요할 수밖에 없다. 특히 중간 관리자가 상부의 의사를 부하 직원에게 전달해 일을 진행하는 경우라면 상호 소통이 특히 중요하다.

상부의 의사를 중간 관리자가 이해했을지라도 부하 직원인 실무자에게 전달하는 과정에서 의외로 많은 오류가 발생한다. 어떤 경우에는 중간 관리자가 상부의 의사를 정확히 파악하지 못해 잘못된 지시를 하는 경우도 종종 발생하게 된다.

납기가 촉박할수록 상사에게 소통 보고를 자주 해야 하며 상사도 본인에게 지시한 최초 지시자의 의사를 중간보고를 통해 제대로 전달해야 함과 동시에 실무자의 진행 상황을 수시로 체크해야 한다. 바쁠수록 둘러가라는 옛말을 떠올릴 필요가 있는 것이다.

일 잘하는 사람은 천재라기보다는 몸이 가볍다. 보고를 자주 한다. 지시를 수시로 받는다. 그때그때 바로 수정한다. 그러면서 정답에 다가가는 것이다. 굳이 직접 대면 보고를 하지 않더라도 전화나 메일을 이용하면 된다. 상사는 누구를 막론하고 보고를 좋아한다. 보고만 잘 해도 일 잘하는 사람으로 평가받는다.

회의는 길어도 59분 내에 마쳐라!

회사의 일이란 회의의 연속이라 할 수 있다. 공휴일에 회사 행사를 하거나 팀이나 본부 야유회를 가도 회의를 하고 직원 결혼식에 어떻게 갈 건지도 회의로 정한다.

하지만 회의에서 결정되는 것은 아무것도 없다. 잘 끝난 회의는 "A씨와 B씨가 결론을 내서 다음 회의 시간에 찬반으로 결론을 정하지"라고 회의 주관자(주로 상사)가 결정하는 정도다. 많은 사람이 모여서 각기 다른 생각을 가지고 자기의 이해타산만 계산하고 발언하는데 무엇을 결정할 수 있겠는가?

거래 대상 기업이 회의를 많이 하는 회사인지 아닌지만을 체크해 보아도 그 회사의 상태를 짐작할 수 있다. 문제가 많은 회사일수록 회의를 많이 하게 된다. 왜냐하면 월급쟁이는 혼자서 결정하지 않으려는 속성이 있어 문제가 불거지면 무조건 회의를 통해 책임을 분산하려고 한다.

물론 기업에서 회의는 중요하고 필요하다. 회의는 중요한 커뮤니케이션 수단이며 정보의 전달 창구가 된다. 가끔은 의견 수렴의 장도 된다.

하지만 정보를 전달하기 위한 회의는 30분 이내로 끝내는 것이 좋다. 길어도 59분 이내에 끝내는 것을 원칙으로 하라.

그 이상이면 정보도 제대로 전달되지 않는다. 특히 여럿이 모여 논의를 해야 하는 회의에서 생산적인 결론이 나오리라고는 기대하지 않는 게 좋다. 혼자서 생각해도 답이 안 나오는 데 여럿이 모여 정해진 시간에 해결책을 찾으려고 하는 것이야말로 모순이다.

브레인스토밍(Brainstorming). 좋은 말이지만 시간이 많을 때나 할 수 있는 얘기다.

수많은 회의에 참석해보고 주재도 해보았지만 회의로 결론을 도출해 낸 적은 한두 번 기억에 꼽힐 뿐이다. 거의 대부분의 회의는 한두 번 소집 후 결론을 통보할 뿐이다.

가장 좋은 회의 모습은 안건을 사전에 개인들 각자가 충분히 검토하게 한 다음, 의견을 공개적으로 논의해 좋은 안을 만들어 내면 되지만 현실적으로 잘되기를 기대하기 어렵다.

메모하지 말고, 암기하라!

직장에서 메모는 중요하다. 특히 회의석상에서 메모를 하지 않으면 회의에 무성의한 사람으로 찍힌다. 어떤 경우에는 메모하러 회의에 왔나 싶다. 상사나 회의 주관자는 열심히 떠들고 참석자들은 열심히 적고 있다. 꼭 받아쓰기 대회라도 하는 양 싶다. 그 내용을 복사라도 해서 나눠주면 될 것을…. 아마 대부분의 회의 모습이 그럴 것이다.

메모를 하지 말고 외워라. 우리의 교육체계가 암기학습 위주로 짜여있어 우리 모두가 우수한 암기력을 가지고 있다. 왜 그 우수한 능력을 썩히는지 모르겠다.

직장에서 능력자로 인정받는 방법에는 보고서를 잘 쓰거나 영업 등의 성과를 올리는 것이 중요하다. 하지만 상사가 질문을 하거나 의문을 가질 때 즉답을 할 수 있으면 상사에게 강한 인상을 남길 수 있다.

보통 전략 부문이나 마케팅 분야 또는 관리 부문에서 상사로부터 부지불식간에 질문을 많이 받는다. 특히 최고경영자가 사업장 순시라도 나서는 경우에는 아마 비상일 것이다. 특히 세일즈 부문에서는 갑작스럽게 실적을 물어보는 경우가 많다. 상사가 지나가는 말로도 물어보고 콕 집어서도 물어본다.

"확인해서 보고하겠습니다"라고 답하는 것과 "이러 이러 합니다"라고 답하는 것. 상사의 입장에서 볼 때 어떤 것이 보다 나은 답변이 될 수 있을까?

현장에서나 어떤 사안을 논의하는 도중에 갑자기 다른 것을 물어보는 경우도 많이 일어난다. 대부분의 사람들은 당황해서 "알아보고 보고드리겠습니다"라고 답한다. 즉흥적인 질문이라서 개략적으로 답해도 대화는 계속되며 순조롭게 넘어간다. 만에 하나 알아보니 너무 얼토당토않게 대답했다면 즉시 찾아가서 수정해서 보고하면 된다. 상사들은 그렇게 하면 솔직하다고 더 좋아한다. 특히 최고경영자와의 자리에서 그런 상황이 자주 나온다.

누구도 평소에 머릿속에 답변거리를 넣어 두지 않으면 정답을 말할 수 없다. 그 자리에서는 정확한 답변을 구하는 것이 아니다. 회사 내에서 웬만큼 상식적으로 여겨질 정도만 답해도 정답이다.

　암기는 학교에서 공부할 때보다 직장에서 더욱 중요하다. 영업이나 세일즈를 하더라도 고객에게 제공할 자료의 내용을 암기해서 즉석에서 유창하게 설명한다면 고객의 신뢰가 한층 높아질 것이다. 개발, 마케팅, 전략 분야 등에서는 관련 내용을 암기하고 있어야만 종합적인 해결책을 만들 수 있다.

　내가 아는 지인 중에 메모왕이 있었다. 그 사람은 정말 메모를 잘한다. 반대로 난 메모하지 않는 게으름뱅이 쪽이다. 악필이기도 하거니와 메모한 것을 추후에 다시 찾아보거나 다시 확인하는 경우가 거의 없었기 때문일지 모른다.

　그 메모왕에게 물어보면 만사 오케이다. 하지만 그 사람은 꼭 상사에게 자주 꾸지람을 듣곤 한다. 물어보면 즉답을 하는 경우가 거의 없고, 확인해서 말씀드린다고 단서를 단다. 지금 전화로 사장이 물어보고 있는데도 말이다.

　물론 메모가 필요치 않은 것은 아니다. 하지만 중요한 사항은 항상 머릿속에 암기하는 습관을 들여야 암기력이 늘어나는 법이다. 중요한 사항은 상사들이 언젠가는 물어본다.

　최근 스마트폰이 보급되어 지인들의 필요한 전화번호를 외울 필요가 없다. 너무나 편리한 세상이지만 어떻게 보면 사람을 바보로 만든다는 생각이 든다. 핸드폰이 없던 시절에는 모든 필요한 전화번호를 암기했다. 심지어는 수백 개까지 외우고 있는 사람도 보았다. 그러나 지금은 모두가 스마트폰으로 해결한다. 가족의 전화번호조차 외우지 못하는 게 현실이고 보면 머리를 아예 쓰지 않는다고 해도 될 듯하다.

이런 상황에서 상사가 직원 전화번호를 물어봤을 때 망설이지 않고 그 직원의 전화번호를 바로 말해 준다면….

디지털에서는 아날로그가 장기가 될 수 있다.

암기하라. 머릿속에 메모하라.

사랑받는 직장인이 될 수 있다.

트레이드오프는 선택의 문제

트레이드오프(Trade-Off)란 상충관계, 즉 하나의 목표를 이루려면 다른 목표를 희생해야 하는 이율배반의 관계를 의미한다. 어떤 것을 얻으려면 반드시 다른 것을 희생해야 한다는 잔인한 인과관계를 설명하는 전형적인 용어이다. 두 마리 토끼를 동시에 잡을 수 없다는 보편적 논리를 경제 원리로 드러낸 것이다.

양자택일이라는 딜레마 앞에서 현명한 선택과 전략적 포기의 중요성을 전하는 메시지를 담고 있다. 직장인이라면 이러한 상황에 수도 없이 직면할 것이고 업무 하나하나가 어쩌면 트레이드오프에 놓인 선택의 문제라고 해도 과언이 아닐 것이다.

트레이드오프는 일의 우선순위를 정하는 것이 아니라 취사선택임을 명심해야 한다. 일 잘하는 사람은 결국 트레이드오프에서 선택을 잘한다고 할 수도 있다. 그만큼 선택의 합리적 근거와 논리적인 이익 구조를 잘 만들어 결재권자나 상대방을 설득해

내기 때문이다. 이를 다르게 보면 일 잘하는 사람은 잘 버릴 줄 안다는 것이다. 즉 선택과 집중에서 탁월한 능력을 드러낸다.

반대로 일 못하는 사람들을 보면 모든 것을 다하려 드는 우직함이 있다. 그러다 보니 일하는 시간도 많이 걸리고 만들어 내는 결과도 쓸모없게 되기 일쑤다. 아무리 회사나 조직이라고 해도 모든 것을 다 할 수는 없다. 자원에 한계가 있어 비용의 효율성을 따지지 않을 수 없기 때문이다.

예컨대 10가지를 하면 1,000원을 벌지만 비용은 900원이 소요된다. 그런데 3개만 추려서 하게 되면 500원을 벌지만 비용은 300원이 들어간다면 어떤 선택을 할 것인가? 일 못하는 사람들은 열이면 열 모두가 전자를 선택한다. 즉 버는 규모만 보고 효율성은 고려하지 않기 때문이다. 하지만 일 잘하는 사람들은 두 번도 고민하지 않고 후자를 선택할 것이다. 왜냐하면 나머지 비용 600원을 다른 곳에 투자하면 회사 전체적으로 1,000원 이상 벌 수 있기 때문이다.

쉬운 것 같지만 막상 일을 하다 보면 복잡하게 얽혀있는 실타래를 풀기란 쉽지 않다. 그러나 답은 있다. 회사 전체의 목표와 이익을 고려한다면 아무리 어려운 트레이드오프라 하더라도 바람직한 선택을 할 수 있지 않겠는가?

직장인들이 직면하는 개인적인 트레이드오프는 아마도 회사와 가정 중 어디를 우선시할 것이냐일 것이다. 전형적인 트레이드오프다.

직장인이라면 "누구는 가정에도 충실하고 직장에서 승진도 잘

하면서 잘 나가는데 당신은 가정은 내팽개치고 회사에 목숨 거는 사람처럼 보인다! 애들하고 한 번이라도 제대로 놀아줘봤느냐"고 아내로부터 핀잔 아닌 핀잔들 많이 들어봤을 것이다.

요즘이야 맞벌이가 많기 때문에 이런 말은 안 통하지만 과거 외벌이 시대에는 아내랑 다투는 주된 싸움거리였다.

한때는 그런 소리 들으면 화가 났지만 한편 궁금하기도 했었다. 과연 가정에도 충실하고 회사일도 충실할 수 있을까?

하지만 지금 생각해 보면 내가 잘못 생각했다. 생각해도 크게 잘못한 생각이 들어 아내에게 미안한 마음 금할 수가 없다. 사과라도 해야겠다.

가정과 회사일은 양립의 관계이다. 트레이드오프가 아니다. 가정에 있는 시간이 부족하더라도 그 시간만큼은 충실하게 애들하고도 놀아주고 아내일도 도와주면서 최선을 다 했어야 했다. 회사 다니며 돈을 번다는 얄팍한 나의 오만이 아내에게 상처가 되었던 것이다.

가정에 충실하라! 회사일 잘하듯이 가정 일도 잘하라!

지금이라도 혹시 회사일과 가정의 행복이 트레이드오프라 생각하는 사람이 있다면 당장 생각을 바꿔라. 잘못된 것이다.

역지사지(易地思之)에 해결책이 있다

일을 하다 보면 도저히 잘 진행되지 않거나 풀리지 않는 경우가 있다. 이러지도 저러지도 못하고 벽이 떡하니 버티고 있는 느낌이다. 한 가지 일만 생각하다 보면 생각하는 방법이 외골수로 흘러 사소한 것, 기초적인 것, 쉬운 것이 보이질 않는 경우가 있다. 바로 옆 동료가 지적해 줄 때 비로소 정신이 들어 허탈감을 느낄 때가 있었을 것이다. 시각이 닫혀 버린 경우이다.

우리가 살아가는 것도 이와 같다. 모든 사람이 자신의 이익만 앞세우다 보면 인간이 지켜야 할 기본적인 도리마저 잊어버리고 양보란 찾아 볼 수 없게 된다. 양보가 아니라 포기해야 할 남의 권리를 자신의 것인 양 고집을 부리게 된다. 마치 3쿠션 당구를 칠 때 3쿠션의 길만 찾다가 자기 순서에 남의 공으로 당구를 치는 것과 같다. 역시 시각이 닫혀 버린 경우이다.

회사 일에서는 조직이기주의가 더해져서 이러한 현상이 극한에 치닫는 경우가 발생하게 된다. 조직과 조직이 서로 철천지원수(?)가 되어 아귀다툼이 무시로 발생해 볼썽사나운 꼴을 연출하게 된다. 직장인이라면 한두 번쯤은 경험했을 것이다.

왜 그럴까? 남의 입장, 즉 상대방의 처지를 전혀 고려치 않기 때문에 이런 일이 발생한다. 인간의 속성상 자신의 이기심이 최고의 가치가 되지만 상대방이 강하게 무엇인가를 주장할 때 한 번쯤 그 입장이 되어 생각해보면 의외로 쉽게 이해하게 되는 경우가 많다.

이런 것은 결코 쉬운 일이 아니다. 인간은 본질적으로 상대방의 입장을 생각하게 되어 있지 않기 때문이다. 그래서 성인들이 추앙받는 것이 아닐까? 남을 먼저 생각하는 마음. 보통 인간에게는 기대하기 어려운 위대한 것이다.

하물며 온갖 이해관계가 걸린 직장에서 상대방 입장을 고려한다는 것은 불가능에 가깝다. 내가 여기서 하고 싶은 말은 상대방 입장을 고려하라는 게 아니다.

상대방 입장에서 한번 생각해보라는 것이다. 역지사지(易地思之), 즉 '상대방의 처지나 입장에서 생각하라'는 뜻이다.

그러면 의외로 쉽게 많은 갈등이 해결될 것이다.

그러면 의외로 많은 좋은 지혜가 떠오를 것이다.

그러면 의외로 많은 아이디어가 샘솟을 것이다.

그러면 의외로 많은 성과가 따라올 것이다.

그러면 의외로 많은 좋은 사람을 얻을 것이다.

예컨대 고객 사은행사를 기획할 때 회사의 입장에서만 따지지 말고 그 행사에 참여하는 고객의 입장에서 생각해본다면 비싼 비용을 들이는 행사가 더욱 알찬 아이디어와 내용으로 채워지지 않겠는가? 즉 고객이 만족해야지 회사만 만족해서는 아무짝에도 쓸모없는 행사가 될 것이다. 그런데 의외로 회사만 만족하고 끝나는 경우가 많다. 이는 상대방의 입장을 별로 염두에 두지 않았기 때문이다.

상대방의 입장에서 내가 하는 일을 바라본다면 정말 어리석게 처리되는 일이 많을 것이다. 회사에서 다른 조직이나 다른 직원들과의 관계도 마찬가지일 것이다.

우리가 가끔 이런 말을 할 때가 있다.

"맞다. 네 입장에서 생각해보니 내가 잘못한 것이네. 미안해!"

"네 입장에서는 충분히 화낼 만해!"

친구 사이에서는 이런 말을 쉽게 한다. 그런데 회사 일에서는 왜 그렇게 안 될까? 그것은 바로 조직의 입장이 개입되기 때문이다.

내가 하고 있는 일의 성과를 더 많이 올리기 위해서 상대편의 처지를 살펴보는 것은 아주 중요하다. 그러면 친구 사이처럼 쉽게 접근할 수 있을 것이다. 또 내 일의 허점이나 결점이 보일 것이고 혹은 어려운 과제를 풀 수 있는 길도 열릴 것이다. 내가 아니라 상대방의 시각에서, 곧 객관적인 시각에서 일을 처리할 줄 알아야 한다는 것은 아무리 강조해도 지나치지 않는다. 그런 식으로 일을 처리하고 노력한다면 당신의 회사 내 평판은 아주 높아질 것이다.

시각을 넓혀라! 그러면 보인다. 더 높은 성과가!

기업인은 아름다운 독재자

이 세상에서 가장 강력한 독재자가 자유주의 시장경제체제에 도사리고 있다. 얼마나 아이러니한 말인가?

히틀러나 스탈린보다 더 강력한 독재 권력이다. 하지만 그들은 인간을 핍박하고 압제하는 독재자가 아니라 인간을 살찌우고 풍요로운 삶을 제공하는 아름다운 독재자이다.

바로 기업을 창업해 성공시킨 기업가들이다.

독창적인 아이디어 혹은 탁월한 경영능력으로 '기업가 정신(Entrepreneurship)'을 발휘해 세계적인 기업을 일구는 일은 아무나 하지 못한다. 이병철, 정주영이라는 단군 이래 최고의 대한민국 기업가를 비롯해 미국의 스티브 잡스, 빌 게이츠 등 수없이 많은 기업가들이 인류의 발전에 기여한 공로는 이루 말로 형언할 수 없을 정도이다.

이처럼 성공적인 기업을 일궈 낸 사람들의 공통점은 다름 아닌 대단한 독재자였다는 사실이다. 그 사람들의 독창적인 기술력이나 아이디어 또는 비즈니스 통찰력은 독재의 통치 이념으로서 그 누구도 거역할 수 없는 권위로 자리잡았다.

내가 여기서 하고 싶은 말은 기업경영이란 민주적인 절차에 따라 이뤄지는 게 아니라는 사실이다. 가장 자유로운 정치체제에서 가장 비민주적인 조직이 탄생하고 그 조직이 국가를 떠받치게 된다는 아이러니한 현상이 기업에서 펼쳐지고 있음을 전하고자 한 것이다. 오늘날 가장 민주적인 의사 결정 방식인 다수결 원칙에 의해 주주총회에서 결정된 지도자가 가장 독재적인 통치술로 기업을 다스리고 있다.

직장인들은 가끔 오해를 하는 것 같다. 민주주의 교육을 잘 받아서 그런지 모르겠지만 회사 정책결정에서 직원들의 의사가 전혀 반영되지 않는다는 어리석은 의문을 품곤 한다.

기업은 민주주의 사회가 아니다. 독재사회이다. 우수한 경영자가 자신에게 위임된 권한을 갖고 자신의 경영 철학을 통치 이념으로 삼아 다스리는 독재 왕국인 것이다. 다시 말해 기업의 목적인 이윤 추구를 위한 독재자의 경영 철학을 모든 구성원들은 좋든 싫든 무조건 따라야 한다. 최고경영자가 오너라면 자신의 경영 철학으로 부를 일구어 왕국을 건설했고, 전문 경영인이라면 오너가 그 경영자의 능력을 인정해 권력을 위임했기 때문이다.

직장인이 회사의 의사결정이 독선적이며 비민주적이라 생각해 이의를 제기한다면 직장인으로서의 기본 소양을 갖추고 있다고 할 수 없다. 직장인의 의무는 주어진 직무를 최선의 방법으로 완수하면 되는 것이다. '왜'라는 의문표를 달 필요는 없다.

우리의 아름다운 독재자들이 직원들의 의사를 반영해 거대한 왕국을 이룬 것은 아니다. 그러니 직장인들은 아름다운 통치자가 독재를 할지라도 순응해야 한다는 말이다. 그 이념이 싫으면 다른 독재국가들과는 달리 떠날 자유는 얼마든지 주어진다.

어떠한 방법이든지 민주적인 절차와 수단을 중시하는 기업이 잘 되는 것 보았는가? 기업의 신사업 진출이나 대규모 투자 또는 신규 고용을 민주적인 의사결정에 따라 전 직원이 다수결로 결정한다면 어떻게 되겠는가?

경영은 다수결이 아니라 한 명의 천재가 이끌어 가는 것이다. 정치의 민주주의와 기업 경영의 독재는 살아가는 토양이 다르다.

내가 독재 권력을 옹호해서 이러한 말을 하는 것은 아니다. 자본주의 사회에서 자본의 집중은 불가피하기에 경제 권력은 독재로 흐를 수밖에 없고 이의 폐단을 차단하기 위해 여러 사회적 감시 장치가 존재하고 기업에 대한 사회적 책임을 중시하는 게 아니겠는가?

직장인들이여!

기업의 통치자는 조직구성원을 억압하고 핍박하는 게 아니라 여러분을 살찌우고 미래의 행복을 책임지는 아름다운 독재자이니 믿고 따라야 한다. 열심히 주어진 임무를 잘 수행하면 왕국은 날로 번성해 지배 영토를 늘려갈 것이고 언젠가 당신도 소왕국의 통치자가 될 수 있을 것이다.

리스크 관리

아무리 사소한 실수라도 반복하다 보면 더 큰 실패를 불러 재앙의 씨앗이 된다. 직장인은 절대로 실수를 저질러서는 안 된다. 무슨 일을 벌이든 사전 준비가 부족한 데 따른 결과이기 때문이다. 나름 정교한 시뮬레이션을 거듭해가며 리스크를 최소화해 실패의 가능성을 줄여야 하는 것은 직장인이라면 최우선의 업무 철칙으로 지켜야 한다. 기업도 마찬가지다. 리스크 관리를 소홀히 하거나 두려워하면 경영을 하는 게 아니다.

같은 실수 재발 묵인하는 임원은 해고하라
실수란 조심하지 않아 잘못한 것이다. 사람은 살아가면서 많은 실수를 저지른다. 어쩔 수 없다. 삶 자체가 시행착오의 연속이라서 실수를 통해 부족한 부분을 보완하고 군더더기를 제거해 나가고 있지 않은가.

조직이나 기업에서도 일은 실수의 연속이라 해도 과언이 아니다. 인간이기에 특히 새로운 업무는 실수를 수반할 수밖에 없다. 그러나 회사와 같은 조직의 일에는 분명한 차이가 한 가지 있다. 그것은 어떠한 경우라도 똑같은 실수를 반복하지 말아야 한다는 것이다.

대부분의 경우 실수가 발견되면 땜질식으로 봉합하기에 급급하고 그럭저럭 무사히 넘겨 전체 공정을 완료하면 그것으로 끝난다. 그리고 다음에 똑같은 실수가 반복되어도 그것이 동일한 종류의 실수인지 모르고 지나친다. 그러나 상사는 알고 있다. 조직도 안다. 왜냐하면 조직이란 집단지성이 작용하기 때문이다. 반복된 실수를 대충 덮어서 아무 일 없는 것 같이 보여도 상사라면 관련 직원들의 행적을 통해 같은 실수가 반복된 것임을 알게 된다.

임원이든 단위 조직의 관리자든 실수가 발생하면 반드시 재발 방지책을 마련해야만 한다. 실수는 실수 그 자체의 문제가 아니다. 그 실수를 막을 방지책을 마련치 않고 방치하게 되면 언젠가 또 다시 발생하게 된다는 것이다. 아무리 사소한 실수라도 반복될 때는 더 큰 실패를 불러 결국 재앙을 맞게 될 수도 있다.

큰 사건 사고를 되짚어 보면 항상 조그만 실수가 전조처럼 나타났고 그때 그것을 치밀하게 조사해서 재발 방지책을 마련했더라면 예방했을 경우가 수도 없이 많다.

상사라면 한 번의 실수로 부하 직원을 책망하지 마라. 더욱이 체크할만한 절차나 룰이 없어 발생한 경우는 자신을 책망해야 한다. 실수를 방지하기 위한 방지책(규칙, 절차 등)이 마련되어 있었는데, 그것을 지키지 않아 실수가 일어났다면 관련 직원을 해고해도 된다. 그런 직원은 조직에 백해무익한 존재이다. 정해진 지침이나 규칙이 없어서 저지른 실수는 용납할 수 있어도 지키라는 룰을 어겨서 야기된 실수는 절대 용납해서는 안 된다.

실수의 재발 방지책을 마련하지 않아 또 다시 같은 실수가 일어났다면 그 업무를 담당하는 임원 역시 해고해도 마땅하다. 하나를 보면 열을 안다. 그러한 임원이라면 자격이 없는 사람이다. 특히 본인이 업무를 제대로 파악하지 못해 부하 직원의 행동을 방치하고 있었다면 그런 사람을 임원으로 승진시킨 회사가 더 문제이다.

기업의 임원은 군대의 별과 같다. 임원이 되는 순간부터 병과가 없다. 경영자로서 경영을 해야 한다. 경영이란 조직과 사람을 관리하고 운영하는 일이다. 경영자는 전문가가 아니다. 무슨 일이 벌어지든 방법론을 제시해야 하는 사람이다. 실수의 재발 방지책을 마련치 못하는 임원은 근본적으로 경영을 할 줄 모르는 경영자이다. 그런 경영자는 언젠가 조직에 큰 해를 끼치게 된다.

분대장이 실수하면 분대원들이 위태롭게 되지만 사단장이 실수하면 수만 명의 부하들이 희생되고, 어쩌면 국가가 위기에 처하게 될지도 모른다. 군대에서 평상시 훈련을 하고 또 하는 이유가 실전에서 발생할 수 있는 조그만 실수라도 미리 찾아 대비하기 위한 것이다. 전장에서의 실수는 그야말로 치명적이지 않는가?

실수를 저지른 당사자는 절대로 실수를 숨기지 마라. 숨기려 하면 거짓말을 해야 하고 거짓은 거짓을 낳아 종국에는 돌이킬 수 없을 대형 사고로 이어지게 되는 법이다. 조직은 아무리 사소한 실수라도 결국 알게 된다. 그보다 한번 발생한 실수의 재발 방지책을 마련치 못하면 죄는 더욱 크다.

실수로 실패? 절대 안 된다

회사 또는 조직에서 실패란 없다. 듣기 좋은 말로 '실패는 성공의 어머니다', '실패는 성공으로 가는 가장 빠른 길이다'라고 하지만 조직, 특히 기업에서 실패란 있어서는 안 된다. 실패는 곧 기업의 손실로 연결되기 때문이다.

스포츠에서 패배는 곧 탈락이다. 한번 탈락하면 기회는 더 이상 주어지지 않는다. 그렇다. 기업이든 조직이든 집단 사회에서 실패하면 두 번 다시 기회가 오지 않는다. 실수와 다르다. 실수란 고치거나 막고 나면 또 다른 기회를 얻을 수 있다. 실패란 아예 기회조차 기대할 수 없는 것이다.

실패를 해서는 안 되는데 실수해서 실패를 한다면 준비가 부실하거나 집중을 하지 못한 인재(人災)이다. 즉, 최선을 다하지 않은 것이다. 어떤 경우이건 실패를 용납하는 조직은 없다. 설령 위로의 말을 전한다고 해서 그것을 용납한다고 생각하면 큰 오산이다. 실수로 인한 실패는 절대 금물이다. 실패하지 않도록 철저히 준비하고 대응하라. 실패하지 않는 것이 궁극적으로 최선의 결과이다.

실수로 실패하지 않는 길은 단 하나다. 어떠한 상황에서도 연습을 반복하고 철저히 준비하는 것뿐이다. 그렇다고 해서 실패가 두려워 행동조차 않는다면 그것은 기업의 경영이 아니다. 존재 가치가 없는 것이다. 실패가 두려워 피해 갈 게 아니라 실패를 통제하고 관리할 수 있는 능력을 키워야 한다는 말이다. 경영에서 리스크 관리란 바로 이러한 실패를 통제하고 관리하는 능력이다. 실패는 그만큼 기업에게 치명적이기 때문에 리스크를 관리하고 통제할 수 있는 능력, 즉 실패를 막는 능력이야말로 경영의 백미이다.

위기는 그저 위험일 뿐

개인이든 기업이든 위기를 맞게 된다. 국가도 위기에 처한다. 우리는 위기란 곧 기회라는 말을 자주 듣는다. '위기에는 위험과 기회가 함께 있다'고도 한다. 좋은 말이다. 위기로 인해 무너지지만 않는다면….

위기는 그렇게 쉽게 극복할 수 있는 게 아니다.

"위기가 곧 기회이니 좋은 기획을 해서 (아니면) 좋은 전략을 수립해서 대전환의 계기로 삼자!"

무슨 한가한 소리…. 위기가 닥쳐 회사가 죽느냐 사느냐의 문제에 봉착했는데 기회 운운한다는 소리 자체가 공허하게 들릴 수 있다.

학자라면 몰라도 경영자라면 절대 이런 소리를 해서는 안 된다. 이론가라는 사람들은 항상 결과론적인 논거를 신봉하는 사람이기 때문에 위기를 극복한 것이 마치 기회를 잘 활용해 성공한 것처럼 보일뿐이다. 현실적으로 본다면 위기를 극복할 경우 이는 곧 성공이다.

위기란 예방한다고 막을 수 있는 게 아니다. 우리가 국가적인 부도 상황인 IMF라는 전대미문의 상황에 처했을 때 개인뿐만 아니라 기업도 엄청난 위기를 맞았다.

되돌아보면, 그때 IMF를 기회로 삼아 성공한 기업이 과연 얼마나 되는가? 위기가 기회인줄 몰라서 그랬던 걸까? 아니면 능력이 모자라서 그랬던 걸까?

위기를 벗어나기에도 벅찬데, 아니 당장 발등에 떨어진 불을 빨리 끄든지 피해야 하는데 이런 국면을 이용해 또 다른 성공을 기획한다는 것은 아예 불가능하다. 위기를 기회로 활용하려다가 자칫 불에서 헤어나지 못해 주저앉을 수도 있다.

위기에도 종류가 있다. 등급을 매기면 실감이 날 것이다.

첫째 등급은 예상 가능하고 사전에 대처가 가능한 위험.

둘째 등급은 예상 가능하나 사전에 대처가 불가능한 위험.

셋째 등급은 예상 불가능하며 위험에 빠질 수밖에 없는 위험.

통상 우리가 말하는 위기란 첫 번째일 것이다. 나머지 위기의 상황에서 위기를 기회로 삼는다는 것은 그야말로 언감생심이다.

위기란 예방한다고 막을 수 있는 게 아니다. 미리 대비하면 피해를 줄일 수 있을 뿐이다. 우산을 준비하면 이슬비는 막을 수 있겠지만 태풍 같은 폭풍우라면 결코 대처하지 못한다.

우리나라가 국가부도에 빠진 상황은 어찌 보면 태풍이 몰아친 것이다. 그때 수많은 정상적인 기업들도 무너졌고 심지어 재벌도 무너졌다. 하물며 개인들은 어떠했겠는가? 하루아침에 실업자가 되고 고금리를 감당하지 못해 파산하고 정들었던 집을 경매로 넘겨야 했다.

IMF라는 미증유의 위기가 닥쳤을 때 대처 방법은 딱 두 가지였다. 신속한 수술로 생명을 구하든가 미적거리다가 죽든가. 물론 구조조정은 혹독한 상황이다. 하루아침에 직장을 잃고 가족의 생계를 책임지던 가장이 거리를 헤매고 방황하며 극한 상황으로 몰리는 참담한 현실이 닥친다. 그러한 상황이 안쓰러워 환부를 방치한다면 기업은 무너지고 국민경제는 골병을 앓게 된다.

IMF상황에서 우리나라가 선택한 길은 신속한 수술이었다. 압축성장만큼이나 신속하게 과감히 환부를 도려냈으며 그 격랑 속에서 멀쩡한 기업들도 생사를 걱정할 만큼 피해를 입었다. 우리는 국민들의 금 모으기 캠페인 덕분에 한마음으로 위기를 극복했다고 쉽게 말하지만 그렇지 않다.

당시 경제 관료들은 매국노라는 소리까지 들어가면서 외국자본에 국내 우량기업들을 과감히 팔아넘기는 구조조정을 신속하게 단행했다. 이런 움직임이 외국인들의 시선에는 희망적으로 보여 조기에 IMF 위기에서 벗어날 수 있었던 것이다.

만일 조금이라도 미적거렸다면 우리나라는 어떻게 되었을까? 지금 생각하면 소름이 끼칠 지경이다.

기업이나 개인도 다를 바 없다. 위험에 빠지지 않도록 철저히 대비하고 예방해야겠지만 불가피하게 위험에 처한다면 지나치다 싶을 정도로 과감한 칼질을 해야만 극복의 길이 열린다는 사실을 명심해야 한다.

위기는 기회가 아니다. 단지 위험에 처했을 뿐이다. 위기를 기회라 생각한 순간 기업은 망한다.

수술은 신속해야 하며 아무리 귀한 것이라도 아까워 말아야 한다. 생명이 잃고 나면 아무짝에도 쓸모가 없는 것이다. 요즘에도 우리의 IMF 극복 사례를 놓고 특혜 또는 비리의 소지가 있다는 식의 한가한 소리들을 하는데, 그것은 죽지 않고 살아 있다는 반증이 아니겠는가?

우리 국민들은 당시 구조조정에 팔을 걷어붙였던 사람들에게 많은 고마움을 표해야 한다. 국가의 영웅들이다. 그 사람들을 놓고 왈가왈부하는 사람들이야말로 매국노다!

결과를 보고 밤을 놓았어야 했다거나 배를 놓았어야 했다고 주장한다면 삼척동자라도 그런 말은 할 수 있다. 비겁한 처신이다.

누구나 위기를 맞아 대처하다 보면 어렵고 고통스러운 결정을 내려야 한다. 기업도 마찬가지다. 위기가 해소된 뒤에 이러쿵저러쿵 말하는 비겁자가 되지 말고 위기를 극복하는 주역으로서 역할을 하라. 그것이 직장인의 진정한 자세이다. 내 울타리는 내가 지켜야 한다.

위기는 기회가 아니라 그저 위기일 뿐이다.

바보들의 행진, 천재들의 비명

사람이 살아가면서 '어중간하다'는 말을 가끔씩 듣게 된다. 결코 좋은 뉘앙스의 말은 아니다. 이것도 저것도 아닌 두루뭉술하다는 뜻으로 특징이 없고 개성이 없다는 것일 게다.

어중간한 것들의 특징이 하나 있다. 리스크를 두려워한다는 것이다. 중간에서 조금만 잘못되면 나락으로 떨어질 것 같으니 차라리 아무것도 하지 않고 현 상태 그대로 머물려는 속성이 생존원칙이 돼버린다.

　기업에서도 '어중간하다'는 거기에 딱 들어맞는다. 특정 분야에서 한 우물만 파서 견실한 재무구조를 지닌 중간 규모의 기업들을 어중간하다고 하면 딱 맞을 성싶다. 이들 기업은 연관 기업도 몇 개 정도 거느리면서 제법 기업집단의 형태를 갖추어 재벌 흉내를 내려 하지만 어설프게 보인다. 이러한 조직들의 특징은 충분한 여력을 가졌음에도 불구하고 안전만을 추구하며 리스크는 무조건 피하고 보려는 오너의 경영 스타일일 것이다. 이들 기업은 하나라도 실패하면 나락으로 떨어질 것 같은 두려움에 싸여 리스크를 피하는 게 상책이고 이를 리스크 관리라고 착각한다.

　그런데 여기서 말하는 실패란 앞에서 언급한 실수로 인한 실패와는 달리 사업의 실패를 말한다. 즉, 경영전략상 시도하는 새로운 사업 진출이나 사업 포트폴리오 개편 등 경영에 관한 것이다. 물론 사업전략상 실패란 기업의 흥망을 좌우하는 큰일이다. 그렇기 때문에 철저한 리스크 관리가 필요하며 정확한 사업 분석이 요구된다.

　기업에서는 실패도 경영의 일환이다. 실패를 통해 군더더기를 덜어내는 기업도 있다. 물론 실패를 해야 한다는 말은 아니다. 하지만 기업 및 경영 그 자체에는 항상 실패를 가져올 수 있는 리스크가 도사리고 있다.

　기업에서 리스크 관리란 행동하지 않는 게 아니라 행동에 대한 위험을 통제할 수 있는 능력이다. 그런데 보통 리스크는 피해야만 하는 악으로 규정한다. 물려받은 곳간만 잘 관리하면 자손 대대로 먹고 사는 데 지장이 없다고도 한다. 왜 경영을 하는지 모르겠다. 그냥 있는 재산 다 정리해서 은행에 넣어두면 자손 대대로 따듯하게 먹고 살 수 있을 텐데….

우수한 직원들을 뽑아 놓고 곳간만 지키는 바보들을 만들어 놓으니 그야말로 바보들의 행진이다. 직원을 감시하고, 도청하고, 녹취하고, 이메일 들여다보고, 미행하면서 오로지 곳간만 지키기에 혈안이 된다. 혹시 직원들이 곳간을 나 모르게 빼 먹지나 않나 하고…. 회사의 모든 역량을 거기에 집중한다. 그러다 눈앞의 기회마저 외면하니 우수한 천재들이 눈물을 흘릴 수밖에 없다. 이런 기업은 범죄를 저지르고 있는 셈이다.

기업이 리스크 관리를 두려워하면 경영을 포기하는 것이다. 단순히 곳간만 지키는 것을 경영으로 착각하는 사람들이 의외로 많다.

경영이란 어떤 의미에서는 리스크 관리이다. 리스그를 회피하는 것이 리스크 관리가 아니다. 실패를 줄이는 것이 리스크 관리다. 만일 삼성이 소비재로 호가호위하면서 안전 위주의 곳간 지키기만 했다면 오늘날 대한민국은 어떻게 되었겠는가? 아찔하지 않는가? 더 이상 우리 자식들에게 기회는 없었을 것이다. 이 정도나마 갖추어 놓았으니 우리가 불평불만도 하는 것이다.

오늘날 삼성이 대한민국 그 자체라 해도 과언은 아니다. 그만큼 우리는 삼성이라는 한 기업의 탁월한 경영 덕을 본다고 말할 수 있다. 그동안 꾸준히 경제성장을 하면서 이제 우리나라에도 제법 자본력을 지닌 어중간한 기업들이 많이 생겨났다. 이런 기업들이 바보들의 행진은 그만두고 우수한 직원들이 천재의 역할을 할 수 있게끔 정신 차려야 국가가 산다.

해리포터의 작가인 J. K. 롤링이 2008년 미국 하버드대학교 졸업식장에서 한 연설문 중에서 인상 깊은 문구가 있어 소개한다.

"… 극도로 몸을 사리고 조심하면 실패는 안 할지 모르지만 그렇게 사는 것은 사는 게 아니다…."

경영 혁신의 함정

업무 효율화, 생산성 향상, 관리 혁명, 경비 절감, 업무프로세스 간소화, 고객 만족 경영, 제2창업, 변화 관리 등. 흔히 경영 혁신을 포장하는 구호와 캠페인들이다. 회사 업무를 혁신하고 생산성을 올리기 위해서는 근무 환경을 바꿔야 하고, 업무프로세스를 최대한 단축하고, 낭비적인 요소를 줄여 나가야 한다. 하지만 경영 혁신은 직장인들에게 부메랑으로 돌아오게 된다.

경영 혁신은 결국 제 발등 찍기

한마디로 요약하면, 경영 혁신은 직장인의 '제 발등 찍기'이다. 나 자신이 내가 만든 굴레에 얽매이는 신세가 되는 것이다. 어찌 보면 당연한 결과일지 모르겠다.

그런 일을 주도하는 입장에 있는 사람은 혁신 방안을 입안할 때 마치 스스로가 오너라도 되는 양 최면에 빠지곤 한다. 그렇지 않으면 어떤 방안이든 밀어붙이지 못할 것이다. 그래서 스스로 자신을 옭아매는 올가미를 만드는 줄도 모르고, 결국 일 잘한다는 소리를 듣기 위해 온갖 아이디어를 동원해 직원들을 최대한 쥐어짜내려 든다.

경영 혁신 캠페인이라도 전개하면 전 사업장을 미친 듯이 뛰어다니며 회사의 살길이 여기에 있다고 외친다. 마치 직원들의 미래를 밝혀주는 햇살이라도 되는 양 설파한다. 지금 생각해보면 부질없는 짓인 듯하지만, 그때는 마치 영화 속 주인공 역할에 온몸을 던지는 최면 걸린 배우 같았다.

조직이란 존재하기 때문에 일을 하는 묘한 구석이 있다. 진정으로 경비를 절감하려면 조직을 축소하면 된다. 경영 혁신을 주도하고 있는 조직부터 없애버리면 당장 실질적인 효과가 나타날 텐데 하고 본심을 내비치면 상사는 인상을 찌푸린다. 공문서 한 장이면 되는 일을 가지고 회사 전체를 들쑤신다. 왜 그럴까? 담당 직원은 물론 최고경영자도 안다. 큰 효과가 없다는 것을….

한두 번 하는 것도 아니고 수없이 추진하면서 전후를 따져봐도 큰 효과가 없다. 하지만 알면서 올해도 한다. 할수록 올가미만 늘어난다. 아마 올가미를 줄이는 게 경영 혁신이 될 날도 올 것 같다. 규제 철폐를 하는 규제…. 왜 그럴까? 이런 게 바로 경영이 아닐까?

회사가 너무 순탄하게 잘 나가도 최고경영자는 불안하다. 주기적으로 직원들을 긴장시킬 필요가 있다. 회사가 잘 굴러가면 직원들이 먼저 안다. 그럴 때일수록 최고경영자는 고삐를 죄고 최대한의 성과를 내는 것은 물론 호황 분위기가 흐트러지지 않게 지속시켜나가고 싶어 한다.

계량적으로 보면 경영 혁신 운동에 소요되는 비용은 결코 만만치 않다. 경영 혁신은 어떻게 보면 추상적인 개념이다. 수리적으로 수지를 계산할 수 없다. 비계량적 요소가 많기 때문이다.

여기에는 또한 외부적인 유혹이 작용하기도 한다. 유명 컨설팅 회사들이 효과를 잔뜩 부풀려 최고경영자를 꾀이는 것이다. 비싼 외부 컨설팅에 의뢰해서 경영 혁신을 추진하는 이유는 그 때문이다. 계량적 수치로 효과를 제시할 수 없기에 외부 컨설팅사의 신인도와 공신력을 얹어서 경영 혁신의 정당성을 확보하려는 것이다.

대부분의 공적 기관들이 큰 프로젝트를 진행할 때 항상 사용하는 방법이다. 어쩔 수 없는 선택일 것이다. 동일한 결과가 나오더라도 내가 그런 것이 아니라 유명 컨설팅사가 제안했다고 하면 그만이다.

스스로 경영 혁신책을 만들어 스스로 지키고, 스스로 실행하며, 스스로 그 평가에 얽매이는 월급쟁이들의 제 발등 찍기는 오늘도 계속되고 있을 것이다.

당신은 주인이 아니라 대리인이다

회사에 입사하고서 당시 제일 많이 들었던 말이 있다. '주인의식', '주인의식을 갖고 일해라!'라는 말이다. 새로운 출발을 하던 때라 무척 의아했다. 주인이 아닌 사람들에게 왜 주인의식을 가지라고 하는 걸까?

주인만 주인의식을 가지면 될 것이지 왜 종업원들에게 주인의식을 가지라고 하는 걸까? 자기 재산을 나눠주는 것도 아닌데….

그래서 그런지 지금도 주인의식이라는 말은 잘 쓰지도 않거니와 좋아하지도 않는다. 아마 지금도 기업에서 약방의 감초처럼 쓰이고 있는 말일 것이다. 나는 이 말이 종업원들을 나무랄 때 쓰는 것임을 한참 뒤에서야 깨달았다.

'주인의식을 가져라'는 '네 것이면 그렇게 낭비하겠는가? 아껴 쓰라. 네 것처럼!'이라는 말이다. 복사를 하다가 잘못해서 몇 장 버리고 다시 하면 옆에서 지켜보던 총무과장님께서 '주인의식을 가져야지. 요즘 사원들은 회사 것은 모두 공짜야 공짜!'라고 한마디하고는 쯧쯧 하면서 혀를 찬다. 그 좋은 주인의식이라는 말이 복사지 수준으로 전락하는 순간이다. 요즘이야 그렇게 하지 않아도 될 만큼 우리나라가 풍족하지만, 우리가 회사에 입사할 당시는 모두가 어려웠다. 그래서 기업마다 이면지 사용이 경비 절감의 화신처럼 되었다. 공무원은 물론이거니와 학교에서도 이면지 사용이 의무화(?)되었다. 아마 주인의식을 가지라는 국가적 지침이라도 있었나 보다.

주인의식을 실천한다면서 이면지가 없어지면 멀쩡한 종이를 복사해서 이면지로 만들어 결재를 받고, 이면지 사용 여부를 감시하는 데 직원 한 명을 전담시킨다. 또 이면지에 회사 중요 기밀이 적혀 있어도 누구도 챙기지 않아 그저 이면지로 사라져버린다.

이 얼마나 바보 같은 짓인가. 주인의식이 아니라 완전히 '종놈의식'이다. 진짜 주인이면 이런 행동은 절대 하지 않는다. 가슴에 손을 얹고 잘 생각해보자. 주인의식을 실천한답시고 주인에게 물어보지도 않고 주인에게 큰 손실을 끼치고 있는 셈이다. 한 사례에 지나지 않지만 기업에는 이러한 정책이나 구호가 많으니 조심해야 한다. 정말 쓸데없고 잘못된 주인의식을 없애는 게 진짜 주인의식이지 않겠는가?

바야흐로 요즘은 포장이 내용을 좌우하는 시대이다. 기업 내부에 이런 잘못된 주인의식을 실천하고 있지는 않는지…. 결국 기업의 내실을 무너트리게 된다.

나는 아직도 주인의식이라고 하면 '종놈의식'이라는 말로 들린다. 진짜 주인은 주인의식을 찾지 않는다. 직장인은 회사의 일을 주인에게서 위임 받은 대리인에 불과하다. 대리인은 주인의 대리인 역할만 충실히 잘 수행하면 된다. 그것이 대리인의 주인의식이다.

어설프게 주인 코스프레를 하다가는 주인을 망친다.

직원도 만족 못 시키면서 고객 만족?

고객 만족, 고객 제일, 고객 우선 같은 말은 직장 생활을 하면서 숱하게 들어 본다. 고객을 중시한다는 것은 당연하고 이윤을 내야 하는 기업 활동에서 고객은 최고의 가치이다. 그런데 여기에는 되새겨야 할 게 있다. 고객이라고 모두 만족의 대상이 아니다. 회사에 이익을 가져다주는 고객과 그렇지 않은 고객을 구분해야 한다는 숨은 뜻이 있다.

한때 대부분의 기업들에서 '고객만족경영'이라는 캐치프레이즈가 크게 유행한 적이 있었다. 그때는 기업이 고객 만족에 거스르는 언행을 한마디라도 하면 공공의 적으로 낙인 찍혔다. 모든 문서에 고객 만족이라는 문구가 새겨지고, 일처리를 하면서 고객 정책 또는 고객 만족 사항을 운운하며 어떤 이의도 달지 못했다.

지금 생각해보면 한심하기 짝이 없었다. 물론 고객을 위한 마음가짐 그 자체가 기업의 이윤을 창출하는 중요한 요소일 수 있다. 하지만 기업 경영이 꼭 고객을 위해 존재하는 듯해 주객이 전도된 것 같다. 고객이 기업의 이윤을 가져다주는 중요한 요소임에는 틀림없으나 고객이 경영 그 자체는 아니다.

고객을 만족시킨답시고 직원들을 극한 상황으로 몰아붙인다면 어떻게 되겠는가? 불만이 가득한 직원이 밝게 웃으면서 고객을 대한다고 고객이 모르겠는가? 고객의 입장에서는 정말 가증스럽기 짝이 없는 위선이다. 우리는 너무나 형식적인 겉보기의 친절에 식상해 있다. 고객도 그것을 느끼며 안다.

진정한 고객 만족은 삼자일체가 되어야 한다. 경영자의 인식 전환, 직원들의 진정성, 고객의 충성도. 경영자는 직원 만족 없이는 진정한 고객 만족이 이루어질 수 없다는 사실을 인식해야 한다. 직원이 회사의 대우에 만족하고 우리 회사가 좋은 회사라는 인식을 갖게 되면 자연스럽게 고객을 모시고 존중하게 된다. 경영자는 고객 만족이 제대로 이루어지지 않는다고 직원을 책망하기 이전에 스스로가 직원들의 만족을 위해 얼마나 노력했는지 먼저 따져 보아야 한다. 바람직한 고객 만족을 이루려면 직원 만족 없이는 불가능하다.

회사 여건이 어려우면 직원들을 설득해야 한다. 반드시 여러

분들이 원하는 좋은 회사로 만들어 만족할 수 있도록 하겠노라고…. 직원들이 진정으로 바라는 것은 눈에 보이는 가시적 처우보다는 진정으로 직원 만족을 위해 애쓰는 경영진의 마음과 노력이 아닐까?

직원들은 고객을 고마운 존재로 여겨야 한다. 직원 스스로가 내 월급이 고객으로부터 나온다는 사실을 항상 명심해야 한다.

고객이라고 다 같은 고객이 아니다. 회사에 손실을 끼치는 고객도 있다. 그러한 고객은 만족시켜야 할 대상이 아니다. 따라서 존중해야 할 고객을 잘 선별해서 그런 고객을 만족시키는 데 최선을 다해야 한다. 고객 만족을 놓고 '닭이 먼저냐 알이 먼저냐'는 식의 논쟁을 벌이는 것은 의미가 없다. 당연히 '알'이 먼저다. 먼저 직원들을 만족시키고 나서 고객 만족을 거론해야지 자기 직원도 만족시키지 못하면서 무슨 고객을 만족시키겠다는 건가?

많은 기업들이 고객만족경영을 추진했건만 제대로 소기의 성과를 거두지 못한 것은 바로 이러한 자기 함정에 빠져 있기 때문일 것이다. 고객 서비스가 진심에서 우러나지 않으면 오히려 역효과를 낸다. 직원들의 진정성은 회사가 그들을 어떻게 대하느냐에 따라 달라진다.

'좋은 회사는 좋은 직원을 만들고 좋은 직원은 우량 고객을 창출한다.' 지극히 간단하고도 쉬운 명제이다. 고객 만족은 절대 캠페인으로 이루어지지 않는다.

단기적으로 효과를 보기는 하겠지만 지속가능한 효과는 절대 기대하지 못한다. 이처럼 고객만족경영이라는 단어에는 아주 복잡 미묘한 요소들이 숨겨져 있다.

진군의 나팔소리

캠페인이란 사전적인 의미로 어떤 성과를 기대하고 일정 기간 행해지는 일련의 조직 활동이다. 상업적인 의미에서는 하나의 목적을 향해 회사가 조직적으로 노력하고 운동하는 것이다. 영어로 정확하게 말하면 판촉 캠페인(Sales Campaign)이다.

회사에 입사하자마자 캠페인이라는 요상한 소리를 듣고 아연실색을 한 적이 있었다. 아주 먼 옛날 얘기지만…. 이제는 일만 열심히 하면 더 이상 학교 성적표 순위로 매겨졌던 내 인생의 서열에서 벗어나겠구나 하고 청운의 꿈을 품었던 시절이었다.

그런데 웬걸 몇 개월 되지도 않아 진군의 나팔소리가 울리는 것이 아닌가?

모든 직원이 갑옷을 차려 입고 손에는 창칼을 들고 사열대에 서서 줄맞추어 적을 향해 돌진하는 것이 아닌가?

깜짝 놀라 옆 전우에게 물어보니 캠페인의 시작을 알리는 소리란다. 자기는 수급 10개를 목표로 할당받았다면서, 자네는 신입 병졸이니 3개가 목표량이란다. 나중에 그것이 너의 성적표가 되어 순위가 매겨지니 찍히지 말고 목표량을 달성하란다.

이게 웬 날벼락 같은 소리인가? 호랑이를 피해 들판으로 나오니까 사자가 달려드네….

아뿔싸 망했다. 잘못 골랐다!!!

회사에서는 신상품이 출시되면 어김없이 전 직원들을 대상으로 캠페인을 진행했다. 지금 생각해 보니 업종의 특성상 동시에 똑같은 신상품이 출시되니 1등하는 회사로서는 어쩔 수 없는 선택이었던 것 같다.

사람이 가장 견디기 어려운 것이 자신의 능력이나 실력이 숫자로 객관화되어 서열화되는 것이다. 회사 같은 조직에서는 어떠한 평가를 해도 객관화된 계수가 있는 것이 아니기에 그 압박감과 강도는 크게 와 닿지 않는다.

그런데 캠페인이 시작되면 상황은 달라진다. 결과가 객관화된 계수로 나타나 인생이 서열화된다. 빼도 박도 못한다. 그 결과에는 어떠한 변명도 필요 없다. 너는 꼴찌다. 그것뿐이다.

물론 최고경영자의 입장에서는 최고의 카드다. 단기간 안에 신상품을 시장에 안착시킬 수 있을 뿐만 아니라 이 기회를 이용해서 직원들의 느슨해진 긴장감을 다시 조일 수 있으니 가히 일석이조인 셈이다.

그러나 직원들이 받는 압박감은 상상을 초월한다. 모두 학창시절에는 한가락 하는 우수생들이다. 학교에서 1년 내내 1, 2등 자리를 놓쳐본 적이 없는데 캠페인만 하면 중하위권이니 미치고 환장할 노릇이다. 자존심이 상해 자살이라도 하고 싶은 심정이다.

아마 사회에 발을 들여놓은 현실감을 이토록 지독하게 느낀 경우는 처음일 게다. 사실 캠페인 때문에 이직을 한 친구들도 꽤 되었다. 캠페인의 후유증을 감당하지 못해 정신건강을 해쳤던 친구들도 많았다.

  나는 캠페인을 폄하할 생각은 없다. 분명히 캠페인의 효과가 긍정적인 것은 사실이다. 숱한 부작용에다 직원들에게는 거센 불만을 안겨주는 공공의 적 같은 캠페인도 어떻게 보면 상당한 부분 순기능을 한다. 회사에 대한 직원들의 소속감을 고취시키는 데 이만한 정책은 없다. 그동안 본인의 일에만 충실하느라 회사에 아무런 관심도 갖지 않았던 대부분의 직원들은 캠페인이 시작할 징조가 보이면 온 신경이 마케팅 조직에 쏠리게 된다. 그러면서 이번에는 자신에게 얼마의 목표량이 배정될지 관심을 갖게 되는데, 이때부터 일체감이 형성된다.

  직원들은 캠페인이 진행되는 기간 동안 다른 조직의 실적은 얼마인지, 우리 팀의 실적이 회사 전체에서 몇 등인지, 우리 본부는 지금 몇 등인지, 혹시 꼴찌가 아닌지 등에 신경을 곤두세운다. 갑자기 회사에 대한 관심도가 급증하면서 모든 일상 업무는 마비되다시피 한다. 회사의 모든 관심이 온통 캠페인에 집중되는 것이다. 서열화란 인간에게 그만큼 참기 어려운 모멸감을 유발할 정도로 자극적이다.

  이러한 정서를 이용해 손쉽게 직원들의 능력을 최대한 짜내려는 게 기업에서 판촉 캠페인을 활용하는 목적이 아니겠는가?

  기업의 지속적이고 꾸준한 성장도 중요하지만 조직이 자칫 타성에 빠지는 역설적인 측면을 무시하지 못한다. 따라서 약간의 부작용이 수반되더라도 단기적인 판촉 캠페인을 통해 조직의 기강을 다시 한 번 죌 수 있는 경영술은 불가피하다고 생각된다. 또한 평소의 한계를 뛰어넘는 목표를 부여해 직원들이 발견치 못한 자신의 능력치를 인식하는 계기도 되리라 본다.

조직의 논리

조직은 사람이 생각하는 것과 다르다. 거기에는 조직의 논리가 있다. 조직의 논리는 집단적·조직적 의사 결정의 논리이다. '진인사대사명(盡人事 待社命)', 이것이야말로 진정한 직장인이 조직에서 일하는 자세이다.

가성비는 곧 밥값

가성비란 소비자가 지급한 가격과 비교해 제품의 성능을 나타내는 말이다.

요즘 소비자들은 너무나 현명해서 가성비를 많이 따지는 것 같다. 아내도 요즘 돈을 쓸 때마다 가성비라는 말을 입에 달고 산다. 신문이나 방송 같은 미디어를 통해서 최근의 소비 풍조를 자연스럽게 습득한 결과이리라. 아마 오랜 불황의 여파일 수 있겠지만, 너나할 것 없이 가성비를 많이 따진다. 바람직한 현상이다.

그러면 나는 묻지 않을 수가 없다. 여러분은 과연 얼마나 가성비가 있는 사람들인가? 회사 입장에서 보면 여러분은 가성비가 매겨지는 대상이다. 경험컨대 당시에는 마땅한 말을 찾지를 못했는데 요즘 보니 바로 직원을 가성비로 평가했던 순간이 갑자기 떠오른다.

부하 직원에게 참고할만한 기획안을 만들어보라고 시키면 적당히 요구하는 수준만큼 만들어 오는 친구와는 달리, 두 배 이상의 시간을 들이고 온 정성을 다해 마치 나라라도 구할 듯한 문건을 가져오는 친구가 있다. 정말 좋은 자세다. 모든 일에 최선을 다해 할 수 있는 최대의 노력을 들여 최고의 마무리를 짓는다는데 누가 나무랄 수 있겠는가?

하지만 뒤집어 보면 어리석기 짝이 없는 친구다. 적력적소(適力適所)가 전혀 안 되는 것이다. 피라미 한 마리를 자르려는 데 조그만 과도면 될 것을 이순신 장군이 쓰는 장도를 갖고 덤비는 격이다. 한마디로 가성비가 없다.

회사는 여러분의 노동력을 구매하는 소비자이다. 당연히 노동력의 가성비를 따진다. 여러분들이 가성비를 따져 소비를 하듯이 말이다. 그런데 여러분은 왜 회사가 계산하는 가성비를 외면하려드는가?

직장인들이여! 여러분도 일을 할 때 항상 가성비를 따져라. 그것이야말로 회사에 신의성실을 다하는 것이다. 절대로 월급 값도 못하는 직원이 되지 마라. 죄를 짓는 것이다. 자기의 월급이 100이라고 100만큼 일하는 게 가성비가 있다고 생각하는가? 월급이 100이면 회사가 부담하는 실제 비용은 10배가 넘는다. 즉 1,000 이상이다.

일을 할 때는 일에 적절한 노력을 해야 한다. 10만 투입하면 될 일에 100을 투여하지 마라. 역시 가성비가 없는 짓이다. 상사의 의중을 제대로 파악할 줄도 알아야 한다. 역시 가성비의 문제다.

직장인들은 대부분 한 가지 일만 하지 않는다. 동시에 여러 가지 일을 할 수밖에 없다. 이때도 업무 간 시간 배분을 잘해서 시간의 효율성을 높이는 것은 가성비와 연결된다.

자본주의 시장경제에서 말하는 시장의 효율성이란 결국 가성비를 나타내는 말이다. 투입비용 대비 최대의 효용가치를 얻는 것이 바로 합리적인 경제행위다. 직장인들이여, 외식할 때 밥값의 가성비를 따지듯이 당신 월급의 가성비를 회사에서도 따진다는 사실을 명심하라.

그리고 상사가 개인적인 일을 시키면 한번쯤 자기의 시간당 임금을 계산해 웃으면서 농담조로 던져보라. 물론 계산상 수치의 10배가 답이다. 상사가 당신을 겁낼 것이다. 두 번 다시는 그런 일을 시키지 않을 것이다. 특정한 일이 마무리되면 실제 투입비용을 계산해 상사에 제시해보라. 깜짝 놀랄 것이다. 생각보다 금액이 크게 나온다. 직장인들이여! 가성비 없는 인간이라는 소리를 들으면 곧 '밥값을 못한다'는 뜻으로 이해하기 바란다.

나무를 보지 말고 숲을 보라!

직장인이면 누구나 다 들어보았을 것이다. '나무를 보지 말고 숲을 보라!' 소소한 것을 보지 말고 큰 것을 보라는 말이다. 큰 것만을 보다 보면 작은 세세한 것을 놓치게 될 텐데 과연 그렇게 하는 게 옳은지는 의구심을 품을 만하다. 기본에 충실하라는 말과도 배치되는 듯하지 않은가.

그런데 이 말을 '팀 이익을 보지 말고 회사의 이익을 보라', '본부 이익을 보지 말고 회사의 이익을 보라'는 말로 바꿔 놓으면 어떨까?

의외로 조직에서는 자신이 속한 팀이나 본부 같은 단위 조직의 이익에만 집착하는 경우가 많다. 물론 조직의 성과가 단위 조직장의 개인적 평가와 직결되기 때문일 것이다. 하지만 부분 이익의 극대화가 회사 전체로 보면 결코 득이 되지 않는 경우가 흔하다.

아마 관리자는 팀원 간 다툼이 생길 때 부하 직원에게 이렇게 말하며 설득하고 타이를 것이다. 팀을 위해 팀원 개인이 조금씩 양보해야 하지 않겠냐고…. 그러면서 덧붙이는 말이 "나무를 보지 말고 팀이라는 숲을 보고 결정하자"이다. 하지만 정작 자신은 다른 팀히고 첨예하게 대립하게 되면 힌 치의 양보도 없다. 회사의 이익하고는 상관이 없다. 자기 팀의 이익이 절대 우선이다.

본부장이 본부를 생각해 한 번만 양보하면 안 되겠냐고 팀장을 설득 중이다. 숲을 보고 결정하자고…. 자네 팀에서 한 번 양보해주면 본부의 이익이 배가 될 수 있다고…. 하지만 막무가내다. 자신의 이익을 빼앗기기 싫어서다. 부하 직원들에게 체면도 안 선다. 본부장의 입장에서 보면 나무만 보는 꼴이다.

회사에서는 의외로 이런 일이 숱하게 발생한다. 회사에서 잘나가는 사람일수록 이런 영역 다툼에서 승리하는 경우가 많다.

나무를 보지 말고 숲을 보라는 말은 세세한 것을 등한시하라는 것도 아니고 기본에 충실하지 말라는 것도 아니다. 더구나 뜬구름 잡는 큰 그림을 보라는 것은 더더욱 아니다.

회사와 같은 조직에서 이런 말을 듣는다면, 이는 회사의 이익을 생각하라는 말로 받아들이면 된다. 팀 이익도 아니고 본부 이익도 아니다. 팀장이든지 본부장이든지 '숲'은 팀이나 본부가 아니라 회사라는 뜻이다. 부하 직원들에게 그렇게 얘기를 해야 맞다. 개인이나 조직의 이기주의에 빠져 회사의 이익을 침해하면 안 된다는 것은 아무리 강조해도 지나치지 않는다.

한 우수 고객을 두고 서로 내 고객이라고 다툰다면 고객은 그 회사를 어떻게 생각하겠는가? 고객에게는 그저 한 회사의 직원들일 뿐이지 않겠는가?

이럴 경우 일단 합심해서 회사로 고객을 유치하고 이익의 배속이나 배분은 회사 내에서 다투면 될 일이다. 즉 고객 앞에서는 한 숲이 되어 회사의 이익 극대화에 매진하고 나무는 회사에서 나누라는 것이다.

이런 경우도 있다. 이것은 네 일이다. 내 관할이 아니다. 즉 일을 떠맡지 않으려는 경우다. 새로운 일일수록 업무 분장이 애매모호해 가능하면 다른 조직에 떠넘기려 한다. 일은 곧 책임이기 때문에 그 새로운 일을 맡지 않으려 한다. 온갖 핑계를 대면서….

이럴 경우는 무조건 그 일을 가져와라. 절호의 기회다. 회사는 일을 하기 위해 다닌다. 일을 많이 할수록 회사의 입장에서는 고마울 따름이다. 임자 없는 일은 무조건 내가 하겠다고 나서라. 아마 싫어하는 부하 직원들이 생겨날 것이다. 그럴 수밖에 없다. 부하 직원들 입장에서는 상사를 잘못 만나 똑같은 월급을 받으면서 일만 많이 하는 셈이기 때문이다. 하지만 조만간 그런 불만은 잠들 것이다.

회사에서 파워란 바로 일에서 나온다. 얼마 지나지 않아 부하 직원들도 일을 많이 하는 것을 좋아하게 될 것이고 상사를 좋아하게 될 것이다. 다른 조직으로부터 대우받는다는 것을 느끼게 된다는 말이다. 회사가 어려울 때는 일을 적게 하는 사람부터 잘린다. 일이 적은 조직부터 없어진다. 나무를 많이 모아 숲을 만들어라. 그러면 팀도 새로 생기고 본부도 새로 생긴다. 이것도 숲을 볼 줄 아는 지혜일 것이다.

모래알들의 합창

기업과 같은 집단사회에서는 항상 조직의 영웅을 찾는다. 그 영웅을 조직의 귀감으로 삼는다. 대표적인 영웅놀이를 하는 조직은 아마 국가일 것이다. 국가라는 조직의 귀감이 되는 인물을 찾아 영웅을 만들고 국민에게 칭송하며 본받도록 한다. 조직을 다스리는 데는 분명 효율적인 방법의 하나일 것이다. 조직을 위해 일 잘하는 사람을 영웅시해서 나머지 구성원들이 따라하게 함으로써 성과를 높이려는 리더들의 지극히 이기적인 발로이다.

집단이란 구성원들 개개인을 가르쳐서 성과를 올릴 수는 없다. 전체를 한 숲으로 보고 숲의 모양을 키우고 살찌울 수 있는 방법을 찾을 수밖에 없다. 그것은 지도자의 몫이다. 그러려면 개별 나무 하나하나를 키우는 방법으로는 곤란하다. 아니 불가능하다. 잘 자라는 나무 몇 그루를 선정해 '저렇게 자라나라', '본받아라', '서로 경쟁하라'라는 등 표상을 만들어 조직 전체를 이끌어 갈 수밖에 없다.

조직 규모가 클수록 운영의 효율성이 중요해지는 법이다. 물론 조직의 상위 20%가 전체를 이끌어간다는 '파레토 법칙'도 있듯이 하위 80%를 진작시키기 위해서는 영웅놀이가 아주 효율적이고 타당한 수단임에는 틀림없다.

리더들은 잘하는 상위의 소수를 영웅시해서 귀감의 대상으로 만들고 하위의 소수자들을 역적으로 만들어 암적 존재로 낙인찍는다. 결국 직원들 사이에 보이지 않는 계급이 만들어져 다수를 분발시키게 된다. 아주 효율적인 인력관리 기법이다.

이러다 보니 일부에서는 상위의 소수자 위주의 각종 정책을 펼치게 되고 그들에 대한 정당한 처우를 넘어 특혜에 가까운 대우를 하게 된다. 이런 연유로 특혜 받는 소수가 오만해져 횡포를 부리며, 회사가 이를 방치함으로써 조직을 망치는 우를 범하는 경우도 있다.

영웅의 겸손함은 조직의 긍정적인 엔도르핀을 생산하지만 오만함은 조직의 독약이 되는 법이다. 상위 소수에만 집중하다 보면 절대 다수인 나머지 80%가 소외되고 그들의 반란을 야기할 수 있다. 조직은 한 가지 부류로 구성될 수 없다. 각자의 역할이 있고 그 역할이 조화롭게 이루어져야만 상위 20%의 성과가 존재할 수 있는 것이다.

 기업과 같은 조직에서 상위의 우수한 직원들을 우대하고 표상으로 삼아 그들의 플랫폼을 소개해 참고로 하는 것은 맞다. 몰라서 못하는 경우도 많으며 성공적으로 일하는 방법을 따라 하고 싶어 하는 사람들도 많다.

 상위의 우수 성과자들의 실적 수치는 실적에서 절대 다수를 차지하겠지만 일을 하는 것은 사람이다. 절대 다수의 모래알 같은 실적도 있다. 모래알이라도 있으니 사상누각이라도 짖지 모래알마저 없으면 허공누각이 된다. 허공에는 집을 지을 수 없는 것이 아니겠는가?

 상위의 소수자들을 대우한다고 다수의 모래알들이 가져가야 할 몫을 줄여서 그 줄인 만큼 성과우수자들에 배정하는 '파이 선긋기' 정책을 펴서는 안 된다. 이때 다수들이 느끼는 상대적 박탈감은 의외로 크다. 물론 최고경영자는 이렇게 말할 것이다. 0.1%씩만 줄이면 실적 우수자들에 10%를 더 줄 수 있는데 뭐기 문제냐고?

 결국은 큰 화근이 된다. '거위 깃털 뽑기'식의 이런 파행이 다수에게 알려질 때는 다수를 한 방향으로 뭉치게 하는 큰 동인이 되기 때문이다. 이러다 보면 고성과자들에게 좋은 대우를 해줬음에도 불구하고 회사 실적은 제자리에 머무는 실패를 낳게 되는 수도 있다. 실적이 늘어난 만큼 또 다른 부문에서 줄어들기 때문이다.

닭이 먼저냐 알이 먼저냐!

이 말은 생명의 신비를 논할 때 흔히 제기되는 화두다. 사람은 자신이 부족하면 핑계 대기를 좋아한다. 전후 관계를 밝힐 수 없는 일에서 이 논리를 갖다붙여 '먼저 해결해주면 더 잘할 수 있다'는 식이다. 이러한 순환 논리도 기업 입장에서 보면 명확하다.

기업의 입장에서는 항상 '닭'이 먼저다. 즉, 회사나 단위 조직 및 개인의 성과가 있어야 그 크기에 따라 보상이 주어지는 것이다. 그런데 현장에서 실적을 올려야 하는 입장에서 보면 거기에 충분한 경비 등 각종 지원이 필요하다고 호소한다. 지원이 많으면 많을수록 성과나 실적은 비례해서 오른다고….

대부분 현장과 회사가 부딪히는 지점은 바로 활동 경비 문제일 것이다. 현장에서는 "활동비를 많이 사용해 더 많은 실적을 쌓을 수 있었는데"라는 식의 유체이탈 화법으로 회사를 못마땅해한다. 직원 입장에서는 확실히 '알'이 먼저다. '알'이 있어야 잘 부화시켜 보다 큰 '닭'으로 키울 수 있다고 한다. 회사는 '닭'이 있어야 '알'을 낳게 하고 그것을 직원에게 나눠줄 수 있다며 '닭'을 많이 잡아 오라고 직원들을 닦달한다.

영원한 평행선이다. 영원히 상충하는 논리 같지만 내 경험에서 보면 '알'을 먼저 주는 것도 좋은 해법일 수 있다. 여기서 '알'이란 물론 활동비 등 영업 지원책이다. 원래 영업 활동비는 실적에 비례해 책정해주는 식으로 설계되어 있다. 대부분 기업들도 유사한 구조일 것이다.

그래서 한번 '알'을 먼저 주는 정책을 펼쳐봤다. 영업 활동 계획에 따라 활동비를 선지급해 줄 테니 영업 계획이 있으면 요청하라고 선언했다. 다만 회삿돈을 쓰는 것이니 영업계획서 1장으로 요청하고 활동 내역 역시 1장으로 요약해 보고만 하라고 했다. 보고만 받고 다른 일체의 경비 사용에 간섭하지 않겠다고 분명히 했다.

처음에는 직원들도 어리둥절하고 의심하며 선뜻 나서지 않지만 용기 있는 자는 항상 있는 법. 한 사람이 영업 계획을 작성해 활동비를 요청해와 약속대로 따지지도 않고 전액을 지급했다. 직장인들은 의외로 순수한 면이 많다. 한번 경비를 받아 실적이 나오지 않으면 두 번은 요청하지 못한다. 그리고 있지도 않은 건을 내세워 요청을 하지도 못한다.

결국 활동 경비가 없어 실적을 못 올린다는 말은 핑곗거리에 지나지 않은 것으로 끝나고 말았다. 실제 신청한 건도 많지 않아서 비용이 얼마 들지 않았다. 일 잘하는 사람들은 핑계를 대지 않는다. 꼭 일 못하는 사람들이 '닭'이 먼저냐 '알'이 먼저냐를 따지며 핑계를 댄다. 한 번쯤 '알'을 먼저 주는 방법도 직원들 스스로 자신의 위치나 능력을 확인시키는 데 도움이 될 법하다. 왜냐하면 직원들이 회사 정책을 수행할 때 자신의 위치를 파악해야 그 효과가 배가 될 수 있기 때문이다.

진인사 대사명(盡人事待社命)!
자신이 할 수 있는 일을 다 하고 나서 하늘의 뜻을 기다린다(盡人

事待天命). 참으로 와닿은 말이다. 어떤 일이든 최선을 다해야만 후회가 남지 않는다는 경구이다. 실패 후 '내가 그때 왜 조금 더 열심히 안 했을까?'라는 후회는 소용없다. 아직까지 인간 역사에는 타임머신이 없다. 실패란 되돌릴 수 있는 것이 아니다.

기업에서는 '최선을 다한다'는 말을 밥 먹듯이 하고 듣는다. '최선을 다하라', '최선을 다하겠습니다', '최선만이 살길이다', '죽을 각오로 최선을 다해 실패하지 마라' 등등. 하지만 실패했을 때 떳떳하게 '최선을 다했지만 실패했습니다'라고 말하는 사람은 없다. 왜냐하면 최선을 다하지 않았다는 또 다른 표현이기 때문이다.

사람들은 착각을 한다. 최선을 다하면 어떤 일이라도 이루어진다고, 아니 믿는다는 표현이 맞을지 모르겠다. 이 말은 그만큼 성공해야 한다는 압박감을 자신에게, 또는 상대방에게 최면처럼 거는 말일 것이다. 다시 말해, 성공에 대한 강한 열망을 최선을 다하겠다는 다짐으로 변환시켜 자신이나 상대방에게 최면을 거는 것이다. 일을 하면서 최선을 다해야 한다. 맞는 말이다. 최선을 다해 일에 임해야 하며 이것이 회사에 대한 신의성실에 맞는 행동이다.

하지만 최선을 다한다고 모든 일이 이루어지리라 기대하는 것은 너무 낭만적이다. 개인은 최선을 다했을지 몰라도 회사 브랜드나 인력, 자금의 한계와 대외 여건 등 개인이 어쩔 수 없는 외생적 제약 요인 때문에 좌절하는 사례는 숱하다.

최선을 다한다고 개인의 능력을 벗어나는 외생변수까지 넘을 수 있는 것은 아니다. 맞다. '최선을 다하라'라는 말은 불가항력적인 벽까지 타고 넘으라는 뜻이 아니다. 조직에서도 잘 안다. 어쩔 수 없는 한계가 있다는 것을…. 그렇기 때문에 직원들에게 '최선' 타령을 하는지도 모르겠다.

아무튼 최선을 다해도 어쩔 수 없는 일이 있겠지만 조직은 거짓말처럼 안다. 어떤 일을 했을 때 그 결과가 최선을 다한 결과인지 아닌지를….

내가 여기서 말하고 싶은 바는 직장인은 항상 최선을 다해야 한다는 것이다. 기업의 일이란 모든 게 수익이나 비용 같은 경제적 가치로 드러나기 때문이다. 그래서 회사의 이익은 모든 직원들이 최선을 다한 결과로 이어져야 한다.

직장인은 최선을 다해 일하고 회사의 처우를 기다리면 된다. 회사는 가끔 불공평하고 부당해 보여도 결국 회사의 이익을 위해 모든 것을 결정한다. 이는 조직의 속성이다.

회사를 불신하지 마라. 회사는 좋은 결실이 나오면 직원들에게 실망을 주지는 않을 것이다.

직장인들이여! 항상 최선을 다하고 조직의 처분을 기다려라.

'진인사 대사명(盡人事 待社命)'이다.

일과 사람, 그리고 모순

조직은 어쩔 수 없는 모순을 안고 있다. 여러 사람들이 모여 있으니 개개인의 이해충돌은 불가피하고, 결국 명쾌하게 일관적이고 합리적으로 선을 긋기 어려운 일들이 속출한다. 물론 그런 일들이 쌓이다 보면 모순이 하나의 관행처럼 굳어져 조직을 떠돌게 된다. 하지만 그 모순을 한번 잘 뒤집어보라. 아무리 난마처럼 얽혀 있는 난제라도 의외로 쉽게 풀 수 있는 지혜를 찾을 수 있다.

하기 싫은 일을 솔선수범하라!

우리들은 살아가면서 꿈을 꾼다. 하지만 나이가 들어가면서 꿈은 사그라지기 시작한다. 어느 순간 '내게 꿈이 있었나'라고 허망함을 토로하는 게 인생이다. 꿈이란 하고 싶은 일이다. 학창시절 어느 날 선생님이 '여러분의 꿈이 무엇인지 공책에 한번 적어보세요!'라고 했을 때 정말 하고 싶고 되고 싶은 것들이 참 많았을 것이다. 하지만 나이가 들어가면서 현실적인 제약에 막혀 꿈은 하나씩 사라지고 '오늘 무엇을 하지', '오늘 누구와 식사할까?', '오늘 누굴 만나 술 한잔 할까?' 등 아주 현실적인 숙제만 남는다.

직장 생활에서도 마찬가지다. 신입 사원으로 입사하면 주위에서 제일 먼저 물어보는 것이 무슨 일을 하고 싶은지, 어떤 조직에 가고 싶은지일 것이다. 하지만 당장은 들어줄 수가 없는 경우가 많다. 회사 차원에서는 희망사항이라도 기록해 기회가 올 때 최대한 반영하려는 의도겠지만, 대개 직원들이 원하는 자리가 비슷해 수요자가 넘치기 때문이다

자리는 극히 한정적인데 원하는 사람이 많다면 누구에게나 선망의 대상이 된다. 다시 말해 누구나 하고 싶은 일이다.

하지만 이는 겉모습일 뿐이다. 회사에는 하고 싶은 일이 있고 하기 싫은 일이 있다. 생색나는 일이 있고 욕만 먹는 일이 있고, 하기 어려운 일이 있고 쉬운 일도 있다.

사람의 경우도 마찬가지다. 만나고 싶은 고객이 있고 만나기 싫은 고객이 있다. 모시고 싶은 상사가 있고 모시기 싫은 상사가 있으며, 같이 일하고 싶은 동료가 있고 같이 일하기 싫은 동료가 있다.

이뿐이랴. 받고 싶은 교육이 있고 받기 싫은 교육이 있고, 팔고 싶은 상품이 있고 팔기 싫은 상품이 있다. 출근하고 싶은 날이 있고 출근하기 싫은 날이 있으며, 야근하고 싶은 날이 있고 야근하기 싫은 날도 있다.

하지만 가장 하기 싫은 일은 맡은 역할 때문에 어쩔 수 없이 구조 조정을 한다고 사람을 자르는 것이다. 사람이 사람을 평가해 선을 긋는다는 것 자체가 사람으로서 할 짓이 아니다. 하지만 누군가는 해야 하고 하지 않으면 회사 전체가 위태로워질 수 있다. 모두를 위험에 빠트리지 않기 위해 일부를 조정하는 일이지

만 당하는 사람에게는 억울하고 부당한 처사일 수밖에 없다. 휘두르는 칼에 속절없이 당한다고 생각하지 않겠는가. 그러니 칼자루를 쥐었다고 생각하는 사람들에게 쏟아지는 비난과 공격의 수위는 상상하기 어려운 수준이다.

사실 직장에서 하고 싶은 일이란 없다. 해야만 하는 일과 하기 싫은 일만 있을 뿐이다. 해야만 하는 일은 당연히 해야 하지만, 하기 싫은 일의 경우는 선택의 여지가 조금은 있다. 조직에서도 하기 싫은 일을 시킬 때는 선택의 기회를 부여하게 된다. 누군가는 반드시 해야 하지만 그 누군가가 자유의지에 따라 나서기를 바라는 것이다. 조직도 인간의 구성체라서 이런 이율배반은 수시로 목도하게 된다.

직장인에게 이 대목은 아주 중요하다. 누구나 하기 싫은 일에 선뜻 손을 들고 나서라는 것이다. 그러면 일 잘하는 사람이 되는 지름길에 들어서게 된다. 왜냐하면 모두가 하기 싫어하는 일은 잘하고 못하고가 아니라 할 수 있는 사람이 없는 게 문제이기 때문이다. 따라서 그 일을 맡는 것만으로도 일 잘하는 사람으로 인정받고 조직에서도 고마워하는 존재가 될 것이다.

신입 사원에게 '무엇을 하고 싶은가?'라고 물어보는 것은 꿈 얘기고 여기서 해야 하는 일이란 곧 현실이다. 꿈과 현실이 다르다는 지극히 평범한 상식도 직장에서는 일을 잘하거나 못하거나 안 하는 것으로 평가된다. 직장에서 꿈이라고 하면 모두가 하고 싶어 하는 일을 말한다. 어떤 조직에서든 소위 말하는 '꽃보직'이 있다. 그 자리는 누구나 가고 싶어 한다. 이는 꿈을 꾸지 말라는 뜻이다. 꿈을 꾸어봤자 이루어지기 어렵다는 것이다.

　꿈속에서 헤매지 말고 차라리 남이 하기 싫은 일을 찾아 실리를 택하는 것이 옳다는 얘기다. 요컨대 직장에서는 아무도 하고 싶지 않은 일, 누구도 하기 싫은 일을 솔선수범해서 하라는 것이다. 직장인이 성공하는 지름길은 바로 거기에 있다.

비 온 뒤에 땅은 더 질척댄다

우후지실(雨後地實). 비 온 뒤에 땅은 더 굳는다. 실제로 비 온 뒤에 땅은 질척거린다. 비가 그치고 물과 습기가 모두 사라져야 다시 땅이 단단하게 굳어진다. 과연 회사와 같은 조직에서도 그럴까?

　서로의 이해타산이 걸려 있는 사안에서 회사 내 조직 간에 발생하는 갈등은 의외로 많다. 어찌 보면 사소한 일일지라도 조직 간의 문제가 되면 일이 커진다. 조직구성원들이 소속된 조직의 자존심 문제로 비화되어 한 치의 양보도 없다. 개인의 문제라면 양보하고 화해하면 될 것을 조직에서는 서로 눈치를 보며 또 다른 갈등까지 부르게 된다. 결국 조직이라는 집단의식이 개입하게 되는 것이다. 회사별로 차이는 있겠으나 회사 내에는 서로 앙숙 관계가 형성되어 있는 조직들이 있다. 표면적으로 드러나지 않지만 사사건건 날을 세우며 업무를 처리하는 경우를 드물지 않게 볼 수 있다. 팀장이나 부장이 바뀌어도, 본부장이나 담당 임원이 바뀌어도, 심지어 직원들이 바뀌어도 그렇다.

큰맘 먹고 상급자들끼리 서로 화해하자고 거창한 합동 회식 자리를 만들어 화해주를 마신다. 출발은 좋다. 우두머리들의 건배가 있고, 서로 사이사이 섞여 앉아서 형님 먼저 아우 먼저 사과도 하고 서로의 입장을 이해한다는 등 분위기는 화해의 모드로 흘러가고 있다. 모두들 앞으로 잘 될 것이라는 큰 기대를 품고서….

웬걸! 잔이 한 순배 돌고 거나하게 취기가 오른 사람들이 한두 명 나타나기 시작하면 졸지에 상대방 비난 모드로 바뀌게 된다. 본심이 나오는 것이다. 한쪽에서의 큰소리 한마디에 분위기는 싸늘해지며 고성이 오가더니 결국에는 서로 삿대질까지 하면서 막장을 향해 치닫는다. 주먹다짐으로까지 가지 않는 게 천만다행이다.

화해주가 아니라 불화주가 되어버려 자기 조직 사람들끼리 한 잔 더 하면서 서로 상대방을 실컷 욕하고 분풀이하면서 끝난다. 다음 날 분위기는 더 냉담해지고 서로 업무 협의조차 미룬다.

사람들로 구성된 조직에 관한 한 비 온 뒤에 땅은 더 질척거리고 습기가 빠지면 그 모양은 더욱 흉물스럽다. 여기저기 발자국이 어지럽게 찍혀 있어 다듬어야 사람이 다닐 수 있게 된다. 조직의 자존심은 개인보다 수십 배는 세다. 앙숙 관계는 이렇게 해서 생겨나나 보다.

하지만 이러한 갈등 관계가 반드시 부정적인 것만은 아니다. 서로 간 경쟁의 불씨가 되고 기업의 발전에 긍정적인 요인으로도 많이 작용한다. 물론 사소한 문제까지 서로 시비하게 되는 낭비적인 측면도 있겠지만, 그렇기 때문에 서로 일을 완벽하게 처리하려 하고 그래서 문제가 발생할 소지를 사전에 차단할 수 있는 업무 시스템을 구축하는 것이 아닐까?

비 온 뒤에 땅이 더 질척거리고 마른 뒤에 울퉁불퉁해져서 더욱 불편해진다. 이를 막으려면 땅이 비에 젖지 않게 하면 된다. 땅 위에 지붕을 만들어 젖지 않게 하면 되는 것이다. 최고경영자에게는 이러한 지혜가 필요하지 않을까? 최고경영자뿐만 아니라 회사 직원들에게도 마찬가지의 지혜는 필요하다.

기업이나 조직 같은 집단사회에서는 갈등은 피할 수 없지만 그 갈등을 얼마나 지혜롭게 수습하고 적절한 대책을 강구하느냐에 따라 약이 될 수도, 독이 될 수도 있다.

직장의 패러독스

조진조퇴(早進早退) 지진지퇴(遲進遲退)란 말이 있다. 빨리 올라가며 빨리 나가고, 늦게 올라가면 늦게 나간다는 뜻이다. 승진이 빠르면 퇴직도 빠르다는 사실을 우회적으로 표현한 것이다. 직장인들에게는 전형적인 패러독스다. 빨리 승진하면 일을 잘한 덕분이다. 상식적으로 일을 잘하면 회사에 오래 근무하는 게 회사에 득이 될 것이다.

그런데 왜 그런 걸까? 회사에서 일 잘하는 사람을 기피하는 것일까? 일을 잘하면 빨리 승진시켜 빨리 퇴출시키려고 그런 것일까? 물론 절대로 아니다. 답은 간단하다.

회사에서 해줄 수 있는 것이 승진뿐이기 때문이다. 일을 잘해서 고맙다고 보상책으로 빨리 승진시킨 것이 아니겠는가? 하지만 아이러니하게도 빨리 승진한 사람이 빨리 퇴출되고 일 못해서 승진하지 못한 사람이 남아 오래 근무하는 기현상이 나타나는 것이다. 요즘은 성과 보상 제도가 옛날보다 발달되어 일 잘한다고 빨리 승진시키기보다 성과 보상을 많이 해주는 바람직한 방향으로 바뀌는 것 같다.

이러한 패러독스가 생기는 것은 아무래도 높은 자리로 올라갈수록 자리 숫자가 줄어들기 때문일 것이다. 모든 조직 체계는 피라미드 구조로 이루어져 있어 위로 올라갈수록 낙타가 바늘구멍에 들어갈 만큼 비좁다.

일 잘한다고 빨리 승진시키지만 더 높이 승진시키자니 자기 자리가 위협받고, 그대로 두자니 밑에서 일 잘하는 사람들이 계속 생겨나 압박한다. 그렇다고 새로운 자리를 만들자니 조직의 비효율성이 너무 커진다. 이런 난제를 풀 수 있는 방법이란 일을 잘해 승진한 사람들을 일정 기간이 지나고 나면 퇴출시켜 자리를 만드는 길밖에 없다. 참으로 요상한 인사 체계다. 하지만 현실이다. 승진을 중요한 보상 수단으로 사용하는 기업일수록 이런 패러독스가 판을 치게 된다.

또 하나의 패러독스는 '우는 아이 떡 하나 더 준다'는 식의 보상 체계다. 묵묵히 자기 일만 열심히 하면서 회사에 불평불만을 토로하지 않는 직원들보다 이런저런 불평불만을 터트리는 직원들이 더 대우받는다. 일할 때마다 이런 것이 부족하다, 저런 것이 불편하다, 열심히 했는데 승진이 안 된다, 실적에 비해 사람이 모자란다, 경비가 부족하다, 장비가 모자란다는 등 불평불만거리는 무궁무진하다.

가만히 있는 애기보다 우는 애기한테 신경을 더 쓰게 되는 부모의 심경은 아닐 텐데, 우는소리 하는 직원에게 혜택이 하나라도 더 가는 이유는 무엇인가?

조직도 사람들로 채워지다 보니 마주칠 때마다 애로사항을 반복해 털어놓고 윗분들께 고자질할 것처럼 나대며 울고 호소하면 재간이 없다. 이렇게 마구 떼쓰는 상황이 먹혀드는 곳도 직장이다. 물론 블랙리스트 1번으로 찍어놓고 경계를 하지만 자기 역할이라도 부족해지면 회사에 대해 온갖 핑계를 대며 또 우는소리를 해댄다. 이것저것 해주면 예전처럼 잘 할 수 있다고 무엇이든 해달라고 징징댄다.

이런 사람들일수록 어느 정도 성과도 있고 실적을 내는 경우가 많아 담당자들은 곤욕을 치를 수밖에 없다. 일이 크게 비화하기 전에 해달라는 것을 내주고 만다. 묵묵히 제 역할을 다 하면서 방침을 잘 따르는 착한 직원만 손해 보는 꼴이다.

직장인의 패러독스를 하나 더 들라면 결정의 역설이다.

가끔 직원들의 의견을 무시하고 야유회나 회식 장소를 결정한다는 불만들이 나온다. 그래서 자유롭게 논의해서 스스로 결정하라고 기회를 줘도 늘 하는 산행이나 뻔한 회식 장소로 결론이 난다. 왜 그럴까? 회사에서 경비를 지원하면 직원들의 뇌리에는 뜻있게 써야 한다는 압박감이 작용해 굳이 리스크를 떠안지 않고 이전에 갔던 장소로 결정하는 게 아니겠는가?

일을 할 때도 이런 식의 결정을 하는 경우가 종종 있다. 새로운 방식이나 아이디어를 찾으려고 회의를 열심히 해본들 기껏 다다르는 결론은 종전의 틀을 벗어나지 못하는 것이다. 야유회나 회식 장소를 결정할 때처럼 말이다.

섣부른 봉사활동보다는 기부가 낫다

이런저런 기회로 회사에서 대외 봉사활동을 할 기회가 자주 있다. 기업의 사회적 책임이 무엇보다도 중요시되는 현 시류에서 보면 매우 당연하다.

굳이 기업이나 오너의 과오를 덮기 위한 전시용 행사가 아니더라도 기업 이미지를 높이기 위한 수단으로 봉사활동이 이루어진다는 것을 부정할 수는 없다. 결과적으로 기업의 물품과 직원의 노동 지원은 취약 계층에게 단비가 되는 것은 분명하다.

하지만 봉사활동에는 주의하지 않으면 안 되는 것이 있다. 가급적이면 기업 단위의 봉사활동에서는 대인 봉사활동은 자제하는 게 어떨까 싶다.

기업에서 캠페인 하듯이 하는 봉사활동은 어떤 변명을 붙이더라도 일회성 홍보 효과를 염두에 둔 것이다. 단체로 우르르 몰려가서 봉사하는 척 사진을 찍고 동영상을 촬영하고 거짓 웃음을 지으면서 한껏 선량한 봉사자인 척 연극을 한다. 마치 정치인이 하는 선전쇼와 같다. 사진을 찍고 나면 대충 마무리하고 휑하니 떠나는 것이 현실이 아닐까? 청소라도 제대로 해주는지는 모르겠다.

무릇 봉사란 자발적이어야 하고 봉사활동을 하는 사람들을 보면 분명히 나름대로의 철학이 있다. 하지만 업무의 연장선상에서 하는 기업의 봉사활동에는 구성원들이 진정성을 갖기는 어렵다. 정말 진정성을 갖고 임한다면 그 사람은 회사 차원에서 하는 봉사활동이 아니더라도 이미 스스로 봉사활동을 하고 있을 것이다.

세상에서 제일 어려운 게 봉사활동이다. 착각하지 마라. 봉사는 의무감에 해서도 안 되고 남는 시간을 때우려고 해서도 안 된다. 봉사 받는 사람의 입장에서 한번쯤 생각해봐라.

봉사활동 한답시고 건성으로 청소해주고 무엇인가 만들어주고 가면 그 뒷마무리가 더욱 어렵고 힘들다. 특히 봉사활동을 한답시고 목욕 봉사니 세족 봉사니 하는 신체적 접촉을 하면서 가식적인 웃음을 지으며 찰칵 사진을 찍는 경우는 너무나 흔하다.

정말 역겹다. 그런 가식적인 손길은 칼날이다. 못 느낀다고 생각하는가? 그 봉사를 받는 사람이 가장 먼저 느낀다. 진심에서 우러나는 천사 같은 손길과 전시용으로 의무적으로 휘두르는 손길에는 큰 차이가 있다. 과연 참다운 봉사라 할 수 있겠는가?

기업에서 단체로 하는 봉사활동은 노력 봉사와 돈 봉사(기부)로 그쳤으면 한다. 빨래나 청소를 하거나, 고장 시설을 수리해주거나 신체적 접촉이 없는 활동만 해라. 손길이 봉사가 아니라 칼날이 될 수 있으니 말이다.

내가 왜 이런 말을 하는가 하면 회사 단위로 하는 봉사활동 후 돌아가는 길에 서로 대화하는 얘기를 듣고 있다 보면 마치 전쟁터에서 돌아오는 병사들이나 하는 무용담 수준이다. 더 자세한 얘기는 하지 않아도 알 수 있을 것이다. 봉사는 일이 아니다. 마음을 주어야 한다.

봉사활동을 할 마음이 있으면 손을 얹고 정말 진정성 있게 할 수 있는지 다짐해봐라. 그럴 자신이 없으면 기부금으로 마음을 표시해라. 그것이 백번 낫다.

남을 도울 때는 어떤 기대도 하지 마라!

우리나라 속담에 '머리 검은 짐승은 거두지 마라'라는 말이 있다. 사람을 도와주지 말라는 뜻으로 누구를 돕고도 낭패를 당하는 사례를 비유적으로 표현한 것이다. 직장 생활을 하다 보면 알게 모르게 다른 사람들을 많이 도와주는 경우가 있다. 굳이 나쁜 짓은 아니라서 아는 사람이 곤경에 처하면 모르는 체하기보다 자신의 권한과 재량 범위 내에서 도와주게 되는 것이다.

그러나 대부분 주위의 눈치를 살피느라 몸을 많이 사리게 된다. 잘해봐야 본전인데 굳이 나서려 하지 않는다. 아마 월급쟁이의 속성이 아닐까 싶다. 그래도 이왕이면 팔이 안으로 굽는다고 서로 도와줄 수 있을 때 도와주면 도움받는 쪽이 큰 힘을 얻어 성공의 기회를 잡는 수가 있다.

내 경험으로도 그런 도움을 준 경우가 몇 번 있다. 오지랖이 넓어서 그랬는지 자신감의 발로였는지는 모르겠으나, 지금 생각해보면 왜 그렇게 했나 후회스럽기도 하지만 다시 그때로 되돌아간다고 해도 또 그랬을 것 같다. 이성적으로 생각해보면 지금 그것을 많이 후회하고 있다. 도움이라는 단어를 내게 섭섭한 의미로 만들어버린 그 사람들이 원망스럽긴 하지만 누굴 탓하겠는가? 다 내 탓인걸….

누군가를 돕는 사람의 입장에서 보면, 그 문제를 해결하기 위해 묘안을 짜내고 타이밍을 잡느라 몇 날 며칠을 옆자리 직원의 눈치도 보면서 온 신경을 곤두세우게 된다. 그러니 자신의 그 행동은 평생 잊을 수 없을 만큼 뇌리에 박히게 되는 것이다.

그런데 반대로 도움받은 사람은 수동적 입장이고 결과만 듣기 때문에 도움이 되었을 때 고마움을 느끼겠지만 그 기억은 금세 사라진다. 만일 도움을 받지 못했다면 섭섭한 감정을 평생 안고 간다. 도움을 받게 되면 이후의 일은 오롯이 그 사람 몫이라서 어느 순간 도움을 받았다는 사실조차 잊어버리고 스스로 잘해낸 결과라고 여기게 된다. 현재의 성공이 과거 누군가의 도움에서 비롯되었다고 생각하면 자존심이 상하기까지 하기 때문에 의식적으로 그 기억을 지워버리는 것이 인간의 속성 아닐까?

'머리 검은 짐승은 거두지 마라'라는 속담은 인간의 그러한 속성을 적나라하게 드러내는 듯하다. 요컨대 직장에서 자신의 직위와 권한을 이용해서 선의라도 남을 도와주지 마라. 도와줬다가는 평생 마음의 짐을 안고 살게 된다. 이성적으로는 도움을 준 사람에게 기대하지 말자고 하면서도 마음 깊이 배신감이 쌓이는 것은 어쩔 수 없는 노릇이다. 인간이기 때문에…. 자신의 마음속에 나쁜 놈 한 명을 더 늘려놓을 뿐이다.

그렇다고 어려움에 처한 동료를 외면할 수는 없을 것이다. 만일 도와줄 수 있는 여건은 되는데 그렇게 하지 않으면 더 큰 마음의 짐으로 남을 수 있다. 그러한 경우까지 외면하라는 말은 절대 아니다. 단지 맘을 독하게 다잡고 일체의 기대를 아예 하지 말라는 것이다. 나중에 절대로 섭섭하게 여기지 않을 자신이 있을 때 도와줘라. 살면서 반드시 그러한 상황은 온다.

알고도 어쩌지 못하는 오류들

기업과 같은 조직에서도 알면서 고칠 수 없는 오류들이 발견된다. 주로 사람에 관련된 문제에서 그렇다. 집단지성이 작용하고 가장 합리성을 추구하는 조직 체계에서 오류란 있을 수 없고 발견되면 즉시 바로 잡는 게 정상일 것이다. 하지만 사람을 다루는 일에는 대안(代案)이 없는 경우가 왕왕 있다. 다시 말해, 최선책을 찾지 못하면 문제가 다소 있더라도 차선책(Second Best)을 택하게 된다. 그 사례들을 살펴보자.

첫째, 채용의 오류다.

신입 사원을 뽑거나 경력 사원을 채용하고 나면 후회의 감정이 남곤 한다. 인사 담당자들은 회사 발전에 기여하고 자신의 역량을 최대로 발휘할 만할 인재를 채용하려 한다. 하지만 매번 신입 사원을 채용할 때면 학력과 성적에 눈이 멀어버린다. 아마 누가 보아도 객관화할 수 있는 유일한 요소이기 때문일 것이다. 이런 현상은 채용의 실패를 학력과 성적으로 돌리려는 지극히 안이한 자세에서 나온 것일 수도 있다.

 학력과 성적만큼 서열화하는 데 객관적 사실은 없다. 기업에서 일 잘하는 사람들을 보면 학력순이나 성적순이 아니라는 것을 너무나도 잘 알면서 매년 이런 채용 방법에 기대는 것은 무엇 때문일까?

 경력 사원 채용도 마찬가지다. 과거의 실적만 보고 그 사람을 평가할 수밖에 없다. 아마 미래 가치를 평가할 능력도 대안도 없기 때문일 것이다. 이런 오류를 피하려고 블라인드 채용이나 합숙면접, 다면평가 등 다양한 방법을 시도하지만 결과는 도토리 키 재기이다.

 둘째, 평가의 오류. 즉 승진의 문제이다.

 조직에서는 어떠한 형태로든 조직 구성원들을 정기적으로 평가한다. 처우에 관한 것을 결정하기 위해서다. 특히 승진을 결정할 때는 성과에 따른 보상책의 일환일 수 있지만, 미래의 성과 창출에 대한 기대 및 미래 관리자로서의 역할까지 판단할 수 있어야 하나 한 사람의 미래 역량을 평가할 마땅한 대안은 없다. 따라서 과거에 잘했으니 앞으로도 잘할 것이라고 예상하며 승진시키게 된다. 하지만 과거 실적은 기록일 뿐이다. 현실적으로 그 기록이 100% 유지되는 것도 아니다.

 셋째, 평판 체크의 오류다.

 경력 사원을 채용할 때 반드시 거치는 것이 평판 체크이다. 평판이란 대상자를 잘 아는 사람들로부터 들을 수밖에 없다. 여기에는 두 가지 경우의 수가 있다. 그 사람을 싫어하든가, 좋아하든

가다. 싫어하는 사람한테 물어보면 단점만 잔뜩 나올 것이고, 좋아하는 사람한테 물어보면 장점만 나올 것이다. 과연 그 두 가지로 정확하게 체크가 될까? 장점만 말하면 단점도 물어보고, 단점만 말하면 장점도 물어보지만 편향된 시각에서 나오는 평가가 공정할 리 만무하다.

또한 사람에 따라 표현의 방법이 천차만별이다. 동일한 사물도 바라보는 측면에 따라 다르기 때문이다. 문제를 객관화해서 물어본다고 해도 그것은 출제자의 편향성이 반영된 것이기에 그 나물에 그 밥이다.

이런 문제 때문에 미국에서는 평판을 체크해주는 전문 기업도 있다. 신인도도 있고 국가기관에서 그 결과를 채용할 정도니 공신력이 있다고 하겠다. 비용도 생각보다 많이 비싸다. 내가 접해 본 그 기업의 체크리스트는 심층적인 질문이 이어져 숨이 막힐 지경이라 당황스럽게 만든다. 특히 극한 상황까지 연출하며 대상자가 어떻게 대응하는지도 살핀다. 평가에 응하는 사람도 좀처럼 휘둘리지 않고 대응하려 하는 경우가 대부분이라고 한다. 한마디로 체크 방법이 아주 정교하고 심층적이다. 결과는 우리의 방식과 대동소이하게 나올 수 있지만, 사실 확인만은 빈틈없이 하는 만큼 착오는 별로 없다. 우리의 경우는 가끔 사실 확인을 소홀히 해 곤경을 겪는 경우가 발생한다.

넷째, 절차의 오류. 즉 의사 결정의 문제이다.

최고 의사결정권자는 중요 사안에 대해 공식 절차를 거치는 의사 결정을 좋아하지 않는다. 대부분의 중요 사안은 핵심 측근과 의논해 사전에 결정하고 공식 절차는 형식적 요건을 충족시키기 위한 요식행위일 뿐이다. 참 황당한 소리라고 할 것이다. 조직의 합리성이니 집단지성이니 말해 놓고 갑자기 주먹구구식 같은 의사 결정을 얘기한단 말인가? 왜 그럴까?

최고 의사결정권자가 직접 챙기는 일이란 중요 사안일 수밖에 없다. 보안이 중요하다. 그렇다고 혼자 결정할 수도 없는 일이다. 그러니 핵심 측근(대체적으로 참모)과 상의하고 결정하게 된다. 민감한 사항이기 때문이다. 임원 인사, 조직 개편, 특별보너스 지급 등과 같은 사항일 것이다. 최고 의사결정권자의 권력이 셀수록 그 경향은 강해진다. 이런 의사 결정에 참여한다면 그 사람은 실세다.

참으로 아이러니가 아닐 수 없다. 정작 많은 사람들의 의견이 반영되어야 할 중요한 결정에서 공식 의사 결정 절차가 무시되는 것이다. 공식 의사 결정 라인은 사소한 의사 결정만 하면 된다는 뜻이다. 조직의 오류다. 하지만 고쳐지지 않는다.

명분은 잠깐이나 실리는 영원

명분을 따르다 실리를 놓친다면 기업에서는 용납이 안 된다. 이윤추구라는 기업의 목적을 저해하기 때문이다.

그런데 기업에서도 가끔 명분을 택할지 실리를 택할지를 두고 선택의 기로에 서게 되는 경우가 있다. 손실을 감수하고서라도 입찰에 참여해 금액이 큰 거래를 따낼 것인가 아니면 실리를 취해 포기할 것인가? 즉 명분은 이상이 될 것이고 실리는 현실이 되는 것이다. 물론 거래 금액이 커 회사의 위상에 걸맞은 거래를 일궈냈다고 언론에서 주목하기도 한다. 그것으로 실리는 물 건너가게 된다.

하지만 기업의 입장에서 이윤추구라는 목적에 부합하는 행위일까?

일각에서는 장기적으로 회사에 득이 된다고 하면서 회사의 위상에 맞게 그 거래를 성사시켜야 한다고 주장한다. 내 기억으로는 그랬던 적은 한 번도 없다. 아니 따져보기가 어렵다. 그런 거래가 장기적으로 얼마나 도움이 되었는지….

실제 조선이라는 나라는 명분에 집착하다 실리를 놓치고 망국의 길을 걸었다. 이런 역사적 사실은 명분이 장기적으로도 전혀 도움이 되지 않는다는 반증이 아니겠는가?

정치적 목적이나 이념적 캠페인에서 명분은 그 자체로 존립의 근거를 제공하지만 경제적 거래에서 명분이란 한낱 거추장스러운 허세에 지나지 않는다. 물론 명분은 조직원들을 결속시켜 시너지 효과를 극대화하는 수단이 되기도 한다. 하지만 이는 기업의 경영술의 일환이지 경제적 거래는 아니다.

따라서 기업에서도 명분은 필요하지만 이는 경제적 실리와 따로 생각해서는 안 된다. 즉 명분을 실리를 포기하는 핑곗거리로 삼아서는 안 된다는 이야기다. 해당 조직에서는 그런 거래를 성사시켜 놓고는 손해를 보았다며 회사 차원의 거래이니 손실을 회사에서 부담해야 한다고 한다. 그런데 그 거래로 이익이 발생했다면 회사 차원에서 진행했다고 이익을 회사에 반납했을까? 이런 이야기는 그때 회사의 조직 단위별로 독립채산제가 실시돼 조직별 재무제표가 있었기 때문에 하는 것이다.

그러나 업계를 떠들썩하게 하는 큰 거래에서는 손실과 이익을 따질 겨를도 없이 회사 차원에서 반드시 따내야 할 무언의 압력을 받게 된다. 명분 자체가 회사 공동의 이익인 만큼 실리라는 사적(단위 조직) 이익을 포기해도 되는 게 아니냐는 말이 나오는 것이다.

그렇게 큰 거래를 경쟁사에게 빼앗길 때는 내부적 자존심도 문제지만 대외적인 이미지 손실이 더 큰 문제가 된다. 역으로 경쟁사에서는 엄청난 홍보거리를 얻어 직원들의 사기가 하늘을 찌를 것이다. 앞서 가는 회사를 눌렀다는 그 사실만으로 엄청난 이익을 거뒀다고 자평할 수도 있으리라. 그래서 죽기 살기로 큰 거래에 달려들게 된다. 그만큼 실리는 줄어들지만 어떻게 하겠는가?

자존심, 즉 명분을 지킬 것인가, 실리를 취할 것인가?

경험에 비춰보면 기업은 명분보다 실리를 지키는 게 맞다. 명분 때문에 이루어진 거래는 후유증이 항상 크게 나타난다. 명분을 좇으면 경제적 계산법이 적용되는 게 아니라 단순히 규모에만 집착하기 때문에 레버리지 효과까지 발생하게 된다. 손실 규모가 예상외로 크게 늘어나게 되는 경우도 있다.

기업에서는 실리를 포기하는 대가가 의외로 크기 때문에 명분과 실리라는 선택의 문제에서 실리를 취하는 게 맞는 계산법이다. 고민할 필요가 없다. 기업에서 명분은 순간의 희열이지만 실리는 영원한 이익이다.

TFT의 역설

회사 차원의 중요 사항을 결정하거나 새로운 업무 및 시스템의 도입 또는 회사의 장기 목표나 경영 혁신을 위한 방안을 수립하기 위해서 TFT(Task Force Team)를 구성하는 경우가 많다. 특히 전사적인 단위의 업무를 진행하기 위해서는 각 분야의 전문가들이 참여하거나 각 분야의 이해관계자들이 모두 모여 작업을 진행해야 차질이 없게 된다. 실제로 TFT에 참여한 각 멤버들이 현업으로 복귀해 TFT에서 수립한 계획안을 추진하는 사례가 대부분이기 때문이다.

각 회사별로 차이가 있겠으나 대부분 각 조직에서 일을 잘하는 사람 위주로 선발해 TFT를 구성하게 된다. 물론 TFT에 선발된 직원들은 개인의 입장에서 보면 회사에서 주요 경력을 쌓게 된다.

그런데 이러한 TFT라는 것이 잘만 운영되면 아주 좋은 결과를 도출하게 되지만 실제 진행해보면 그렇지 못하다. 나름대로는 자기 분야에서 최고의 전문가로 각 조직에서 필수 요원인 우수 인재들이 모여 있기 때문이다. 서로 잘난 듯이 아이디어를 쏟아내고 자신이 소속된 조직의 입장만 생각하는 터라 참여 멤버 모두가 동의하는 안을 도출하기가 쉽지 않다.

특정 시스템이나 툴을 회사에 도입할 때는 목표가 명확하고 외부 전문가 그룹의 컨설팅도 병행되기 때문에 일의 진행 및 추진에 큰 어려움이 없다. 하지만 회사의 비전이나 장기 발전계획 및 경영 혁신 방안 등을 수립하는 경우에는 각 부문의 이해관계가 얽혀 있는 사안을 논의할 때 진통을 겪게 된다. 특히 자기 분야에서 우수한 직원이 막상 회사 전체를 바라보는 입장에서 토의하거나 아이디어를 낼 때는 유치하기까지 한 수준을 보고 놀란 적이 한두 번이 아니었다. 대부분 직원들이 회사에 몸을 담고 녹을 받고 있지만 정작 회사 전체에 대한 관심은 없다는 사실을 드러내는 것이라서 그렇다. 물론 자신의 일이 바쁘기도 하거니와 현재 업무가 중요하고 틈도 나지 않겠지만 지위고하를 막론하고 이런 모순이 또 어디에 있겠는가?

아무튼 TFT 작업을 같이 해보면 보통 회의나 별반 다르지 않은 현상이 나타나곤 한다. 많은 사람들이 다양한 의견을 쏟아내지만 그것을 정리하고 보고서를 만드는 사람은 한두 명이다. 이러한 경우는 회사의 일에서 독립시켜 외부에서 진행해도 미친가지다. 며칠 동안 말만 잔뜩 해놓고 보고서 작성은 담당 조직의 실무진에 맡겨버리고 만다. 모두 자신의 일이 아니라고 생각하기 때문에 벌어지는 현상으로, 그저 다른 조직이 할 일을 도와준다는 인식이 강하게 작용했을 뿐이다. TFT의 결론대로 성과가 나와도 자신과 자신의 조직에 전혀 도움이 되지 않는다는 발상에 따른 것이겠지만 이런 게 직장인들의 소소한 이기주의일 것이다.

따라서 TFT의 성공 요소 가운데는 회사 내에서 파워를 갖는 카리스마 강한 1인이 팀장을 맡는 게 중요하다. 쉽게 말해 회사에서 실세가 팀장을 맡지 않으면 좋은 결과를 기대하기 어려운 게 TFT 작업이다. 아무리 일 잘하는 사람들로 구성해 잘 의논해서 좋은 결론을 도출하라고 하면 보고서조차 나오기 어렵다. 아무도 책임을 지려하지 않기 때문이다.

국가에서 주관하는 TFT나 공기업에서 꾸리는 TFT가 유명무실하게 운영되어 기대하는 소기의 결과를 도출하지 못하는 것은 모두 이런 이유 때문이다. 같은 회사에서 공동의 목표를 추구하는 직원들을 모아 놓아도 모래알처럼 잘 뭉쳐지지 않는데 사회 각 요로에서 선발된 전문가들이 모인 집단에서 잘 될 리가 없다. 자기 분야의 이익을 대변하기에 혈안이 될 게 뻔하며 자기의 이익단체가 손해라도 볼 성싶으면 TFT 작업을 방해하려 드는 경우까지 우리는 흔히 목격해 왔다.

좋은 결과를 도출하고자 모인 TFT가 파행으로 흘러 조직의 갈등을 부추기는 요인이 될 수도 있다. 더 나아가 책임을 전가시키는 회피 수단으로 악용되고, TO관리가 엄격한 공기업에서 상설화로 조직을 키우는 데 이용되기도 한다. 아이러니가 아닐 수 없다.

운삼기칠(運三技七)의 경영학

운칠기삼(運七技三)이라는 말을 들어봤을 것이다. 어떤 일을 할 때 7할이 운에 좌우된다는 것을 뜻한다. 다분히 사람의 일이 재주나 실력보다 운에 달려 있다는 다소 체념적인 말로 비춰진다. 하지만 세상의 모든 일에 행운과 불행이 겹치다 보면 어찌하지 못할 상황을 겪게 되니 이런 말로 위안을 삼을 수밖에 없다. 사실 우리는 주변에서 별로 노력을 하지 않는데도 하는 일마다 잘되어 성공을 거두는 사람을 종종 볼 수 있다. 그래서 인생사가 인간의 노력만 가지고는 되지 않는다는 소리가 나오고, 아무리 열심히 해도 운이 따르지 않으면 뜻을 이루지 못한다는 말을 당연시하기도 한다.

축구 경기를 보면 국가대항전에서 유독 우리나라 선수들의 슛이 골대를 맞거나 골키퍼의 선방에 막혀 수십 번을 슛을 해도 상대방의 역습 한 번에 0:1로 지는 상황을 목도하게 된다. 우리 인생사도 크게 다르지 않을까 생각하지만 어떻게 설명할 도리가 없다.

러시아 월드컵 때 우리나라에 0:2로 패한 독일에서도 그렇게 생각하지 않았겠는가? '운이 안 좋았어!'라고….

하지만 과연 운이 따라주지 않아서 패한 것일까? 물론 인간의 힘으로 도저히 설명할 수 없는 행운과 불행이 분명히 존재한다는 것은 사실이다. 축구에서 보더라도 숱한 공이 골대를 맞힐 확률은 아주 낮다. 하물며 연속해서 골대를 맞힌다면 그 확률은 더 낮아질 것이다.

그런데 발과 공이 만나는 각도와 속도에 의해 공의 방향이 결정될 텐데 똑같은 각도와 속도로 두 번이나 연속해서 골대를 맞힌다면 운으로 설명하기에는 무리가 있는 게 아닐까? 자격시험에서 매번 1, 2점 차이로 낙방하는 것도 운이 아니라 실력이 부족한 것은 아닐까?

주위에서 보면 실패했을 때 꼭 운 타령하는 사람들이 있다. 조건은 비슷했는데 운이 없어서 떨어졌다고 한다. 이런 멍청한 얘기를 하는 직원이 있다면 당장 해고하라. 모든 승부에서 조건이 비슷해서는 이길 수가 없다. 조건이 비슷하면 수단과 방법을 가리지 말고 실력을 키워서 조건을 우위로 만들어야 한다.

운은 존재한다. 하지만 운은 노력에 비례해서 따라 온다. 운은 모든 방향에서 찾아오는데, 그것을 담을 그릇이 준비되어 있지 않으면 흘러버리고 만다. 나는 그 그릇이 바로 노력이요 실력이라고 말하고 싶다. 축구에서 숱한 공이 골대를 맞히는 것은 운의 문제가 아니다. 슛할 기회를 잡은 것이 운이다. 운이 왔지만 그릇을 준비하지 못해 골대 안으로 들어가지 않았다고 봐야 한다.

사람은 아무리 능력이 뛰어나고 준비가 되어 있어도 그것을 발휘할 기회가 주어지지 않는다면 모두 허사가 된다. 즉 기회가 주어지는 것 자체가 운이라는 얘기다. 그때부터는 실력으로 상대를 제압해야 한다. 운칠기삼이라는 말을 이렇게 받아들이지 않는다면 평소에 준비가 되어 있지 않다는 것이다. 요컨대 위기가 오면 운이 없는 경우이니 평소에 대비해야 위기를 넘길 수 있다. 입찰의 기회가 오면 운이 온 것이니 평소에 실력을 갖추어야 입찰에 이길 수 있다. 앞으로 운칠기삼은 운삼기칠로 해석하라. 운은 스스로 만드는 것이지 하늘에서 주어지는 것이 아니다.

올바름의 미덕을 살려라

정의(正義). 기업도 올바르고 곧게 이윤을 추구해야 한다. 이는 곧 기업에 속한 직장인들 역시 항상 바르고 정당하게 업무를 처리해야 함을 뜻한다. 까마귀가 노는 곳에서 백로처럼 살라는 주문이라서 별로 탐탁하지 않게 받아들여질지 모르겠다. 하지만 사회정의에 반하지 않는 규범을 만들어 철칙처럼 지키고자 하는 자세는 직장인에게 필요한 덕목이다.

직장인에게 정의란?

정의(justice)란 무엇일까? 사전적 의미로 보면 '인간이 추구하고자 하는 바르고 곧은 것'이다. 소크라테스는 '인간의 선한 본성'이라고 했다.

기업에 정의란 무엇일까? 이익을 내는 것이다. 기업이 이익을 내지 못하고 손실을 낸다면 정의에 반하게 된다. 그렇다. 기업의 활동 목적은 이윤이고 이를 통해 국가와 사회에 공헌하며 일자리를 제공하는 역할을 하기 때문이다. 이윤을 내지 못하면 기업은 일자리를 줄여야 하고 국가재정의 근간이 되는 세금을 내지 못하게 된다. 이러한 기업의 속성에서 수단과 방법을 가리지 않고 성과를 만들어 가능한 한 이익을 많이 창출하는 것이 정의라고 여기는 사람들이 있다.

물론 기업의 정의는 자연인으로서 인간의 정의와 분명히 구별된다. 하지만 '올바르고 곧은 것'이라는 가치는 정의를 구별 짓는 절대적인 잣대이며 기업에도 해당된다. 즉 이윤을 추구하는 것이 기업의 절대적 가치이지만 바르고 곧게 추구해야 한다는 것이다. 적법하고 정당한 방법으로 이익을 만들어야 하는 것이 바로 기업의 정의(正義)다.

그러나 기업의 구성원인 직장인들에게 이러한 기업 가치가 자칫 이익 최우선주의, 즉 수단과 방법을 가리지 않고 이익을 만들면 된다는 그릇된 인식으로 받아들여 사회정의에 반하는 결과를 초래하는 경우가 있다. 가습기 살균제 사태나 재벌의 비자금 사태는 바로 이러한 기업의 정의가 실종된 전형적인 사례일 것이다.

물론 구성원들의 도덕적 해이나 탈법적이며 부당한 행위는 기업 내 여러 장치로 통제되고 제어되지만 기업의 집단적 오류는 피할 길이 없는 경우가 있다. 이러한 지점에서 샐러리맨의 비애가 표출된다. 기업의 정의를 잘못 인식해 사회적 정의와 배치될 때 어떻게 해야 하나? 눈 딱 감고 넘어가야 하나, 아니면 내부고발자가 되어야 하나? 참으로 어려운 일이다. 하지만 결론은 명확하다. 직장 생활의 목적을 생각하면 바로 답이 나온다. 나와 가족의 행복한 삶을 추구하는 것이 나의 삶의 목적이다.

기업의 부정한 거래 때문에 궁극적으로 나의 행복이 피해를 입는다면, 과감히 내부에서 잘못된 결정을 바로잡아야 한다. 그

때는 목숨이라도 거는 자세로 – 직장인의 목숨이란 '사표'지만 – 옳은 길로 갈 수 있도록 주장해야 한다. 물론 역적이라도 되는 양 매도당하겠지만 궁극적으로 정의(바르고 옳은 것)가 승리하는 공식은 언제나 타당하다. 그것이 증명될 때까지 시간이 걸릴 수 있겠지만 내 경험으로 보아 옳은 일은 반드시 제 길을 찾게 된다.

결론적으로 기업의 정의가 무너지면 구성원 각자의 도덕심이나 윤리성마저 무너져 종국에는 개개인의 사리사욕 추구가 판을 치고 미래 없는 기업으로 전락하는 사례를 수도 없이 보았다.

도산한 기업들을 들여다보면 대개 환경적 요인보다도 기업 내부의 정의가 무너져 그리되는 경우가 드물지 않음을 알 수 있다. 이러한 사태를 막을 수 있는 사람은 바로 그 기업에 근무하는 종업원들이다. 이런 전조가 보이는 회사에 근무한다면 목숨 걸고 막든지 아니면 하루라도 빨리 회사를 떠나라…. 그렇지 않으면 자신의 인생도 진흙탕 속으로 빠져든다.

현실적으로 내부고발자가 되기란 쉽지가 않다. 내부고발자로서 사회에 기여를 했는지는 모르겠으나 개인적으로 고통을 받고 어려움에 처한 경우가 너무 많다. 약자가 강자를 이길 수 없는 현실 앞에서는 결단을 감행하기란 참으로 어려운 일이다. 하지만 기업의 부조리에 맞서 한번 대항해 보는 것도 인생의 모험치고는 유용한 모험이 아니겠는가?

법인카드 사적 사용은 범죄행위

회사 생활을 하다 보면 이런저런 사유로 경비를 쓴다. 소위 인생에 대한 투자이다. 사람을 만나고 부하 직원을 챙기려면 돈이 든다. 물론 일정한 한계가 있지만…. 월급쟁이가 쓸 수 있는 돈이라야 기껏 아내에게서 받은 용돈에 재주껏 만들어둔 비자금일 것이다.

그러나 지위가 올라가면 따라오는 필수품, 바로 법카(법인카드)가 있다. 법카는 직장인에게 주는 신의 선물일 것이다. 전가의 보도나 같다. 하지만 법카에는 애증이 서려있다.

법카로 흥하기도 하지만 망하기도 한다. 법카의 사용으로 꼬리가 밟히고 책잡히는 경우, 법카의 용도를 반드시 파헤치는 상사, 법카로 수사당국의 조사를 받게 되는 경우 등 망조의 사례는 한두 가지가 아니다. 공기업 감사에서도 제일 먼저 살펴보는 게 법카의 사용 내역이다.

법카는 개인적 용도로 절대 사용하지 마라. 회사와 직원들은 어디에, 무엇 때문에 사용했는지 용도를 다 안다. 아무리 고객 접대나 대외활동을 가장해도 직원들은 시간과 장소를 보고 귀신같이 사용 실태를 정확하게 유추해 낸다. 회사를 속이려고 하지 마라. 속 끓이지 말고 차라리 자기 돈을 쓰라. 법카를 개인적 용도로 사용하는 것은 정의에 어긋난다. 정의를 떠나 범죄행위에 가깝다. 자카(자기카드)는 투자며, 법카(법인카드)는 성과며, 부카(부인 카드)는 선물이다.

부탁도 청탁이다. 하지 마라!

기업의 규모가 클수록 알게 모르게 상사, 특히 임원들의 부탁이 많이 생긴다. 참고로 부탁과 청탁은 같은 말이다. 임원이라는 직위 자체가 기업 환경에서는 사회 고위층들과 다방면으로 연결되어 있다.

임원이 별 권한이 없음에도 불구하고 외부에서 바라보는 눈은 엄청 많은 권한과 재량을 갖고 있는 것으로 본다. 따라서 임원의 위치에 서게 되면 여러 가지 다양한 부탁 또는 청탁을 받게 된다.

대부분의 경우 임원 자신이 스스로 청탁을 거절하지만 임원도 사람인지라 딱 잘라 거절할 수 없는 때가 있을 수밖에 없다. 개인적이든지 회사의 이해가 걸려 있는 관계든지….

이때는 청탁을 거절할 명분으로 부하 직원 핑계를 대는 경우가 있다. 그때는 꼭 담당 책임자(주로 팀장급 이상)를 불러서 "잘 검토해서 긍정적인 방향으로 생각해보게"라고 지시를 내리게 된다. 물론 청닥하는 사람이 옆에 배석해 있다. 차후에 핑곗거리를 만들기 위함이다.

담당자 가운데는 임원의 지시를 받았다고 정말 생각 없이 성사시키겠다고 그 자리에서 확약하는 사람이 의외로 많다. 실로 눈치 없는 짓이다. 그 임원을 정말 곤란에 빠뜨리는 경우이다. 이런 때는 한두 가지 어려운 점을 슬쩍 지적하고 실무자에게 검토시키겠다고만 하면 된다.

임원은 딱 거기까지만 바라는 것이다. 청탁자에게 최선을 다했다는 모습을 보여주기 위한 행동일 뿐이다. 이후 그 자리에 배석했던 팀장에게 청탁자가 직접 연락해 올 것이다. 그때는 정중히 거절하면 된다. 이때 반드시 임원의 간곡한 부탁 말씀이 있었다는 것을 알려줘야 한다. 회사의 감사나 준법 감시체계를 핑계 대면서 긍정적으로 검토하려고 했으나 모든 책임을 그 임원이 지게 된다는 사실을 전하면서 정중히 거절하면 된다. 무리가 따르더라도 청탁을 꼭 성사시켜야 된다면 청탁자가 돌아간 뒤 임원이 다시 불러 처리 방법을 정확하게 알려줄 것이다.

눈치 없이 임원에게 잘 보이고자 하는 개인적인 욕심이 앞서 덜컥 일을 추진해버리면 그 임원은 정말 곤란해진다. 외부 청탁을 즉시 거절하고 싶은 심정이 꿀떡 같지만 향후 관계를 생각해 최선을 다하는 모습만 보이고 싶었는데, 눈치도 없이 일을 성사시켜버리면 그에게는 낭패가 될 수도 있다. 윗분들의 부탁 말씀은 잘 새겨서 들어야 한다. 반대로 꼭 들어줘야 하는 부탁이었는데 제 딴은 충성을 한답시고 잘라버려 곤란을 겪는 사람들 또한 여럿 보았다.

"안녕하세요!" 한마디가 인생을 바꾼다

인사를 나누는 것은 인간관계에서 중요한 소통 수단 중 하나이다. 서로 모르는 사이라도 인사 한마디로 분위기가 훈훈해지곤 한다.

직장에서도 마찬가지다. 복도에서나 화장실에서 마주칠 때 아는 사이라도 가볍게 인사를 건네면 하루가 상쾌하다. 상사에게 질책을 받은 터라 잔뜩 찌푸린 사원이 얼굴도 모르는 사람에게서 "안녕하세요!"라는 상냥한 인사를 받는다면 일순 감정을 풀어낼 수 있다. 인사란 그만큼 누구에게나 고맙게 여겨진다.

조직 생활이란 묘한 구석이 있다. 칼부림하는 전쟁터와 같다가도 이렇게 상냥한 인사 한마디를 들으면 화창한 봄날로 변한다.

그러나 의외로 간단한 인사 한마디를 건네지 못하는 친구들이 많다. 특히 상대방이 인사할 때는 지위고하를 막론하고 답례를 하는 것이 기본 예의이거늘 못 본체 그냥 지나치는 무례한 사람들이 있다. 싸우자는 것인지 아니면 무안을 주자는 것인지는 모르겠으나 인간의 인사는 화해의 표시에서 유래된 측면도 있다. 상대가 아무리 하찮게 여기는 부하 직원이라도 인사는 받아주는 게 기본 예의다.

특히 지위가 높을수록 이런 경우가 많다는 게 문제이다. 물론 바쁘게 왔다 갔다 하다 보면 본의 아니게 무심히 지나쳐 버릴 수도 있겠지만 인사를 하는 측에서 보면 얼마나 무안하겠는가. 혹시 자신이 저 상사에게 찍히지나 않았나 하는 쓸데없는 자괴감마저 불러일으키게 된다.

상사들이여 조심하라! 부하 직원들의 인사를 무심히 지나치다 보면 당신의 평판은 조금씩 땅에 떨어지게 된다. 직원들의 입에서는 별의별 소리가 다 나온다. 직장에서 평가란 궁극적으로 언젠가 배제를 하는 데 쓰이는 자료다. 그중에 약방의 감초처럼 등장하는 게 '인사성'이다. 승진 심사를 할 때 승진 대상을 가리는 과정에서 누군가 불쑥 "그 친구는 참 인사성이 없어!"라고 지나가며 던진 한마디로 인해 탈락한 직원들도 적지 않게 봤다.

물론 극단적인 사례로 사람을 평가해서는 곤란하지만 단순한 이유로 중요한 결정에서 제외되는 경우는 비일비재하다. 사람의 속성상 복잡한 것은 판단하지 못해도 단순한 것은 쉽게 판단할 수 있어 결정의 변수로 작용하게 된다.

인사를 한다고 해서 돈이 들지는 않는다. 인사는 인간의 기본 예의다. 인사 한마디가 자신의 평판을 바꾼다. 자신의 무뚝뚝한 외모를 인사하면서 한번 바꿔보라. 그러면 당신의 미래가 달라질 것이다.

인사를 받을 땐 확실하게 답례하라. 그것도 인사다. 한번은 나와 같이 근무하는 부장이 인사를 안 받는다고 해서 직원들의 불평을 샀다. 그래서 그 부장을 불러 "자네는 왜 직원들이 인사를 하는데 인사를 안 받아?"라고 따졌다.

그 부장 왈. "아니 무슨 말씀입니까? 저는 직원들의 인사에 답례를 안 한 적이 한 번도 없습니다. 어떻게 저를 그런 무례한 사람으로 보십니까? 섭섭합니다."

"그럼 자네는 어떻게 답례하나?"

"저는 또박또박 눈인사를 하고 어떤 때는 가볍게 미소까지 짓고요…."

하지만 지나치며 하는 인사는 소리가 아니면 느끼지 못하는 법. 그래서 내가 일러줬다.

"앞으로 '땡큐'라는 말 한마디를 섞어서 답례를 하게. 상대방이 모르는 인사는 인사가 아닐세"라고 했더니 그 부장은 인사를 받을 때마다 '땡큐'하고 답례한다. 물론 이후 그 부장이 인사를 받지 않는다는 소리는 나오지 않았다.

조직 생활이란 아주 복잡하고 실타래처럼 얽혀 있는 것 같아도 의외로 사소하고 단순한 문제로 희비가 엇갈린다. '수신제가 치국평천하(修身齊家 治國平天下)'라는 문구가 떠오른다.

상사의 취미를 강요하지 마라!

회사에서는 어떤 명목을 대든 산행을 가끔 한다. 산행, 참 좋은 말이다. 산 정상에 서서 사방을 내려다보면 천하를 가진 듯 뿌듯하면서 가슴이 뚫리는 느낌이리라. 시원한 바람을 맞으며 "야호!"라도 외치면 천하가 내 손아귀에 든 듯하다.

하지만 정상에서 느끼는 그 순간을 위해 얼마나 많은 땀을 흘리고 고통을 견디며 산을 올라야 하는지 산행을 해본 사람은 알 것이다. 기업에서 극기 훈련이디, 정신력 강화다 하면서 각종 언수에 등장하는 게 산행이다. 산행을 좋아하는 상사라도 만나면 산행이 주말 업무가 되기 십상이다. 물론 건강에도 좋고 정신도 맑게 해주는 청량제 역할을 하는 게 산행이다.

하지만 평소에 산에 잘 가지 않는 사람에게 산행은 고문이다. 일은 잘하지 못하면서 산행을 좋아하는 상사 왈, "이런 산도 제대로 못 오르면서 어찌 회사 일을 잘할 수 있겠느냐!", "산을 잘 타는 사람이 일도 잘 하더라"라는 등 마치 산행이 고과 평가의 기준이라도 되는 양 떠든다. 그러면서 의기양양 저만치 먼저 올라가는 상사를 보고 한 직원이 중얼거린다.

"참 밥맛이다! 주말마다 산에 가는 자기랑 1년에 한 번 회사 행사 때만 산에 가는 나랑 어찌 같이 비교하는지. 출발선상이 다르지 않은가?"

산을 오르는 내내 숨을 몰아쉬며 지친 다리를 들어 올리는 직원들의 맘속에서는 욕밖에 안 나온다. 정신무장은커녕 정신이 해체될 지경이다. 이런 어리석은 짓은 결코 있어서는 안 된다.

요즘이야 그렇지는 않겠지만, 예전에는 산 잘 타는 것도 우수 직원으로 평가되던 시절이 있었다. 산행은 일종의 취미생활이다. 상사가 자신의 취미생활을 부하 직원들에 강요해서는 안 된다. '갑질'이 바로 그것이다.

을의 갑질이 더 무섭다

여기저기서 '갑질'의 행패가 떠돌면서 우리가 '을'의 수난 시대에 살고 있는 것 같다. '미투'도 '갑'의 횡포에 대한 '을'의 용감한 고발이다. 실제로 '갑'의 입장에 있는 사람에게 당신 행동은 '갑질'이라고 한마디 하면 소스라치게 놀란다. 아마 사회 분위기 탓이리라. 이런 어색한 풍경이 언제까지 지속될지 모르겠지만 별로 유쾌하지 않다.

'갑질'이란 나쁜 행태임에는 틀림없지만 그 용어 한마디로 선량한 '갑'까지 매도해서는 안 된다. 대부분의 '갑'들은 착하고 선량하고 거꾸로 '을질'로 곤혹을 치루는 경우가 많다. 이럴 때는 전혀 사회적 이슈거리도 안 된다.

　서론이 좀 길어졌다. 하고 싶은 얘기는 직장인 모두는 대개 자신이 '을'의 입장에 있다고 생각할 것이다. 회사에서 상사로부터 '갑질'을 당하고, 조직으로부터 '갑질' 당하고, 고객으로부터 '갑질' 당하고, 대외기관으로부터 '갑질' 당하고, 언론으로부터 '갑질' 당하고, 심사기관으로부터 '갑질' 당하고, 검사기관으로부터 '갑질' 당하고, 감독기관으로부터 '갑질' 당하고, 협회로부터도 '갑질'을 당한다.

　이 중에서 가장 억울하고 호소도 못하는 경우가 아마 직속 상사로부터 느끼는 '갑질'일 것이다. 상하관계는 영원한 갑과 을의 관계니 직장과 같은 계급사회에서는 받아들여야 할 숙명이다. 월급쟁이로 직장 생활을 하겠다고 결정했다면 그러한 갑과 을의 관계를 받아들이겠다는 고용계약서에 서명한 것으로 여겨야 한다. 더 이상 그것을 억울하게 생각하면 인생의 출발이 잘못 설정된 것이니 재설계해 봄이 옳다.

　재미있는 것은 사회에서 물의를 일으키는 '갑질'은 이렇게 영원한 '을'에 의해서 저질러지는 게 대부분이라는 사실이다. 하청업체에 대한 '갑질', 용역 '갑질', 납품 '갑질', 운송 '갑질', 대금지불 '갑질', 품질검사 '갑질', 비정규직에 대한 '갑질', 불량품 '갑질', 물량축소 '갑질', 서비스 '갑질' 등 이런 온갖 '갑질'은 과연 누가 벌이는 것일까? 일부 몰지각한 가진 자들의 '갑질'만이 나쁜 '갑질'이 아니다. 영원한 '을'들의 '을'에 대한 '갑질'이 더 큰 사회병폐를 야기하고 있다.

뿐만 아니라 정규직이다 비정규직이다 하면서 강한 '을'이 약한 '을'을 차별하는 것은 어떠한가? 혹시 정규직이 비정규직에 대해 계급적 우월성을 갖는 것은 아닌가? 똑같은 근로자이지만 같은 근로자가 아니라는 이 모순된 고용제도를 강한 '을'들이 방치하고 있는 것은 아닌가? 이 또한 '을'의 '을'에 대한 '갑질'이다.

내가 말하고 싶은 본질은 이런 게 아니다. 약간 샛길로 빠졌는데 영원한 '을'도 회사 내에서 '갑'이 될 수 있다는 것이다. 너무 실망만 하지 말라는 뜻이다. 경험상으로 보면, 회사에서 일을 잘할 경우 갑 중의 갑이 될 수 있다. 일만 잘하면 상사에게 얼마든지 '갑질'을 할 수 있다. 일 잘하는 '을'이 있어야 자신이 '갑'으로 위신도 서고 회사에서 일 잘하는 관리자로 인정받고 힘을 키울 수 있기 때문이다. 그만큼 직장에서는 일 잘하는 것이 중요하며 성공의 귀중한 요소이다. 아무리 영원한 '을'이라도 일 잘하면 바로 '갑질'할 수 있는 위치에 서게 되니 얼마나 막강한가?

직장인들이여!

여러분들이 회사에서 일을 잘하면 '갑질'을 하며 살 수 있다. 외부의 약한 '을'들에게 '갑질'하지 말고 일 잘해서 회사에다 '갑질'하라. 직장에서 승승장구하는 비결은 다른 데 있는 게 아니다.

기업의 표리부동은 당신이 만든다

우리가 살면서 가장 경계해야 할 존재는 겉과 속이 다른, 즉 말과 행동이 일치하지 않는 사람이다. 이런 부류의 사람들은 거짓말로 세상을 대한다. 특히 정치인을 비롯한 사회 지도층의 '내로남불'이나 '위선'도 표리부동의 전형이며 결국 자신의 잘못을 덮으려는 거짓말에 가까운 것이다.

이는 기업과 같은 조직에서도 마찬가지다. 특히 기업의 표리부동은 정치인이나 사회 지도층의 그것과는 또 다른 폐해를 가져온다. 기업은 불특정 다수를 대상으로 이윤을 목적으로 행동하는 집단이기 때문에 잘못된 행동에는 직접적으로 숱한 피해를 가져오기 때문이다. 기업이란 막대한 자금력으로 광고나 홍보를 통해 사실을 왜곡할 수 있는 능력을 가졌다. 일반인들은 언론을 통해 전달되는 돈들인 광고나 기사에 현혹되기 십상이다. 특히 판단력이 미약한 아동이나 미성년자들에 대한 영향력은 지대하다.

기업의 도덕성이나 사회적 책임을 강조하는 것도 바로 이러한 기업의 표리부동한 행태, 즉 겉으로만 번지르르한 미사여구로 포장해 사회에 폐를 끼치는 활동을 경계하는 뜻을 내포하고 있다. 그만큼 기업의 영향력이 커졌음을 반증하는 것이겠지만, 기업이 고객인 소비자를 속이는 행동에 경종을 울리기 위한 것이다. 실제로 잘못된 제품을 스스로 리콜 조치하거나 판매 중단을 해야 함에도 이익에 눈이 멀어 방치하는 기업들의 사례는 허다하다.

외국에서는 기업의 표리부동한 비도덕적 행태에 책임을 물어 '징벌적 손해배상'이라는 무거운 처벌을 내린다. 모 외국계 자동차 회사의 배기가스 조작 사건은 대표적 사례라 할 수 있다. 이 회사의 경우는 정확한 사실을 파악하고도 외부적으로 아무런 조치도 취하지 않은 전형적인 표리부동한 처사라 할 수 있다.

기업에서 일을 하는 직장인들도 내부에서 이러한 표리부동한 행태를 많이 경험하게 될 것이다. 각종 이해관계가 얽혀 있는 직장 사회에서 불가피하게 곤혹스러운 상황을 맞게 되면 순간적으로 모면하기 위해 약속 아닌 약속을 해버리는 경우가 있다. 본인은 그것을 약속으로 전혀 생각하지 않았지만 상대방은 그것을 약속으로 믿어버린다. 특히 관리자가 한 약속이라면 이는 조직이 한 약속이 된다. 하지만 이러한 약속은 대부분 지켜지지 않는다. 왜냐하면 의사 결정이 그렇게 간단히 이루어지지 않기 때문이다. 조직의 표리부동의 대표적 사례로서 결과적으로 조직 간 갈등을 유발하는 원인이 되곤 한다.

조직에서는 한두 사람에 의해 의사 결정이 이루어지지 않는다. 최고경영자가 아닌 이상 담당 임원조차도 의사 결정에 전권을 행사하기란 쉽지 않다. 실무자가 안을 만들고 관리자가 점검해서 결재를 올리면 임원도 단계별로 의견을 내기 때문에 윗사람이라고 해서 맘대로 내용을 바꾸는 것은 상상하기 어렵다. 그러니 관리자든 실무자든 곤혹스러운 상황을 모면하려고 한 약속이 쉽게 지켜질 리 없다.

회사에서 일을 하면서 절대로 말을 쉽게 해서는 안 된다. 아무리 바쁘고 힘겨운 상황이라도 안 되는 것은 끝까지 안 된다고 해야 한다. 섣부른 약속은 조직의 화합에 큰 문제를 야기할 수 있어 관리자는 항상 말을 조심해야 한다.

하지만 개인의 입장으로 가면 상황이 달라진다. 개인이 사람과의 관계에서 표리부동한 행태를 보인다면 이는 그 사람의 신용도에 문제가 있는 것이다. 직장에서는 바로 매장당하는 케이스다. 직장에서 개인의 평판은 쉽게 전파된다. 소문은 그 사람의 행동반경을 위축시켜 더 이상 자신의 존재를 나타낼 수 없게 된다.

회사든 조직이든 개인이든 표리부동은 그릇된 일이다. 겉과 속이 다르다는 것은 거짓말을 한다는 것이고 그러한 거짓을 믿고 따르는 상대방은 피해를 보게 되는 셈인 것이다. 사안에 따라서는 큰 범죄행위로 연결될 수도 있다.

직장인들이여! 기업의 표리부동한 활동은 직장인인 여러분이 만들어내는 것이다. 회사 내부에서 일어나는 이러한 사례들을 사전에 방지하고 예방하는 데 각별히 신경을 써라. 그래야 장기적으로 회사를 보호하며 탄탄하게 다져나갈 수 있다.

잘못에는 당당하게 사과하라

일을 하다 보면 간혹 잘못을 저지를 때가 있고 본의 아니게 다른 사람에게 피해를 줄 수도 있다. 특히 다른 직원들의 마음에 상처를 입히기도 한다. 일을 우선으로 하다 보면 그럴 수밖에 없다. 당장 성과를 올려야 하는 상황에서 개개인의 직원 배려는 후순위로 밀려날 수밖에 없다. 하지만 추후 본의 아니게 상처받고 피해를 보는 사람들이 있다. 이때는 그 사람들에게 바로 사과해야 한다.

사람은 고의든 실수든 잘못을 저지를 수밖에 없다. 하지만 잘못을 저지른 사람들이 사과할 줄 모른다는 데 문제가 있다. 미안해서 말을 못하겠다, 창피하다, 부하 직원에게 어떻게 사과하느냐 등등 온갖 핑곗거리를 갖다 붙이지만 이러면 자신만 손해를 볼 뿐이다. 사람 마음의 상처는 의외로 쉽게 아물지 않는다. 결정적인 순간 그 상처가 칼날이 되어 돌아오게 된다. 상사가 부하 직원에게 사과하는 것은 전혀 잘못된 것이 아니며 자신을 숙이는 것도 결코 아니다. 그런 상사는 오히려 된 사람이다.

사과할 때는 잘못을 인지한 순간 즉시 하는 게 최선이다. 일이 복잡하게 얽혀 잘못되긴 잘못되었는데 누가 잘못했는지가 명확하지 않은 때가 있다. 이런 경우 상사나 연장자가 먼저 사과해야 한다. 아랫사람은 이미 사과를 수백 번도 더 마음속으로 했지만 상사나 연장자에게 먼저 말하기가 정말 어렵기 때문이다. 사과는 화해의 과정이다. 화해는 보다 우월적 지위에 있는 자가 먼저 청해야 한다.

회사에 미운털은 없다

관리자나 임원 입장에서 보면 일 잘하는 사람하고 소통이 원활할 수밖에 없고, 조직의 성과가 그 몇 명에 의해 좌우되는 것 역시 어쩔 수 없는 노릇이다. 직원들과 많은 대화를 해보려고 해도 선뜻 잘 되지는 않을 것이다. 이론적으로는 정답이지만, 많은 직원들을 대화로 상대하기에는 절대적인 시간이 부족하다.

물론 부하 직원들 중에 유독 미운털이 박히는 직원이 있다. 집단 사회에서는 어디서나 마찬가지이리라 생각한다. 상사의 입장에서 보면 유독 뺀질거리고 어떤 일이든 지시하면 핑곗거리만 대면서 자기 역할을 다 하지 않는 친구들이 있다. 이런 사람들을 좋아할 수가 없다.

급한 일이 있어 찾으면 개인사 때문에 자리에 없고 야단치면 그때만 죄송하다고 하면서 시간이 지나면 또 마찬가지인 그런 직원들은 꼭 있다. 이들은 일을 시키면 제대로 처리하지도 못하면서 변명하거나 핑계를 대기 일쑤다. 어떤 때는 왜 쓸데없는 일을 하느냐고 비아냥거리면서 일 잘하고 있는 직원들까지 들쑤시며 조직 분위기를 깨기까지 한다.

그러면서 자신을 왕따시킨다고 불평한다. 하지만 그런 친구들을 보면 나름대로 이유가 있다. 자기만 싫어하고 미워한다는 피해의식에 사로잡혀 있는 것이다. 그러니 더욱 반발심으로 엇나간다. 자신의 불미한 행동은 전혀 되돌아보지 않고 자신에게 돌아오는 결과만으로 다른 직원만 편애한다고 새단한다. 꼭 학교에서 선생님에게 떼쓰는 아이 같다.

인간이 인간을 대할 때 서로의 감정은 굳이 말로 표현하지 않더라도 느낌으로 알게 된다. 인간관계에서는 서로 좋아하고 싫어하는 것은 말이 필요 없다. 서로의 느낌으로 이미 아는 것이다. 하물며 조직에서 상사와 부하 직원으로 일하는 사이에서 그러한 감정이 없겠는가? 너무나 잘 알고 또한 그렇게 느끼라고 의도적으로 행동하는 경우도 없지 않다.

하지만 조직의 효율성과 추구하는 목적 같은 다른 측면에서 보면 일 잘하는 게 최고의 가치가 될 수밖에 없다. 바빠 돌아가는 회사 업무에서 일 잘하는 사람은 가성비가 좋아 시간도 절약하면서 성과를 올린다. 인간이 신이 아닌 이상 이런 사람들을 편애하는 것은 너무나 당연하다.

일단 소외당한다고 생각하는 순간 그 직장인은 경쟁에서 뒤처지게 된다. 직장은 학교가 아니다. 스스로 소외감을 느끼지 않게 일하고 필요하면 정치(?)까지 해야 한다. 어느 직장 상사도 부하 직원에게 미운털을 박는 사람은 없다. 오해하지 마라. 만일 당신이 지금 소외당한다고 생각한다면 당장 생각을 바꾸어라. 조직에는 미운털 고운 털이 없다. 모두 고운 털이다. 본인들이 상사가 되어 보면 절실히 느낄 것이다. 내 부하 직원들이야말로 최고의 우군이라는 것을….

상사가 아무리 멍청하다고 하더라도 전쟁터에서 부하 한 명이라도 아쉬운데 어떻게 소홀히 할 수 있겠는가? 조직에서 상사의 미운털, 고운 털 얘기는 당장 그만두라. 마음에 담아 둘 필요가 없다. 당장 일하는 게 급해서 가성비 높은 직원에게 일을 시킬 뿐이다. 좋고 싫고의 문제가 아니다. 조직의 성과를 높여야 회사로부터 많은 과실을 받아내 부하 직원들에게 골고루 나눠줄 수 있지 않겠는가.

만약 그런 상사가 진짜 있다면 정상적이지 않고 조직의 성과를 낼 의사가 없는 사람이다. 인생에서 그 사람의 기억을 지워버려라. 정상적인 사고를 하는 상사라면 전투에 임하는 병사 한 명 한 명을 소중히 여긴다. 한 사람의 병사라도 낙오시키는 상사가 있다면 지휘관으로서 자격이 없다. 그런 상사는 회사에서 먼저 안다.

크레믈린은 불화의 씨앗

크렘린(Kremlin)은 소련 공산당의 아지트 같은 곳이다. 소련의 독재정치는 이곳에서 암암리에 이뤄지는 음해와 모략, 협잡의 산물이다. 한국 사회에서는 언젠가 크레믈린이라고 칭하며 보통명사처럼 사용하고 있다. 우리 세대에서는 음흉하고 속내를 알 수 없는 사람을 나타내는 말로 자주 쓰곤 했다. 특히 직장에서 속내를 알 수 없는 상사를 놓고 뒷담화로 "저 부장은 크레믈린 같아!"라고 하면 음흉스럽고 도통 속내가 안 보인다는 부정적인 뉘앙스를 풍긴다.

기업과 같은 조직에는 꼭 크레믈린들이 있다. 특히 상사인 경우 윗분으로부터 분명히 무슨 지시를 받고 왔는데 일을 시키는 것을 보면 도저히 무슨 일인지 알 수가 없고 말도 해주지를 않는다. 그리고 혼자 시킨 일을 주섬주섬 챙겨서 후딱 윗분한테 갔다 와서는 일에 대해 가타부타 아무 소리도 하지 않고 지나간다.

며칠 뒤 회의 시간에 본부장이 그 부장한테 지시 내용을 다시 꺼내면서 얘기하는 것을 들어 보면 전혀 비밀이라 할 수 없는 것이다. 매사를 그런 식으로 일을 처리하는 사람들을 직장에서는 심심찮게 볼 수 있다.

직장에서 일을 할 때는 항상 투명하게 해야 한다. 일의 내용은 항상 공개하고 공식 절차를 거쳐 추진해야 뒤탈이 생기지 않는다. 그리고 떳떳하면 숨길 필요가 없고 언젠가는 모든 것이 알려지기 때문에 비밀로 하라는 지시가 없는 이상 숨길 이유가 없다. 사실 직장에서 비밀스럽게 처리해야 할 일은 거의 없다.

그런데 보면 능력은 처지는데 일을 꼭 첩보 작전 수행하듯 하는 사람들이 있다. 마치 극비의 정보를 다루는 것처럼 행세한다. 참으로 신기한 노릇이다. 아무리 봐도 내가 하는 일이 더 중요한 일 같은데 그런 부류의 사람들에게는 자기의 손에 쥔 일이라면 무조건 대외비인가 보다. 특히 내 일과 관련이 있는 것 같아 지금 무엇을 하고 있는지 물어보면 꼭 고개를 갸우뚱하면서 "글쎄 알면 안 되는데!" 하면서 미적거리는 사람이 있다. 난 속으로 "개뿔, 항상 시답잖은 일을 하면서 숨기기는…" 하며 투덜대곤 하는데 금방 옆 동료가 나한테 속삭인다. 자기는 이미 알고 있는 사항이라고. 그러면서 한마디 덧붙인다. "이런 거 서로 미리 알려주면 준비라도 해서 좋잖아."

어떻게 보면 우습기도 하지만 참으로 측은하다는 생각도 든다. 오죽하면 그런 사소한 것으로 자신을 뽐내고 싶을까? 능력이 부족할수록 일을 불투명하게 처리하려는 경향이 많고 자기 속내를 잘 드러내려고 하지 않는 크레믈린처럼 행동하는 것 같다.

직장인들이여!

직장에서 하는 일의 내용이나 절차를 숨길 필요는 없다. 특별한 사안이 아닌 이상 같은 직원이기 때문에 모두 공유하는 것이 일의 효율성이나 정보의 투명성 면에서 회사에 기여하는 길이다. 회사 내부에서 일어나는 일을 정보랍시고 숨기고 이리저리 옮기는 짓은 효율성을 저해할 뿐만 아니라 조직의 화합을 위해서도 바람직하지 않다. 상사는 부하 직원들에게 쓸데없는 오해를 불러일으키거나 불필요한 갈등을 만들 소지가 있으니 특히 조심해야 한다.

여성에 대한 오만과 편견

여성차별은 누구도 어찌할 수 없었던 사회적 굴레로 이어져왔던 것 같다. 채용에서 차별당하고, 승진할 때 차별당하고, 일을 할 때도 차별당하고, 같은 일을 하고도 처우에서 차별당하고…. 요즘 많이 해소되었다고는 하나 알게 모르게 직장 곳곳에는 여전히 그 잔재가 많이 남아 있다. 여성을 바라보는 남자들의 오만과 편견은 언제쯤이나 완벽하게 사라질까.

기업에서 남녀 균형을 맞출 때가 그러한 오만과 편견이 사라진 때가 아닌가 싶다. 공정한 룰에 따라 공개 채용하는 시험의 결과를 보면 여성의 합격 비율이 남성보다 높다. 우수한 여성 인력이 지난 세월 사장되었음을 짐작케 하는 증거다. 역설적이지만, 이런 현실이 우리나라의 또 하나의 성장 잠재력이 아닐까 생각한다. 선진국처럼 여성 인력이 제대로 활동할 수 있는 공간이 확보될 때 우리나라가 한 단계 더 성장하는 게 아니겠는가?

여담이지만 앞으로 우리나라의 성장 잠재력이 세 가지가 있다고 생각한다. 남북한 통일과 공정한 과세, 여성 인력의 활용이다. 이 세 가지는 앞으로 엄청난 잠재력으로 우리나라의 성장을 견인할 것이라 확신한다.

공공 부문에서는 공개 시험으로 인재를 채용함에 따라 세월이 흐를수록 남녀차별이 많이 해소될 것으로 보인다. 하지만 기업 부문에서는 아직도 갈 길이 멀게만 보인다.

직장 남성들이여. 제발 미천한 오만을 발동시키는 여성 인력에 대한 편견의 시각을 버려라. 여성 역시 회사의 성과를 높일 수 있는 인적자원이다. 함부로 낭비해서 되겠는가. 지금은 변화의 시대다. 진정으로 회사가 변하고 사회가 변하고 국가가 변하려면 남성들의 태도부터 변해야 한다.

제4장

직장인도 사람이다

사람이라고 다 사람이냐. 사람다운 사람이라야 사람이지! 사람의 본성은 쉽게 변하지 않는다. 단지 겉모습만 살짝 바뀔 뿐이다. 온갖 다양한 본성이 부딪치는 직장인의 사회는 그야말로 정글이다. 직장인이라면 하루하루 심신을 옥죄는 정글의 법칙을 숙명처럼 받아들이고 따라야 한다.

본성과 겉모습

사람의 모습이 한결같을 수는 없다. 이리 부딪치고 저리 부딪치는 직장의 일상에 빠져 있다 보면 나도 모르게 속 다르고 겉 다른 자신을 깨닫고 깜짝 놀라곤 한다. 내가 나 같지 않은 행동을 하다 보면 언젠가는 내 본성까지 잃어버리고 마는 게 아닐까?

본성은 질량 불변의 법칙을 따른다

갑자기 웬 물리 용어냐고 하겠다. 인간 사회도 물리법칙이 많이 작용하는 것 같다. 관성의 법칙, 가속도 원리, 질량 불변의 법칙 등 자연계의 물리적 논리가 인간의 행동이나 사고에도 흔히 나타난다.

'본성 불변의 법칙'은 사람의 본성이 바뀌지 않음을 비유적으로 써본 것이다. 사람은 지성을 가졌기에 반성하고 참회해 행동이 잘못되었다면 바로잡혀지리라 생각하고 기대한다. 그러나 애석하게도 한번 형성된 인간의 자아는 잘 변하지 않는 듯하다.

나는 서로의 이해관계가 얽혀 있는 회사 생활에서 본성 불변의 법칙이 드러나는 순간을 목도하며 쓸쓸하게 느꼈을 때가 한두 번이 아니었다. 언제나 바람직하지 않은 방향으로 그런 상황이 펼쳐졌던 것 같다.

대부분의 상사는 부하 직원의 잘못을 관대하게 대하는 경향이 있다. 자신의 울타리 안에서 문제가 야기되는 것을 원치 않기 때문이다. 특히 승진해서 처음으로 조직의 장이 된 상사라면 더욱 그렇다. 하지만 그러한 관대함이 기업에 큰 화를 초래하곤 한다. 자칫 조직집단의 상습적인 실수나 잘못을 유발하는 원인으로 작용하기 때문이다. 기업이라는 조직은 실수와 실패가 바로 손실로 이어진다. 따라서 어떠한 경우라도 그러한 잘못이 발생해서는 안 된다.

조직 구성원들의 행동을 모니터링하고 일하는 방법과 절차를 통제해 실수나 잘못을 방지하는 것이 조직 관리자의 주요한 역할 중 하나이다. 한 사람 한 사람 개개인이 실수를 하다 보면 조직 차원에서는 매번 실수가 발생하는 꼴이 된다. 집단적 긴장감이 조금이라도 풀어지면 반드시 문제가 발생하고 한번 문제가 발생하면 연이어 사고가 터지는 게 신기하지만 이러한 게 관성의 법칙이 아닌가 싶다.

내 경험으로 보아도 그릇된 행동으로 한번 용서받은 직원이 더 큰 사고를 유발한다. 사고를 친 사람이 또 사고를 치는 것이다. 경우에 따라 들통나지 않게끔 방법까지 강구해서 아주 은밀하게 완전범죄를 꾀하며 사고를 저지르기도 한다. 그 규모도 커진다. 이렇게 되면 부하 직원이 과거에 저질렀던 사고를 수습하고 용서했던 관리자 역시 피해를 입게 된다.

　사람의 본성은 절대 바뀌지 않는다. 외부적 장벽에 가려져 있을 뿐이다. 그래서 직장 생활을 하다 보면 혼란스럽다. 학창 시절처럼 순수하게 인간관계를 맺고 우정을 쌓으려고 해보지만 꼭 뒤통수를 치는 사람이 있다. 바로 가장 믿고 의지했던 사람이 자신을 이용하고 이해타산만 했다는 사실을 알아차린 순간의 낭패감이란 실로 무어라 형언할 수 없을 것이다.

　물론 사람 나름이고 그렇지 않는 사람도 많다. 하지만 모두의 출발점이 이해관계에서 만난 사람들이고 서로가 잠재적인 경쟁관계라는 속성상 어쩔 수 없는 노릇이다. 문제는 이러한 조직의 속성을 잘 알고 스스로가 대비해야 한다는 것이다. 어느 누구도 이러한 문제를 가르쳐주지 않는다.

　수많은 관계 속에서 '참된 것'을 골라내는 능력도 중요한 성공 능력이다. 조그만 일에서부터 스스로 깨우쳐야 한다. 조직에서 일해 보면 사소한 관계에서 문제의 징후가 많이 보이지만 모두들 놓치고 만다. 지나고 보면 그런 자신이 창피할 뿐이다. 설사 징후를 알아차렸어도 그 관계를 정리하지 못한다. 하지만 알고 당하는 것과 모르고 당하는 것은 하늘과 땅 차이다. 특히 관리자의 입장에서는 그러한 실수를 하면 안 된다. 반드시 조치를 취해야 한다. 그렇게 하지 않는 것은 관대함이 아니라 무능이다.

기억은 다만 희미해질 뿐이다

모든 기업에는 신용 등급이 있다. 국가에도 신용 등급이 있어 등급이 떨어지면 IMF 사태와 같은 국가 부도로 이어진다. 누가 어떻게 평가하는지, 방법의 객관성과 공정성이 있는지는 중요치 않다. 신용 등급이 각종 거래에 동원되고 보편성을 인정받고 있어 기업이나 국가는 중시하지 않을 수 없다. 물론 신용 등급이 이따금 악용되기도 하지만 누구나 공인하며 활용하기 때문에 따라야 한다.

개인에게도 명시적이지는 않지만 등급이 매겨진다. 금융기관에서는 개인의 신용 등급을 평가해 고객의 거래에 사용한다. 내가 여기서 말하고자 하는 개인의 신용 등급이란 인간관계, 사회관계에서 형성되는 일종의 묵시적 신뢰도라 할 수 있다. 친구 사이에도 이러한 신뢰도는 형성되어 있다.

어떠한 형태든지 조직에서도 구성원 개개인의 사이에 신뢰도가 형성되어 있다. '저 친구는 믿을 만하다든지, 일을 잘 한다든지', '저 친구 말에는 항상 다른 뜻이 있어', '저 상사는 한 입으로 두말을 해'라는 등 구성원들의 암묵적인 합의로 평판이 매겨진다. 이는 곧 한 개인의 신용 등급이다.

기업에서는 이러한 신뢰도가 매우 중요하다. 승진심사, 인사이동, 채용, 발탁 등 많은 부문에 영향을 미치게 되고 한 사람의 직장 생활을 좌우하게 된다. 어떤 계기로 조직에서 찍히게 되면 인사 담당 조직의 블랙리스트에 오르게 된다. 그 직장에서는 치명적인 불이익을 받게 되며 어떠한 경우에는 타사로 전직할 때도 영향을 미친다. 대부분의 기업에서 경력자를 채용할 때 반드시 전 직장에서의 평판을 체크한다. 한 사람의 인생이 걸려 있는 문제라서 별 중요치 않는 사안은 대부분 인사 조직에서 좋게 얘기한다. 하지만 특별한 경우에는 법률상 문제를 야기할 수도 있어 숨길 수 없다.

따라서 조직에서 직장인은 자신의 신용 등급을 관리해야 한다. 대학 시절 학점 관리보다도 더욱 중요하다. 명시적이고 공식적인 기록이 없어도 여러 사람들로부터 자신의 신용도가 평가받고 있다. 일종의 블록체인 같은 형태로 쌓여 가면서 사람들의 뇌리에 박히게 된다.

한번 형성된 등급은 거의 변경되지 않는다. 기업이나 국가에 매기는 신용 등급과 다른 점이다. 블록체인이란 쌓여 있는 데이터의 묶음이라서 해킹이 거의 불가능하다. 각 개인이 소유하고 있는 데이터를 모두 변경해야 하기 때문이다. 가상화폐가 유통되는 것도 바로 해킹의 가능성이 없다는 믿음이 결과인데 요즘은 이마저 해킹이 된다니 세상이 무섭게 변화하고 있는 것 같다. 물론 부단한 노력으로 자신의 신용 등급을 개선시키려 할 수는 있겠지만 인간의 기억 저편에 남아 있는 흔적은 지워지지 않고 단지 희미해질 뿐이다.

사람은 끼리끼리 어울린다

딱 적당한 말이다. 비슷한 사람끼리 모인다. 직장 사회에서 이만큼 딱 들어맞는 말은 없을 것 같다. 내가 왜 유유상종이란 말을 끄집어내는가 하면 직장인이라면 한번쯤 머릿속에 떠올려봤을 것 같기 때문이다.

끼리끼리 논다!

어려운 통과 과정을 거쳐 엄정하게 선발되었고 비싼 비용을 들여 연수 과정까지 받은 사람들이 일을 하면서 경계 아닌 경계로 서로서로 갈리기 시작한다. 전형적인 모임의 법칙이 아닌가? 어쩌면 그렇게 일 잘하는 사람은 일 잘하는 사람끼리, 일 못하는 사람은 일 못하는 사람끼리 모이는지 모르겠다. 점심식사를 같이 하는 빈도가 제일 그러할 것이다. 실적이 좋은 사람들은 그들끼리, 실적이 좋지 않은 사람들도 또 그들끼리…. 그렇게 하라는 회사 방침이 있는 것도 아니고 강요한 것도 아닌데 왜 그럴까? 인간 삶의 기본 원리인 모양이다.

그 이유를 따져보면 가장 큰 게 정보 공유가 아닐까? 일을 하다 보면 서로의 정보 공유가 무엇보다도 중요하다. 회사에서 정보란 일의 수준과 양에 따라 가치가 달라지는 경우가 허다하다. 이상하게도 일 잘하는 사람들이 정보도 빠르고 정보의 질적 수준도 높다. 아마 일을 하면서 직원들이 알고 싶어 하는 중요한 정보를 자연스럽게 얻게 되는 것이 아닐까?

직원들이 가장 알고 싶어 하는 정보가 무엇이겠는가? 조직 개편이 어떻게 이루어질 것인지, 담당 임원은 누가 되는지, 누가 승진하는지, 누가 어느 부서로 가는지, 보너스는 언제 얼마나 나오는지, 사장이 바뀌는지 등 거의 인사 조직에 관한 내용이다. 아마 개인의 신상에 직접적인 영향을 끼치는 사항이라서 그럴 것이다.

일 못하고 일 안하는 사람들은 정보에 대체로 어둡다. 끼리끼리 어울려도 그런 정보가 늦게 전달되는 모양이다. 하지만 특이하게도 이런 사람들은 외부 정보에는 굉장히 빠르고 많이 안다. 아마 회사에서 느끼는 상대적 박탈감(?)을 외부 정보를 획득해 상쇄하려는 노력의 결과물일지도 모르겠다.

이러한 유유상종이 직원들의 미래를 좌지우지하는 주요 경로가 된다. 회사일은 혼자서만 할 수 있는 게 거의 없다. 어떤 형태로든 협업을 해야 한다. 유유상종은 그 과정에서 큰 역할을 하게 된다.

회사에서 가장 강력한 모임은 무엇이든지 잘해야 한다는 공통 목표를 가지고 있는 일 잘하는 사람들의 연대일 것이다. 그런데 유유상종이 진입 장벽을 높이는 폐쇄성과 배타성을 띠게 되면 패거리로 전락하고 만다. 기업이나 집단조직 내에서 패거리란 조직 전체의 목표아 목적을 이루기보다는 자신들의 이익을 극대화하는 데 신경을 기울이기 때문이다. 따라서 패거리가 횡행하며 명령과 복종을 강요하고 다양성과 창의성을 무시한다면 기업에는 백해무익한 끼리끼리다.

기업이나 조직에는 그러한 패거리들이 한두 개쯤은 있을 텐데, 우두머리가 회사의 실력자라서 정리가 잘 안 되는 경우가 대부분이다. 우두머리는 대체로 패거리를 이용해 자신의 입신을 꾀하곤 한다. 회사에 많은 폐를 끼치면서도 말이다.

이런 패거리가 집단적 이익을 추구하고 나서면 파벌이 된다.

파벌은 한번 형성되면 세대교체가 되면서 지속되기 때문에 경계해야 한다. 파벌이 문제가 되는 가장 큰 이유는 다름 아닌 기업의 이윤 최대화에 걸림돌이 되기 때문이다. 조직 화합의 저해는 둘째로 치더라도 배타성을 띠며 자기의 파벌이 아니면 아무리 일을 잘해도 배척하기 때문에 회사 전체로 볼 때 성과를 극대화할 수 없는 결과를 초래하는 것이다.

당신은 권력을 좇는 해바라기

인간은 생각하는 갈대, 직장인은 일하는 갈대. 직장 사회는 묘한 구석이 있다. 가족이 아니면서 가족보다도 더 많은 시간을 함께하는 동료, 가족보다 개개인의 사정을 더 많이 챙겨주는 상사, 가족보다 더 많이 서로의 고충을 주고받는 사이….

이러다 보니 서로가 일이라는 매개를 통해 형성된 이해관계에 따라 맺어진 관계임을 잊고 인간적인 관계로 오해하곤 한다. 조직 체계를 갖춘 집단은 모두 권력을 향한, 더 정확하게는 권력을 좇는 해바라기이다. 나를 따르고 나를 에워싸는 것은 나의 인간적인 매력에 매료되는 게 아니라 나의 권력에 취한다는 사실을 잊어버리면 큰 낭패를 본다. 오로지 내가 갖고 있는 권력을 추종하고 있을 뿐인데 이를 인간적인 관계로 오인해서는 곤란하다. 내가 가진 권력이 없어지는 순간 주위의 모든 것들은 신기루처럼 사라진다.

은퇴자들이 갖게 되는 최초의 상실감은 이런 데서 온다. 은퇴로 인한 경제적 위축은 충분히 예측 가능하고 대비도 많이 한다. 소위 말하는 노후 준비다. 그러나 자리에 있을 때 보여줬던 인간 군집들이 퇴직과 동시에 사라지는 현실을 견디지 못하는 사람들이 꽤 많다.

이는 조직의 속성을 파악하지 못하고 순진무구한 온실 속의 화초로 지냈기 때문이다. 직장 동료든 후배든 상사든 인간미를 기대하지 마라. 모두 자신의 이(利)를 극대화하려는 존재들이기 때문이다. 은퇴자 스스로 자신을 돌아봐도 역시 그런 부류에 지나지 않았음을 까마득히 잊어버린 것은 아닌지 모르겠다. 누굴 탓 하겠는가? 그것이 직장인의 순환 굴레인 것을….

그렇다고 해서 직장 생활을 너무 삭막하게는 생각하지 마라. 얼마든지 본인의 생각과 행동에 따라 즐겁게 일할 수 있다. 다만 내가 여기서 하는 말은 보통 본의 아니게 벌어지는 현상들이니 누구든 상처받지 말라고 하는 넋두리이다. 얼마든지 좋은 사람이 있고 좋은 관계를 유지해 가는 사람이 숱하다. 모두 자기 사신이 하기 나름이다.

직장인의 5적(敵)

직장인이라면 극도로 경계해야 할 인간상이 있다. 그런 부류의 사람들을 판별하고 분별해 내는 능력을 꾸준히 갈고 닦아야 한다. 정글에서 생존하려면 달리 방법이 없다. 직장에서 얽히고설키는 복잡한 인간관계에 능동적으로 대처하는 것이 오래 살아남는 비결임을 명심할 필요가 있다.

'뇌 없는 인간'을 조심하라!

직장 생활은 사람과 사람의 관계의 연속이다. 모든 게 사람과 관련되어 있다. 승진을 위해, 그리고 성과를 위해 사람과 협의하고 설득하며 필요하면 논쟁도 벌인다. 이렇게 해서 쌓은 관계야말로 중요한 미래의 자산이며 일의 성과 역시 관계에서 나온다.

그만큼 사람이 중요하다. 사람 때문에 실패하고, 사람 때문에 좌절하고, 사람 때문에 피해 받고, 사람 때문에 고통받고 궁극적으로는 실의에 빠지는 경우 또한 많다. 사람과 사람과의 관계를 간단하게 정의하고 넘어간다면 관계의 형성 방법을 설명하지 못한다. 그만큼 복잡 미묘한 요인들이 많다.

나의 경험상 한 가지 분명한 원칙은 말할 수 있다. 물론 경험적인 추론에 따른 것이지만, 나는 사람을 크게 두 가지 유형으로 본다. 첫 번째 유형은 자기 생각을 말하는 자기주체형 인간이다. 두 번째 유형은 남의 생각을 앵무새처럼 전달하면서 마치 자기 생각인 양 착각하는 앵무새형 인간이다.

대체로 첫 번째 유형의 사람은 말을 잘하지 못한다. 왜냐하면 사람의 생각에는 한계가 있기 때문이다. 하지만 이런 유형의 사람은 자기가 한 말을 끝까지 책임진다. 자신의 철학에 바탕을 둔 논리를 펴고 항상 동일한 주장을 하는 까닭이다.

하지만 앵무새형 인간들은 박식하고 암기력이 뛰어나며 말이 많다. 독서량이 많지만 자기 것으로 소화할 능력이 부족해 그저 감동받고 인상에 남았던 얘기들을 그럴싸하게 포장해 자기 생각인 양 들려주기 때문이다. 이들은 청중이 지루하지 않게 재미있는 소재를 곁들여 푹 빠지게 하는 발군의 능력이 있다. 하지만 여기에는 한정이 있다. 이런 유형의 인간은 자기 생각이 없다. 따라서 오늘 읽었던 책 중에서 감동했던 A논리가 최고의 진리인 양 설파하다가도 내일 다른 책을 보고 정반대인 B논리에 빠진다. 결국 오늘은 A논리가 적절하다고 하고, 내일은 B논리가 맞는다고 설파하고, 모레는 C논리가 옳다는 등 그때그때 최고의 가치를 지닌 논리가 달라진다. 남의 생각을 자신의 생각과 동일시하는 뇌 없는 인간은 착탈식 뇌를 가진 신인류라 할 것이다.

이런 유형의 인간들은 본인이 신의를 저버리는(과거에 했던 말과 배치되는) 행동이나 비윤리적인 행동을 하고도 잘못된 것인지 모른다. 또한 거짓말을 하고도 거짓말인지조차 모른다. 자기가 하지 않은 행동이라도 자신에게 득이 되면 자신이 한 것으로 스스로 최면을 걸어 버린다. 단지 언제든 순간순간 감동했던 논리가 뇌를 지배하고 있기 때문에 과거의 그 어떤 주의주장이나 관계도 중요치 않다. 뇌에서 이미 지워진 것이다.

물론 책을 많이 읽어야 하고 다른 사람의 논리를 많이 청취해야 한다. 그것이 배움의 기본적인 자세이다. 하지만 본인의 철학을 바꾸어서는 안 된다. 책을 읽으면서 자신의 뇌를 살찌워야지 뇌를 통째로 교체해서는 안 된다.

뇌 없는 유형의 사람과는 깊은 관계를 가져서는 안 된다. 언젠가 이해관계가 부딪치게 되면 한순간에 돌변하며 본인의 잘못을 전혀 인식하지 못하고 상대방을 비난만 하는 도덕 불감증에 빠지는 부류라서 그렇다. 특히 이런 유형의 상사가 있으면 더욱 조심해야 한다. 공(功)은 모두 자신이 잘해서 이루어진 것이고, 과(過)는 모두 부하 직원 탓이다. 뇌가 없기 때문에 부하 직원이 노력해서 이루어낸 것임을 알 수가 없다. 하지만 과오는 신기하게도 기억을 잘 한다. 본인이 결재를 하고서도 잘못되면 "내가 뭘 아느냐, 나는 너희들만 믿고 사인하라고 해서 사인한 것뿐이다. 그러니 너희들이 잘못했으니 너희들이 책임을 져라"고 한다. 전형적인 '내로남불'의 인간들이니 결재를 받을 때 반드시 증거를 남기는 습관을 들여야 피해를 방지할 수 있을 것이다.

왜 이런 현상이 생기는가 하면 뇌가 없기 때문이다. 자신의 고유한 생각이 없어서 무엇이 잘못된 것인지, 도덕성이 무엇인지,

무엇이 부끄러운 짓인지를 모를 뿐이다. 불쌍히 여겨 용서하라. 뇌 없는 인간은 어찌할 수가 없다.

잘 관찰해보아라!

주위에 친구건 직장 동료건 후배건 상사건 주의 깊게 살펴보라. 의외로 똑똑한 친구들 중에 이런 유형들이 꽤 있다. 친구에게는 반드시 얘기해줘라. 자신의 생각을 만들라고. 처음에는 화를 낼 것이다. 자기의 자존심을 건드렸다고 불 같이 화를 내며 거꾸로 설득하려고 할 것이다. 하지만 차근차근 설명하면 알아들을 것이다. 똑똑한 사람이니 무슨 말을 하려는지 충분히 알아들을 것이다.

스스로 뇌를 만들어가라고 하면 정말 고맙게 생각할 것이다. 이런 류의 사람들은 자신이 굉장히 똑똑하다고 착각하고 있으므로 주변 사람들로부터 충고를 잘 받아들이지 않아 자신의 본모습을 모른다. 그렇지 않으면 절교하라. 인생에 도움이 안 된다.

'악마'는 가면을 입고 나타난다

갑자기 악마라니 황망하고 괴기스럽게 들릴 것이다. 직장에는 분명 선량한 인간의 탈을 쓴 악마가 있다. 월급쟁이야말로 온실 속에서 열심히 일하는 평범하고 순수하기까지 한 직장인이다. 그러나 이러한 직장인을 사람이 아니라 수단으로만 보고 오롯이 자신의 입신양면을 위해 짓밟고 일어서는 자들이 분명히 있다.

선한 양민을 속이고 짓밟는 것만이 약탈이 아니다. 순진무구

한 직장인에게 이런 존재는 영혼을 파괴하는 정신약탈자, 즉 악마나 다름이 없다. 이런 자들은 정신이 나약하고 순종적인 사람들을 여지없이 자신의 제물로 삼는다.

직장인들은 야생의 들풀이 아니다. 온실 속의 화초와 같다. 자신의 몫만 다하면 주기적으로 물을 뿌려주고, 바깥 기온과 상관없이 일정하게 온도를 맞춰주고, 바람이 불면 창문을 닫아주고, 비가 오면 천장을 덮어주는 온실 속에서 자라나는 식물이다. 혹시 병이라도 걸리면 한쪽에서 보살핌을 받으며 생기가 올라오도록 도와준다. 직장이라는 자체가 외부 환경을 차단하는 큰 울타리인 셈이다. 거기에서 자라는 생물은 약할 수밖에 없다.

악마들은 온실 속의 화초들을 현혹시키기 위해 가면을 쓴다. 자신도 온실 속의 화초인 양 말이다. 가면은 한두 개가 아니다. 교활하게도 각양각색의 제물들에 맞는 맞춤형 가면이 등장한다.

제물을 끌어주고, 도와주고, 가르치기까지 한다. 하지만 자신의 이익에 도움이 되지 않는다고 판단하는 순간 과감히 내치고 만다. 언제 봤냐는 듯 태도가 돌변한다. 신의니 믿음이니 하는 기본적인 인간의 도리 따위는 애초에 없다. 자신의 이익이 최우선이라는 이익 보전의 원칙만 있을 뿐이다.

대체로 이런 종류의 인간들 중에 사이코패스가 많다. 보통의 평범한 생활 속에서는 알 수가 없다. 그 자신도 스스로의 행동에 최면이 걸려 있을 정도다. 선한 행동을 하고 다른 사람들을 돕는 천사의 행동을 보일 때도 있다. 관용이 넘치며 선지자적인 지혜를 보이기까지 한다. 조폭 같은 의리도 가끔씩 내세운다. 반대로 자신의 상사에게는 철저히 온순한 강아지의 모습을 드러낸다. 충성이라는 가면을 쓰고…. 위선덩어리 자체다.

무엇을 위해 그런 행동을 할까? 회사의 이익을 위해서라고 스스로는 외치지만 오로지 자신의 입신광영을 위해 다양한 가면 속에다 악마의 발톱을 숨기고 있는 것이다.

그런데 악마들은 소위 말하는 '갑'의 입장에 설 때 비로소 천사의 가면을 벗고 본성을 드러내게 된다. 그지없이 괜찮은 사람이라고 많은 사람들에게 존경까지 받았지만 최고의 자리에 앉는 순간 악마의 본성을 여지없이 발휘하는 경우를 가끔 보게 된다. 거칠 것이 없다. 자신이 하고 싶은 대로 한다. 누구의 말도 안 듣는다.

악마들도 자신만의 철학이 있다. 자신의 모든 행동은 회사의 이익을 위해서란다. 가끔 그들이 최고경영자가 돼서 수많은 직장인들의 마음에 상처를 안긴다. 순수하고도 세상물정 모르는 직장인들에게는 생지옥일 것이다.

악마들이 최고경영자가 되면 회사는 망가지게 된다. 기업도 엄연한 질서가 있고 기업 문화라 칭하는 회사 고유의 관습이 있다. 창업 이후 내려오는 전통과 선배 직원들로부터 이심전심으로 전달되며 쌓여진 성공의 신화도 있다. 기업을 떠받치는 이러한 정신적 인프라가 한번 흔들리면 제대로 추스르는 데는 수많은 시간과 비용을 물어야 한다.

악마들은 단기 성과와 실적을 아주 중시한다. 왜냐하면 자신의 성과를 뽐내야 하기 때문이다. 단기적이고 일시적인 실적 상승과 성과가 보일런지는 몰라도 그것은 사상누각에 지나지 않는다. 병의 근원을 찾아 치료할 생각을 하는 게 아니라 일시적으로 환자의 고통을 감해주는 진통제만 사용하는 것이나 마찬가지다. 단지 새로운 하나의 가면을 드러낼 뿐이다.

그들에게 합리적이고 논리적인 공정성은 통하지 않는다. 오로지 자신에게 맹종해야 한다. 무릎을 꿇어서라도 자신에게 복종하기를 바랄 뿐이다. 이유가 필요 없다. 본인의 말이 곧 규칙이요 논리다. 조용히 숨죽이고 기다려라. 절대로 맞서지 마라. 이성적인 판단이 사라진 지 오래다. 유탄 맞아 사망하면 여러분만 손해다.

악마들을 조기에 판별할 수 있는 방법은 있다. 아무리 가면을 많이 가지고 있다 하더라도 그들은 자신이 책임을 져야 할 상황이 오면 아주 사소한 것이라도 온갖 핑계를 대며 책임을 회피하려 한다. 이때 입고 있던 가면 일부가 벗겨지게 된다. 잘 관찰하라. 그런데 가면을 얼굴에 쓰지 않고 왜 입을까? 왜냐하면 얼굴만 가리면 몸체가 보여 탄로나기 때문이다.

'양아치'는 어디에나 있다

양아치는 사전에서 '품행이 천박하고 못된 짓을 일삼는 사람'이라고 정의하지만 너무 점잖게 표현하고 있는 것 같다. 왜 갑자기 양아치냐고? 직장 사회에도 멀쩡한 양아치들이 있다. 보통 흔히 말하는 양아치가 아니라 겉으로는 아주 모범생처럼 보이지만 사생활이 바르지 못하고 못된 짓을 일삼는 사람들이다.

혼자 사는 직원을 자기 집사처럼 부리고, 사적인 일에 직원을 동원하고, 회사 경비로 적금을 들고, 물품을 구매하면서 뒷돈을 챙기고, 회사 물품을 자기 것처럼 가져다 사용하고, 남의 업적을 가로채고, 자기 잘못을 남한테 떠넘기고, 거짓말로 남을 곤경에 빠뜨리는 등등. 직장 사회의 양아치가 하는 짓들이다.

하나하나가 동료 직장인들에게 치명적인 양아치 짓이다. 직장인이라면 어느 정도 분별력이 있어 감히 할 수 없는 행동들이다. 그럼에도 남을 모함하거나 거짓말로 남에게 피해를 주는 행위를 서슴지 않는 부류들이 직장에는 널려 있다.

이런 직원들일수록 윗분들의 평판이 좋다. 참 신기한 일이다. 어떤 때는 모든 직원들이 그 사람의 비위를 알아도 사장만 모르는 경우가 있다. 아마 양아치 짓을 하는 인간일수록 실적이 좋다든지 일을 아주 잘해서 최고경영자의 맘에 쏙 들기 때문일 것이다. 그래서 못된 짓을 해도 그 정보가 최고경영자에게 제대로 전달되지 못하는 것 같다. 내가 회사 생활을 할 때 차마 입에 담지 못할 짓을 하고도 승승장구해 나중에 임원까지 승진한 사람이 있으니 세상은 참 불공평하다. 대부분의 선량한 직원들에게 미안할 따름이다. 하지만 절대 양아치가 되지 마라. 남에게 원성과 원망을 많이 듣게 되면 자신은 영달의 쾌감을 누릴지 모르겠으나 주변의 누군가가 희생의 대가를 치르게 되는 게 세상의 이치이다.

'침소봉대' 부러워 마라!

우리는 자기 PR 시대에 살고 있다. 너도나도 잘났다고 자기 자랑이다. 기업에서도 알게 모르게 이러한 현상을 곳곳에서 볼 수 있다. 그만큼 경쟁이 치열한 사회이니 어쩔 수 없다 손 치더라도 정도가 심한 사람들이 있다.

그런데 과장된 자기 자랑이 통한다. 특히 경력 사원을 채용하려 면접이라도 보면 온통 자기 자랑 뿐이다. 기업에서는 필요에 의해 경력이 있는 사람을 많이 채용한다. 새로운 사업 분야라든지 다른 기업에서 잘 되고 있는 분야를 조기에 세워나가려면 불가피한 면이 있다. 하지만 채용되는 경력 사원 중에서 본인이 주장하는 대로 성과를 내는 경우는 10%도 안 되는 것 같다. 외국계 기업에서 경력을 쌓은 사람일수록 경력 부풀리기가 심한 것 같다. 아마 우리 기업들이 외국계 경력을 선호하고 높이 사서 그런가보다.

IMF 사태를 거치면서 금융계를 중심으로 외국계 경력 직원을 채용하는 사례가 많았지만 제대로 기대했던 성과를 거둔 경우는 극히 드문 것으로 안다. 어떤 사람은 특정 프로젝트의 주니어 수준의 일을 했음에도 시니어 책임자로 경력을 기재하는 경우도 있었다. 확인할 방법이 마땅치 않았음을 알았던 모양이다. 하지만 일을 시작한 지 대개 6개월이 지나지 않아 실력은 들통이 난다. 계약 기간 만료 후 계약을 연장하지 않지만 그 경력으로 더 나은 처우를 받으면서 이직하는 것을 보면 외국물에 대한 맹목적인 사대는 여전한 모양이다.

말이 엉뚱한 방향으로 흘렀지만 기업이나 조직에서는 자신의 역량을 보기보다 크게 포장하는 데 재주를 가진 사람들이 있다. 똑같은 일을 하고도 자신이 모든 것을 다한 것처럼 과장되게 자랑하고 또 그것이 윗분들에게 통한다. 아무리 일을 잘해도 얘기하지 않으면 100% 알 수 없는 노릇이다.

같은 동료의 입장에서 보면 정말 낯부끄러운 행동이지만 얼굴에 철판이라도 깔았는지 얼굴색 하나 변하지 않고 자신의 업적을 침소봉대한다. 이런 엉터리 자랑을 곧이곧대로 듣고 있는 상사들을 보노라면 기가 찰 노릇이다. 나는 그런 재주가 없는 것을 어떡하느냐고 자신을 탓하며 고개를 숙이는 직원들을 보면 안쓰럽기까지 하다.

하지만 걱정하지 마라. 결국 조직은 다 알게 된다. 절대 그런 부류 인간들의 영화는 오래가지 못한다. 스스로 자기 발등 찍는 경우가 대부분이다.

회사 경영진은 주어진 지 인으로 최대한의 성과를 서두고자 하는 사람들이다. 따라서 회사에 긴급한 중요 사안이 발생하게 되면 평소에 침소봉대형 인간을 제일 먼저 찾아 일을 시킨다. 하도 자랑해댔으니 윗분들도 선뜻 그 사람을 찾게 되는 것이다.

그러나 일이 잘 되겠는가? 침소봉대(針小鋒大)란 바늘만 한 것을 몽둥이만 하다고 크게 부풀리고 허풍을 떠는 것을 말한다. 몽둥이가 필요한 곳에 바늘이 몽둥인 줄 알고 바늘을 찾았으니 결과는 뻔하지 않겠는가? 그때 그 사람의 실체는 한순간에 까발리게 되어 급전직하하게 되는 사례를 수차례 보았다.

기업에서 제일 위험한 인간은 바로 침소봉대형이다. 자칫 잘못하다가는 회사를 위험에 빠트릴 수 있다. 전장에서 몽둥이가 필요한데 바늘을 보냈으니 결과는 어떻겠는가? 아마 상상만 해도 아찔할 것이다. 조직에는 다양한 종류의 사람들이 있지만 결국에는 일 잘하는 사람이 평가받게 된다. 그래서 정상적인 기업은 잘 굴러가고 이익을 내며 성장하게 된다.

파렴치한 인간이 되고 싶은가?

염치란 부끄러움을 안다는 뜻이다. 부끄러움의 주관적 기준은 서로 다를 것이다. 하지만 '염치없다'는 말은 잘못을 저질러 놓고 무엇이 부끄러운지 모르는 경우를 뜻하는 것임에 틀림없다.

가끔 이런 사람들을 만나게 된다. 잘못했을 때 '미안하다'는 사과 한마디면 넘어갈 일을 자기가 무얼 잘못했느냐면서 되레 큰소리치며 설친다. 참으로 염치없다. 대체로 출세지향적인 사람들이 그렇다. 오로지 자신의 승진이나 평가를 위해서라면 염치 불구하고 설친다. 자신의 과오를 인정하는 것이 자신의 평가에 감점 요인으로 작용하는 줄 아는 모양이다.

업적을 부풀리고, 남을 깎아 내리며 말마다 자화자찬이다. 자기는 무엇을 해도 잘하고 부하 직원들은 자기를 존경하며, 자신이 회사에서 정말 필요한 인재라고 자부한다. 거의 과대망상증 수준이다. 최고경영자가 어쩔 수 없이 이런 사람들을 받아주는 경우를 볼 수 있다. 어린 손주의 어리광을 받아주는 할아버지라고나 할까? 그가 혹여 회사의 성과를 중요하게 여기는 최고경영자의 약점이라도 쥐고 있는 것일까?

하지만 조직이 한두 사람의 유능한 고성과자에 의해 좌우되어서는 안 된다. 한 명의 고성과자를 위해 나머지 직원들의 성과를 무너뜨리는 꼴이 될 수 있기 때문이다. 대부분 기업에서 보면 고성과자, 고직급자가 될수록 염치가 없어진다. 회사에서 출세하려면 염치가 없어야 되는 모양이다.

겸양지덕(謙讓之德)이라는 말은 사라진 지 이미 오래다. 자고로 자기 PR 시대다. 시대적 상황에 따라 일정 수준의 자기 PR은 불가피하겠지만 자기가 하지 않은 것까지 자기가 한 것으로 말한다면 자기 PR이 아니라 거짓말이 된다. 분명 자기가 한 일이 아닌데 자기가 했다고 거짓말을 해서 좋은 대우를 받으려 한다면 어떤 면에서는 범죄행위다. 남의 자산을 훔치는 일이 아니면 무엇이겠는가? 이렇게 염치없는 행동은 바로 범죄로 연결될 수도 있다.

요즘에는 염치라는 단어가 별로 주목을 끌지 못하는 듯하다. 사회 전반에 염치없는 사람들이 판을 치고 있기 때문이리라. 하지만 사회든 직장이든 사람답게 떳떳해지기 위해서는 최소한의 염치는 있어야 하지 않겠는가? 최소한 자신이 잘못을 저질렀으면 잘못했다는 사과 한마디는 해야 사람다운 것 아닐까?

도적들

직장인이 회사에서 도적질을 한다? 말도 안 되는 소리처럼 들린다. 하지만 회사를 상대로 도적질을 일삼는 직장인들이 분명 있다. 그들은 자신이 회사의 이익을 편취하는 줄 모른다. 바로 도적들이나 하는 짓을 버젓이 행하면서도 그 심각성을 인식하지 못하는 도덕적 해이에 푹 빠져 있다.

금지된 장난은 나쁜 짓이다

욕심이 화를 부른다는 말이 있지만 기업은 예외가 아닌가 싶다. 기업에서 계획되고 통제되는 욕심은 회사의 성장 동력이자 많은 일자리를 제공하는 원동력으로 작용한다. 기업이 가만히 제자리에 머물러 있으면 곧 후퇴를 하게 된다. 성장을 멈추는 순간 수많은 포식자들의 먹잇감이 되는 정글 자본주의의 생태계에서 살아남을 수 없다.

기업가란 매일 매일의 전쟁터 속에서 구성원들의 삶과 행복을 책임지는 전쟁 지휘관의 역할처럼 아주 중대한 책임을 갖고 있다. 하지만 직원들은 다르다. 극심한 경쟁 속에서 사리사욕의 유혹에 빠지는 직원들이 더러 나타난다.

　기업 활동의 대리인으로서 주주와 오너에게 위임받은 권한을 직원 본인의 이익을 위해 사용하는 것은 공적 이익과 사적 이익을 공유시키는, 이른바 이익 편취 행위이다. 본인은 회사 이익을 침해하지 않았다고 생각하는지 모르나, 회사 권한으로 정보를 이용하고 근무시간에 개인 용무를 본다는 점은 어떠한 변명을 둘러대도 정당성을 찾을 수 없다.

　절대 이래서는 안 된다. 유혹이 많다. '아무도 모를 것이다. 회사에 전혀 손해를 끼치는 것이 아니다'라는 등 나름대로 자기 합리적인 변명거리가 있을 수 있겠으나 결코 해서는 안 되는 일이다. 물론 그렇게 치부해서 잘사는 사람들도 있고, 훗날 당시의 행위를 무슨 무용담처럼 얘기하는 사람까지 있다. 자본주의 사회에서 경제력이 곧 권력이라지만 여기에는 전제가 있다. 정당하고 적법하고 윤리적으로 부를 획득해야 한다는….

　내가 여기서 하고 싶은 얘기는 정당성의 문제가 아니다. 그러한 유혹에 빠지면 인생을 망친다는 것이다. 조직의 이익을 편취해 성공한 사람은 극소수이다. 하지만 그 이득이 너무 크기 때문에 이익을 편취한 몇몇이 돋보이는지 모르겠으나 대부분 인생이 헝클어져 엉망이 되는 경우를 여러 번 보았다.

　그 원인은 첫째, 회사가 이익을 보는 거래에서 조금만 편취한다고 해서 조직이 모르지 않는다. 왜? 회사 이익을 갉아먹었으니까. 감시자가 많다. 이러한 경우에는 단번에 적발되어 회사 생활을 못하게 된다.

두 번째, 회사의 이익 활동에 편승해 자기 이익을 취하는 것은 말 그대로 숟가락 얹기다. 회사가 이익을 본다고 해서 개인이 이익을 보는 것은 아니다. 결국 욕심에 눈이 멀게 되면 무리하게 레버리지를 일으키게 된다. 이것이 실패로 이어진다면 감수해야 할 리스크가 커서 개인이 감당하지 못하게 된다. 이런 경우 대부분 차명 거래를 이용하는데 큰 이득이 발생했을 경우 그에 따른 이익 배분의 문제가 생긴다. 종국에는 분쟁으로 비화되어 쇠고랑을 차는 일도 생긴다.

　물론 성공한다면 경제적으로 풍요로워진다. 하지만 도둑이 제 발 저리다고 직장 동료와 같이 어울리지도 못하고 외롭게 산다. 외국으로 이민 가는 사람도 있었다. 직장인은 어디까지나 대리인 역할을 충실히 수행해 꼬박꼬박 월급을 받으며 사는 게 소명이다. 자기 이름으로 돈을 벌려고 한다면 회사 그만 두고 사업을 하면 된다. 범죄행위를 해서는 안 된다.

무임승차, 언젠가는 들통난다

조직은 집단이라서 시너지를 발휘해야 의미가 있다. 혼자서 하는 것보다 집단이 같이 하게 되면 '플러스'가 아니라 '곱하기'가 된다. 기업 조직은 집단의 효율성을 가장 잘 드러내는 대표적 사례가 아닌가 한다. 분업이라는 형태의 업무가 애초에 제조 공정에서 시작된 것이지만 기업의 거의 모든 분야에 적용되는 것만 봐도 알 수 있다. 분업이야말로 집단이 채택할 수 있는 최고의 성장 방법론이다.

일관작업으로 이루어지는 제조 공정에서는 한 공정이 멈추면 제조 라인 전체가 멈춰야 하기 때문에 라인이 가동될 때는 공정 하나하나에 긴장을 늦추지 않고 집중해야 한다. 하지만 서류 작업이 대부분인 사무 공정에서는 제조 공정과 같이 라인이 멈추어 버리는 위험성은 미미할 것이다. 어떻게 보면 분업이 잘 이루어지는 업무도 있겠지만 사무 업무는 경계가 모호하고 분업하기가 불가능한 분야도 많다. 그리고 일을 해도 되고 안 해도 되는, 아니 일을 하고 있는지 안 하고 있는지조차 분별하기 어려운 그런 창의적인 분야도 있다. 그래서 사무직에서는 일을 안 하고 버틸 수 있는 환경이 조성되고 업무량을 계측하기가 쉽지 않다. 또한 일의 특성상 일 년 내내 놀다가도 아이디어 한 가지만 떠올려도 영웅이 되기도 한다.

일을 하는지 안 하는지는 무엇보다도 자기 자신이 제일 잘 알 것이다. 일 한 가지 한 가지로는 판별하기 어려워도 일정 시간 단위로 보면 알 수 있게 된다. 그래서 어떤 일이든 평가가 가능한 게 아니겠는가? 물론 인간은 기계가 아니기 때문에 순간순간 일에서 벗어나고 싶은 때가 있을 수 있고 그런 때는 어쩔 수 없다. 조직도 그런 사정을 일부 감안해 인력을 산정하고 업무량을 추정한다.

문제는 습관적으로 일을 안 하는 사람들에 있다. 핑계를 대고 가능하면 일에서 빠져 나가려고 하고, 설령 일을 받았다고 하더라도 다른 사람에게 미루거나 아예 엉망으로 만들어 다른 사람이 다시 하게 하는 지경에 이르게 한다. 결국 무임승차를 하게 되는 것이다.

회사나 조직에는 꼭 무임승차자들이 있다. 회사 규모나 조직 규모가 커질수록 이런 부류들이 꼭꼭 숨어 지내기 좋은 환경이 조성된다. 회사에서 적정 규모의 조직체계를 갖춰 인력 낭비요인을 없애려 하는 것도 그런 탓이 크다.

일을 하지 않으려면 가만히 있을 것이지 심심해서 그런지 꼭 일하는 사람들을 간섭한다. 직급이 자신보다 높으니 화를 낼 수도 없고 들어주는 척이라도 하다가는 시간만 빼앗긴다. 아래 직급이면 허드렛일이라도 시킬 텐데 그럴 수도 없다. 이런 부류의 사람들은 나름대로의 정치력을 발휘해 요리조리 잘도 빠져나간다. 높은 분들은 그런 사람을 좋아하는가 보다. 실컷 일만 해서 좋은 성과를 올리면 몫은 그들이 차지한다. 무임승차자가 아니라 강도다.

하지만 회사라는 조직은 그리 만만치 않다. 그런 사실을 모두 안다. 내 경험으로 보아도, 윗분들이 예뻐하는 것처럼 보여도 그런 사람을 승진시키지는 않는다. 오너 일가가 아닌 이상 조직은 다 안다. 집단적 사고를 하는 조직에서는 결국 공정한 평가를 내린다.

전문 인력을 철새로 만들어서야…
기업에는 조직의 일반 속성과 다른 집단이 있다. 주로 조직의 고유 활동을 지원하는 분야로 전산 파트나 리서치 활동 같은 연구 파트가 그렇다. 제조업 분야에서는 디자인 부문을 비슷한 사례로 들 수 있겠다. 이들 집단은 조직 내에서 전문가 그룹으로 불린다. 스스로 전문가로서 자부심을 드러내며 폐쇄적인 특성을 보인다. 일의 성격상 이들 집단은 조직 내 인사 교류도 거의 없어 한번 입사하면 이직이나 퇴직할 때까지 같은 부문에서 근무한다. 자연스럽게 이질적인 집단이라는 취약점에서 벗어나지 못한다.

특정 분야의 경우 한두 사람에 의존해 그 사람이 이직이나 퇴직을 하게 되면 일에 공백이 발생할 수도 있어 회사나 조직의 일반적 인사 원칙이 잘 적용되지 못한다. 뿐만 아니라 인사의 폐쇄성으로 승진이 지체되고 인력 구조도 역항아리 모양으로 기형인 경우가 대부분이다. 때문에 외부의 스카우트 유혹에 취약해지고 항상 인력 유출의 가능성이 있어 다른 조직과 인사 체계를 달리 가져갈 수밖에 없다. 그러다 보니 다른 조직 구성원들을 지원하는 중요 역할을 수행함에도 다른 구성원들과의 융합이나 교류가 잘 안 되다 보니 이들 전문가 집단의 관리에 많은 애로를 겪고 있다.

어떤 산업 분야에서는 전문가 집단을 평가해 그 성적을 정기적으로 발표하거나 랭킹을 매겨 분야별 우수 전문가에게 시상을 하는 경우까지 있다. 또 이들을 겨냥한 기업 간 경쟁이 치열해지면 우수 전문가에 대한 처우 수준이 치솟아 많은 거품이 형성되기도 한다. 이럴 수도 없고 저럴 수도 없어 경영진들에게 고민거리다.

하지만 여기서 냉철해질 필요가 있다. 이들 전문가 집단이 중요하나 과연 투입 비용만큼 효율성이 있는가를 따져봐야 한다. 물론 대외적인 홍보 효과는 거둘 수 있다. 그러기에 임기제 최고 경영자들은 임기 초기에 거액을 들여 유명 전문가를 유치해 자신의 업적으로 내세우기도 하지만 궁극적으로 회사 이익에 도움이 되었느냐는 별개의 문제이다.

소위 전문가라는 인력들은 철새가 많다. 아니 회사가 그렇게 만들었다는 것이 정확한 표현일 것이다. 자신의 능력과 성과를 경제적으로 평가하는 높은 연봉이 곧 자신의 가치라고 믿는 속성이 강하기에 비록 우리 회사에 스카우트 되어 속해 있지만 내일 더 나은 처우를 제시하는 곳이 있다면 언제든지 떠난다. 과연 기업에 도움이 된다고 할 수 있겠는가?

철새는 때가 되면 다음 서식지로 떠난다. 토종을 키워야 한다. 누가 그것을 모르는가? 라고 반문할지도 모르겠다. 전문가 집단을 관리해야 하는 조직들의 공통적인 고민거리이다. 이런 고민은 기업이 지적 자산을 관리하지 못해 자초한 측면이 크다. 전문가들은 대부분 지적 자산을 기업의 투자로 획득했지만 개인적으로 소유하게 된다. 엄밀하게 말해 기업의 자산을 편취해 갖고 있는 셈이다. 그들이 비록 자신들의 연구 성과라고 강변하지만 말이다.

기업에서 월급을 받고 기업의 자원을 이용해 기업의 돈으로 현장에서 습득한 귀중한 지식을 사유화해 본인의 지적 자산으로 독점한다면 기업의 자산을 편취하는 게 아니고 무엇이란 말인가? 그들은 편취한 자산인 줄도 모르고 자신의 것인 양 착각하고 있다. 그들의 선배도 그랬고 자기도 그러고 있고 후배도 그렇게 한다. 집단 도덕 불감증이다.

기업의 이름으로 영업해서 이익의 일부를 개인 이름으로 획득하는 것만이 편취가 아니다.

이는 누구를 탓할 일이 아니다. 기업의 시스템이 그렇게 한 것이다. 핵심은 지적 자산을 회사 자산으로 분명히 하라는 것이다. 그렇게 하려고 하면 많은 반발을 불러 올 것이다. 전문가들은 자신의 생명줄을 놓치게 된다고 여기기 때문이다. 나는 시간을 갖고 장기적 안목에 따라 전문가 집단의 반발을 최소화하며 단계적으로 추진할 것을 권한다. 일단 체계를 갖추면 사람이 바뀌어도 전문 영역의 품질은 떨어지지 않을 것이다. 전문 분야의 수준을 일정하게 유지할 수 있으며 담당하는 직원도 철새처럼 쉽게 회사를 떠나지 않는다.

부업은 시간을 도둑질하는 행위

직장인은 본인이 제공하는 노동의 대가로 일정하게 정해진 월급을 받고 다양한 복지 혜택을 누린다. 이는 고용주와의 계약이며 신성한 약속이다. 계약은 신의성실로 지켜져야 한다.

무슨 일을 하느냐는 고용주가 위임한 회사의 조직 체계에 따라 정해지며 회사의 업무명령이다. 상위의 단위 조직에서부터 업무 분장이 이루어지고 체계를 따라 순차적으로 말단 사원에게 까지 업무가 분담된다. 여기에 조직 단위별로 각자의 권한과 책임이 부여되면 조직 전체가 유기적으로 가동되는 회사의 모습을 갖추게 된다.

물론 규모가 커질수록 업무 단위가 더욱 세분화되어 한두 사람의 업무 성과에 의지하지 않고 전체적으로 별 문제없이 유지될 것이다. 성과물 또는 생산량에 필요한 적정 인력이란 그 계측 방법에 따라 달라지겠지만 인력의 채용 기준은 구성원들이 본업을 신의성실로 충실히 수행한다는 전제하에서 수립되었을 것이다.

왜 이렇게 재미없는 얘기를 길게 하는가 하면 직장인들 중에는 자신의 신분을 망각하는 경우가 많기 때문이다. 일정한 노동을 제공하는, 즉 주어진 일을 해야 한다는 근본적인 사실을 잊어버리고 딴청을 부리는 경우가 있다. 회사일은 부업이요 본업은 따로 있다는 말이다. 회사에서 개인적인 일을 본다든지, 상사가 부하 직원에게 개인적인 일을 시킨다든지, 회사에서 열심히 동아리 활동을 한다든지, 회사에서 주식투자를 한다든지 그런 사례는 숱하다.

물론 인간이 기계가 아닌 이상 일만 할 수는 없다. 내가 여기서 하고 싶은 말은 본업을 차질 없이 제대로 하고 있느냐는 것이다. 다시 말해 부업을 본업처럼 하고 있느냐 묻고 싶다. 이는 그야말로 도덕적 해이의 전형이다. 당신이 월급을 주는 집사가 일은 안하고 딴청을 부린다면 당신의 심정은 어떻겠는가? 그런데 직장에서 의외로 그런 경우가 많다. 아마 자신들이 의식하지 못하는 사이 본업 아닌 부업에 더 열중하고 있지는 않은지 되돌아보고 한번쯤은 반성해야 한다.

이러다 보니 고용주들이 암행감사를 벌이거나 CCTV를 설치해 노동력의 누수를 막기 위해 혈안이 된다. 하지만 직원들의 기본 의식을 바꿔야 하는 문제이다. 본업을 충실히 할 때 성과에 대한 권리가 생기는 게 아니겠는가? 회사의 성과가 많이 올랐을 때 과연 나는 그 성과에 얼마나 기여했는가를 따져 보면 생각이 달라지지 않겠는가? 부업이란 과외의 경제 활동이다. 회사에서 회사 일 외 개인적 용무나 농땡이 등 본업을 저해하는 행위도 부업이다. 직장인은 무릇 본업에 충실해야 한다. 직장 생활 중에 부업은 절대로 하지 마라. 신의성실에 위배된다. 주인이 값을 치른 시간을 도적질하는 것과 무엇이 다르겠는가?

조직의 미아들

회사에서 미아라 함은 곧 회사가 잃어버린 직원이다. 전적으로 회사의 잘못이다. 직원 개개인의 장단점을 찾아내 적재적소에 배치한다면 미아가 생길 리 만무하다. 직원 하나하나가 자신의 강점을 살려 회사의 경쟁력을 키우고 있다면 오너나 최고경영자, 임직원 모두가 원원하는 게 아니겠는가? 그런데도 직장에서는 미아들이 속속 생겨나고 있다.

미아는 조직의 잘못이다

기업의 미아라고 하면 이게 뭔 소리인가 하겠지만 길을 잃고 헤매는 미아가 수시로 발생한다. 소위 말하는 문제 직원, 조직 부적응자, 저(低)성과자 등은 미아로 이 시간에도 기업 곳곳을 떠돌고 있다. 수십 대 일, 수백 대 일의 경쟁 속에서 선발된 우수한 집단이라고 할지라도 최소한 20% 정도는 열등 집단으로 전락한다. 흔히 '개미 이론'이라고 하고 '2대8 법칙'이라고도 한다. 여기서 이를 말하고자 하는 것은 아니다. 조직 내에서 일단 문제 있는 직원이라고 낙인이 찍히면 어떠한 조직에서도 받아들이려 하지 않는다. 그 직원은 길을 잃고 마는 것이다.

그 사유는 여러 가지다. 시키는 일도 제대로 하지 못하는 경우, 열심히 노력하지 않는 경우, 근무가 태만한 경우, 일했다 하면 사고만 치는 경우, 재테크 등 사적인 일을 하느라 업무에 집중하지 못하는 경우, 상사의 말을 잘 따르지 않는 경우 등등. 그래도 기업에서는 이런 문제를 안고 있는 조직 부적응자를 정상 인력으로 활용하기 위해 무진 애를 쓴다. 인력은 곧 비용이기 때문이다.

하지만 현실은 다르다. 그들을 폐품을 재활용하듯이 재교육이니 조직 적응 훈련이니 특수 영업이니 각종 프로그램을 통해 성과를 낼 인력으로 재탄생시키려 하나 제대로 성공하는 경우는 극히 드물다. 한 번 낙인찍혀 문제 인물로 선정되면 마음의 상처가 깊어진다. 이런 상태에서는 어떠한 수단을 사용해도 소기의 목적을 거두기 어렵다. 회사도 그것을 안다. 그러면 왜 그런 프로그램을 가동하는가? 이는 당사자에게 빨리 다른 길을 찾아보라는 신호를 보내는 것이며 마음의 결정을 내릴 수 있도록 시산을 주는 것이다. 실제 그만두는 사람이 꽤 생긴다. 자존심 때문에….

그런데 이런 문제를 두고 많은 생각을 해봤다. 어려운 선발 과정을 통과한 그런 우수 직원들이 과연 조직에 적응치 못해서 그렇게 된 것일까? 내가 신설된 과 단위 조직에 과장으로 부임한 적이 있었다. 직원 세 명에 과장 한 명으로 조직이 구성되어 새로운 일을 맡게 되었다. 물론 직원들을 내가 선발하지는 않았다. 그 중에 직원 한 명이 소위 말하는 문제 직원이었다. 어떤 조직에서도 받기 싫어하는 미아였던 것이다. 주위에서 가끔 나한테 물어본다. 누구 잘 있냐고. 다들 열심히 잘하고 있기 때문에 당연히 잘한다고 했지만 그게 한두 번이 아니어서 알아봤더니 꽤 유명세가 있는 직원이었다.

자존심 세고 자기주장이 강하고 상사에게 꼬박꼬박 대들고 전형적으로 윗사람이 싫어하는 타입의 직원이었다. 그런데 일을 시켜 보니 똑똑하고 정말 일을 잘한다. 나는 속으로 생각했다. 이게 웬 떡이냐! 가뜩이나 신설 조직에서 사람도 부족한데 이렇게 일을 잘하니 얼마나 좋겠는가. 한 가지 알려주면 두세 가지를 척척 해낸다.

지시를 들으면 바로 문제를 지적하고 어떻게 해결하겠다고 응답한다. 단, 지시를 잘못 내리는 경우라도 있으면 내가 거꾸로 혼난다. 잘못된 지시란다. 얼마나 좋은가? 나의 잘못된 점까지 지적을 해주니…. 그런데 이게 그 직원의 화근이었다. 어떤 상사도 이런 스타일의 직원을 좋아하지 않는다. 일단 '네' 하고 열심히 하는 척 해야 한다. 순종하고 봐야 직장에서는 각광을 받기 때문이다.

이 직원의 사례를 보면, 조직이 사람에 적응을 하지 못한 것이다. 똑똑한 인력을 채용해 놓고 획일적인 틀에 사람을 맞춘다면 그야말로 어리석은 짓이다. 아마 대다수 기업이 그럴 것이다. 누구든 틀에 맞지 않으면 조직 부적응자로 찍혀 미아가 되어버린다. 나는 그 직원 덕분에 신설 조직에서 적은 인력으로 많은 일을 했으며 좋은 성과를 냈다.

무릇 관리자는 사람을 쓸 줄 알아야 한다. 조직에서는 항상 사람이 부족하다. 인사팀에 인력이 부족하다고 1년 내내 외쳐도 기다려 달라는 답변뿐이다. 이때 사람을 쓸 줄 알아 "○○씨, 내가 교육 좀 시켜볼까?" 하면 인사팀은 오히려 고맙다고 하면서 즉시 보내준다. 인사팀은 그 직원을 이동시키면서 해당 조직에 엄청 공치사를 한다. 인사 담당 조직 입장에서는 일거양득이 되는 셈이다.

그런 직원을 받아 찬찬히 살펴보면 개성이 뚜렷하고 능력이 출중하다. 너무 똑똑해서 조직이 맞추지 못한 경우이니 그 개성을 잘 살리면 어떤 우수 직원보다도 좋은 성과를 낸다. 그 높은 취업 경쟁을 뚫고 입사한 직원인데 어찌 잠재력이 없다고 할 수 있겠는가?

무릇 성공하는 관리자는 진흙 속에서 보석을 발견할 줄 알아야 한다. 미아는 부모의 잘못이나 부주의로 생긴다. 조직의 미아는 조직의 탓이다. 하지만 조직이린 수많은 직원의 개성을 일일이 챙기지 못한다. 그 임무는 조직의 관리자들이 해야 할 몫이다.

조직 관리자들이 자기의 부하 직원들의 개성을 잘 살펴 그에 맞는 일을 부여하고 평가하며 발전시켜야 한다. 물론 개중에는 독특한 개성을 갖고 있는 직원도 있을 것이다. 관리 또는 통제가 잘 안 되는 직원도 맞닥뜨릴 것이다. 그런 상황에 잘 대처하는 것이 바로 관리자의 능력이다.

하지만 그런 직원들이 오히려 회사를 위해 엄청난 일을 저지를 것이다. 모두 똑똑하고 치열한 경쟁을 뚫고 어렵게 입사한 인재들이다. 조직이 버리려고 하는 순간 그 사람의 잠재력이 터져 대단한 성과를 일궈낸다면 이만한 경사가 어디 있겠는가?

방아쇠 없는 총

좋은 학벌에 성적도 학창 시절 톱을 달리다시피 했고 회사도 우수한 성적으로 입사해 많은 이들로부터 부러움을 샀던 인재들이 있다. 소위 말해 가방끈이 탄탄한 직원들이다. 이들은 회사에 입사해 훌륭한 성적으로 연수를 마치고 많은 조직에서 스카우트 제의를 받다시피 하며 본인이 원하는 조직으로 배치받는다. 이러한 친구들이 현업에 배치되면 모두 기대가 크다. 신입 사원을 받지 못한 다른 조직에서 부러움을 한껏 표한다.

    OJT(직무수행 병행 훈련)도 단기간에 마치고 모두 흡족해하면서 일을 맡기기 시작하지만 어딘지 모르게 부족함을 느낀다. 시간이 지나면 좀 나아지겠지 하며 유예기간을 주지만 영 나아지질 않는다. 1년이 흐르고 2년이 흘러도 발전이 없다. 그런데 웬걸 언제 어디서 공부했는지는 모르겠지만 각종 자격증을 하나씩 따기 시작한다. 조직에서는 이미 포기하고 다른 조직으로 이동 배치 요청을 했다. 그 직원은 다른 조직으로 인사이동 되었고 우수 인재를 보내줘서 고맙다는 감사의 인사까지 받았다.

    포장이 바뀐다고 알맹이까지 바뀔 리 없다. 그 직원은 시간이 흘러도 마찬가지로 일이 미숙해 여전히 눈총을 받았다. 그런데 각종 사내외 연수는 모조리 신청해 기회만 있으면 교육 연수를 나가고 꼭 성적은 1등만 하고 있으니 그 조직 관리자는 죽을 지경이었다. 잘하는 것이라고는 시험을 봐서 1등 하는 것뿐, 일을 시켜보면 엉망이다. 또 말도 잘해서 온갖 변명거리는 잘 만들어 댄다. 머리에 든 게 많으니 논리정연한 말솜씨는 당해낼 재간이 없다. 그런데 일을 맡겨보면 엉망이다.

왜 그럴까? 하도 신기해서 한번은 회사에서 어떻게 근무하는지 며칠을 지켜보았다. 그 사람은 도통 회사 일에 관심이 없다. 온통 자신을 위해 뭘 공부할 것인지에만 신경을 곤두세우는 게 아닌가? 다른 인생 경로를 설계하고 있는 것처럼 보였지만 회사를 그만두지도 않는다. 일을 시키면 대충 생색만 내니 일이 제대로 처리될 리가 만무하다. 자원은 우수한데 회사에 도통 도움이 안 되는 인력이다. 이럴 수도 없고 저럴 수도 없고 이런 부하 직원이 있으면 관리자들은 속이 탈 것이다.

방법은 딱 한 가지뿐이다. 공부하는 머리는 있어도 일 하는 머리는 없는 친구이니 일대일로 붙어서 유치원생 가르치듯이 하나씩 가르치고 하나씩 점검해나가야 한다. 스스로 뭔가를 할 수 있을 때까지. 이렇게 하면 둘 중 하나로 결론이 난다. 회사를 그만두든지 아니면 조금씩 따라와 시간은 걸리더라도 정상 인력이 되든지 말이다.

한 예로 유사한 성향을 보이던 친구가 여러 조직을 전전하다가 적응치 못해 정신적으로 허약해지기까지 했다. 병원 치료도 받았는데 결국 회사를 떠나 다른 회사로 전직했다. 그런데 그 회사에서는 아주 일도 잘하고 승진까지 해 몇 개월 뒤 관리자로 근무한다는 소리를 듣고 깜짝 놀랐다. 나름 많이 반성했다.

결국 회사가 그 친구를 제대로 관리하지 못한 탓이며 그 친구의 속내를 제대로 관찰하지 못한 탓이다. 조직이 면밀히 살펴 그 직원의 의사를 존중하고 따라주었더라면 그런 상태가 되지 않았겠지만 우리 회사는 비교적 조직 구조 및 운영이 빈틈없이 짜인 까닭에 개개인의 여건을 고려해줄 여유가 없었다.

결국 총은 좋은데 방아쇠가 안 달려 있으니 쓸 수가 없었던 것이다. 그 직원이 이직한 회사처럼 방아쇠를 만들어줬더라면 우리 회사에서도 유용하게 사용할 수 있었을 텐데. 하지만 기업에서 개인총의 방아쇠까지 만들어줄 수는 없는 노릇 아닌가?

직장인들이여! 자신을 한번 돌아봐라. 혹시 자신의 방아쇠에 문제가 없는지. 만일 방아쇠가 보이지 않는다면 지금이라도 늦지 않았으니 스스로 방아쇠를 장만해라. 자신이 깨달았다면 회사도 그때까지는 기다려줄 것이다.

십이취군상(十二醉群像)

술이 사람을 취하게 하는 것이 아니라 사람이 스스로 취하는 것이다. 따라서 취한 모습은 자신이 스스로 책임을 져야 하는 법이다. 술 마시고 자신을 통제할 줄 아는 것도 일 잘하는 사람의 모습이다. 직장 생활을 하다 보면 술로 인한 에피소드들이 많다. 지금은 풍속도가 많이 달라졌겠지만 술을 매개로 이뤄지는 일이 많기는 예나 마찬가지일 것이다. 특히 우리는 술을 먹고도 적잖은 특혜(?)를 받은 세대다. 술 마시고 어떤 실수를 저질러도 그다음 날 술 핑계를 대며 머리 숙여 사과하면 용서받았다. 술이란 참 편한 친구이다.

일취상은 폭력형

술만 취하면 폭력적으로 변하는 사람들이 있다. 주폭의 성향이 다분한 사람이다. 일례로 술만 취하면 파리채로 파리를 잡는 사람이 있다.

그 사람에게는 파리가 항상 부하 직원의 머리 뒤통수에 있었나 보다. 여지없이 파리채로 부하 직원의 뒤통수를 후려치는 그의 모습이 눈에 선하다.

그 사람 옆에는 아무도 앉지 않으려고 한다. 옥신각신하다가 결국 서열에 따라 정리되어 가장 말단이 그 사람 옆에 앉으면 연회가 시작되고 몇 순배 돌아 감정이 고조되면 손이 올라가기 시작한다. 휙 소리, 퍽 소리에 고개를 들어 쳐다보면 부하 직원이 뒤통수를 만지면서 얼굴이 일그러지고 그 상사는 희죽거리며 마냥 좋다고 한다.

오늘의 희생양이다. 대개 처음에는 무방비 상태로 당한다. 고참은 타이밍에 맞춰 방어 자세를 취하며 피한다. 누구 한 사람 말리지도 못한다.

물론 그 사람은 부하 직원이 좋아서 그런다고 한다. 참 이상한 사람이다. 좋으면 술 한 잔 더 따라 줄 것이지 왜 사람의 뒤통수를 치는지 모르겠다.

이취상은 의식이탈형

완전 민폐형이다. 술만 마시면 인사불성이 된다. 잠을 자는지, 정신을 놓았는지 도저히 혼자서 몸을 못 가눈다. 그렇다고 길거리에 두고 갈 수도 없고 꼭 누군가가 집까지 동행을 해야 하고 도착해서도 혼자 집에 들어가지를 못하니 그 사람하고 같이 술을 마시려면 그날 당번을 정해야 한다.

술 마시기 전 단단히 주의를 주고 술을 많이 마시지 말라고 해도 매번 똑같은 행동을 반복하니 참으로 난감하다. 일은 나름대로 잘하니 내보낼 수도 없고 그렇다고 술자리에 왕따를 시킬 수도 없고, 이런 직원이 있으면 관리자들은 속만 탈 뿐이다. 그래도 부하 직원은 좀 낫다. 이런 사람이 상사라면 아마 같이 술자리를 하는 직원들은 매번 악몽 같은 시간이 될 것이다.

그 상사가 집에 돌아갈 때 최소한 두 명 이상의 직원들이 부축해 방까지 모셔야 하니 새벽녘에 귀가할 수밖에 없다. 회식 자리가 직원들에게 즐거운 시간이 아니라 악몽의 시간이 돼버린다.

삼취상은 시비형

가장 피곤한 스타일이다. 술자리 초기에 논쟁도 하고 토론을 하면서 건전한 분위기로 흘러가다 술기운이 올라오기 시작하면 말이 많아지면서 서서히 발동이 걸린다. 어느 순간을 넘어서면 상대방의 말꼬리를 잡기 시작한다. 좋은 말을 하면 비아냥댄다고 시비 걸고, 자기 주장에 동조하지 않으면 무식하다고 시비 걸고, 자신의 말이 옳다고 맞장구치면 성의 없다고 시비 걸고, 말대꾸 안 하면 무시한다고 시비 걸고, 상사가 그만하라고 하면 독선적이라고 시비 걸고….

도내체 어떻게 하란 말인가?

그러다 결국 옆 테이블에 앉아서 깔깔거리는 젊은이들에게 건방지다고 시비를 걸기 시작하면 난장판으로 변한다. 집에 가자고 택시를 태워주면 기사와 또 시비가 붙는다. 평소에는 일도 잘하고 순종적이며 멀쩡한데 술만 들어가면 싸움닭으로 변한다.

사취상은 고성방가형

술을 마시게 되면 대부분 목소리가 커진다. 술집이 시끄러워서 자연히 목소리가 커지는 면도 있으나 유달리 커지는 사람들이 있다. 조용히 말해도 될 것을 혼자 흥분해 큰 소리를 낸다. 조금 더 취기가 오르면 노래를 부른다. 옆에서 말리면 같이 부르자며 되레 더 큰 소리로 노래한다. 그것도 성에 안 차는지 노래방에 가잔다. 아무도 가지 않으면 자기 혼자 간단다. 일단 노래방에라도 가게 되면 마이크를 놓지 않는다. 거의 리사이틀 수준이다. 이런 사람은 장단만 맞춰주면 별문제는 없다.

오취상은 취침형
술만 좀 마시면 자는 사람이 있다. 테이블에 엎드리든지 방바닥 모서리에 조용히 눕든지 한다. 그래도 이런 사람들은 술자리가 파할 때쯤이면 꼭 일어난다. 술도 좀 깨는지 다른 사람을 챙기기까지 한다.

육취상은 수다형
술만 취하면 말이 많아지는 형이다. 평소에는 조용하고 묻는 말에 대답 정도만 하면서 술만 좀 들어가면 혼자서 오만 세상 이야기를 해댄다. 평소에 말하지 않은 것까지 한꺼번에 다 하려는지 아니면 술자리에서 말을 하도 많이 해서 평소에 말이 없어지는 것인지는 모르겠으나 특이한 것만은 사실이다.

칠취상은 투명인간형

이런 사람은 평소에는 말도 잘하고 유머로 좌중을 휘어잡는 능력도 탁월한데 술만 마시면 있는지 없는지도 모르는 투명인간이 된다. 자리에 가만히 앉아 말 한마디 하지 않고 술만 홀짝홀짝 들이켠다. 술에 취했는지 안 취했는지도 구분이 안 간다. 그러다 술자리가 파하면 인사하고 사라진다.

팔취상은 증발형

술자리까지 분명히 같이 왔고 술도 같이 잘 마셨는데 어느 순간 보면 없어진다. 귀신같이 사라지고 없다. 매번 그러니 참 특이한 재주를 가진 것 같다. 그래도 남에게 피해를 주지 않으니 갑이다.

구취상은 성지순례형

술은 마시는데 한 자리에 오래 머물지 못하는 스타일이다. 이 경우도 여느 케이스 못지않게 피곤한 스타일이다. 하룻밤에 최소한 서너 곳 이상의 장소에서 술을 마신다. 웬 성지가 그리 많은지 매번 그 장소는 꼭 가야 한단다. 막상 가보면 아무것도 아닌 평범하기 이를 데 없는 곳인데 말이다. 술값도 술값이지만 부하 직원들이 죽을 노릇이다. 그냥 가버리면 그다음 날 자기를 버리고 도망갔다고 꼭 한소리를 한다. 상사인 경우가 대부분이다.

십취상은 권유형
자기는 마시지 않고 꼭 상대방, 즉 부하 직원들에게 술을 권하는 스타일이다. 그것도 그냥 권하는 게 아니라 맥주잔에 양주를 한 가득 부어놓고 원샷을 하란다. 자신은 스트레이트 잔에 따라 홀짝홀짝 잘게 잘라 마시면서. 얼마나 염치없는 짓인지. 그러면서 몇 순배 돌고 나면 비틀거리는 부하 직원에 한마디 한다. 술이 왜 그리 약하냐고 온갖 설교를 다 한다. 자기는 끄떡없는데 너희들은 왜 그러냐고. 마치 역적이라도 된 듯하다. 땅을 치고 통탄할 경우이지만 하늘 같은 상사인 걸 어떻게 하겠는가.

십일취상은 가무형
술만 들어가면 노래 부르고 춤을 춘다. 노래도 곡명이라도 좀 바꾸든지 곡 수를 좀 늘리든지 같은 노래 무한 반복이다. 그리고 일어나 춤까지 곁들인다. 뭐가 그리 좋은지 싱글벙글하면서. 술자리를 파하고 밖에 나오면 송풍형 광고주머니를 안고 춘다. 그러다 손을 내미는데 안 잡아 준다고 떼를 쓴다. 얼른 택시 잡아 보내야 한다. 그래도 남에게 피해를 주지 않으니 낫다.

십이취상은 유아독존형
두주불사형으로 진정한 무림의 고수다. 아무 소리 안 하고 오로지 술만 마신다. 취하지도 않는다. 존경 그 자체이다. 그다음 날 전혀 흐트러짐이 없다. 유일한 흠은 부하 직원들이 자리를 같이 지켜야 한다는 의무감에서 함께 해야 한다는 것이다. 그렇다고 해서 강요는 아니지만 말동무 정도는 하는 게 부하 직원으로서의 도리에 맞다. 술을 마시려면 이렇게 마셔야 한다.

천태만상의 술자리를 묘사하다 보니 술이 마술이 아니라 요술을 부린다는 생각이 든다. 술은 불가피하게 마시게 되고 나름대로 스트레스를 해소하는 기능이 분명히 있다. 하지만 과하면, 아니 본인이 스스로 책임질 수 없는 수준까지 마시면 실수를 하게 된다. 그러면 자신의 평판에 큰 오점이 될 수 있다. 직장인은 반드시 술을 자기 주량 내에서만 마셔야 한다. 그것도 능력이다. 예전처럼 술에 관대한 풍조는 많이 사라졌고 앞으로 그런 양상은 더 심해질 것이다. 특히 요즘 직장인들은 술을 그렇게 좋아하지 않는 것 같아 다행이라 생각한다. 그래도 술은 마시면 취한다. 술자리에서 입조심 해야 하고 술의 양은 스스로 책임질 수 있을 정도만 마시고 다음 날 지각하지 말아야 한다.

일곱 난쟁이

직장의 모든 일은 사람과 사람의 관계 속에서 이루어지며 직장인들의 갈등과 애환도 결국 그 관계에서 비롯된다. 그만큼 조직 생활에서 인간관계가 중요하다. 인간관계의 구심점은 아마 상사일 것이다. 특히 오너 또는 최고 권력자를 향한 직원들의 구애는 다양하고 그것을 자기 자리를 보전하는 방편으로 삼고자 하는 사람들이 숱하다. 영락없이 백설공주의 사랑을 독차지하려는 일곱 난쟁이들의 모습이다.

사채업자형

어떤 형태로든지 최고 권력자에게 부채감을 안겨주고 빚을 서서히 회수한다. 특히 우리가 활약할 때는 부동산 가격이 급등하던 시절로 여기저기서 부동산 투기로 전국이 몸살을 앓을 지경이었다. 이때 최고 권력자에게 부동산 투자를 권유하며 부채감을 안겨주는 사람들이 있었다.

이런 사람은 항상 본인이 원하는 자리에 앉고 자신의 소소한 이익과 실리를 살라미 전략으로 챙기는 얄미운 스타일이다. 물론 권력자에게 빚을 졌다고 생각하게 하는 것은 아무나 갖지 못하는 능력이다.

청부업자형

최고 권력자가 직접 하지 못하는 소소한 악행을 청부업자처럼 대행해 주고 총애를 받는다.

물론 권력자의 일을 대행하면서 자신도 소소하게 실리와 이익을 챙긴다. 이런 스타일은 최고 권력자의 대변인처럼 굴면서 그의 니즈를 정확하게 파악하는 능력이 탁월하다. 주로 인사 부문에 이런 부류의 사람들이 많다.

오락부장형

최고 권력자의 눈과 귀를 즐겁게 한다. 주요 연회나 파티에 동행해 그에게 용비어천가를 바치며 좌중의 분위기가 그를 향하도록 유도한다. 유머와 잡기를 동원해 온갖 유희로 최고 권력자의 스트레스를 해소하는 기쁨조(?) 역할을 충실히 수행한다. 최고 권력자는 그 사람과 있으면 즐거울 따름이다. 참으로 대단한 능력이다. 최고경영자의 경영능력을 배가시키는 데 일조를 하는 필요한 존재임은 틀림없으나 판단은 여러분의 몫이다.

동문회형

최고 권력자들은 유달리 학연을 중시하는 경향이 있다. 아마 믿을만한 사람을 찾다 보니 생겨난 습성일지 모른다. 최고 권력자는 일 잘하는 사람보다 믿을만한 사람을 더 좋아한다. 일 잘하는 사람은 많지만 믿을만한 사람을 찾기 어렵기 때문일 것이다.

하지만 혈연, 지연, 학연 중에서 가장 문제가 많은 것이 학연이며 학연은 무한 재생산되기 때문에 그 폐해가 커질 수밖에 없다. 경계해야 할 대목이다.

향우회형

회사의 특성이 향우회로 배어 나오는 기업에서 이런 유형들이 판을 친다. 이런 속성이 대외적으로까지 나타나니 회사 내부에서는 어떠하겠는가? 일반적으로 알게 모르게 향우회 냄새를 풍기는 상사들이 있다.

일이라도 잘하면 모르겠으나 일도 못하면서 꼭 향우회 직원만 챙기는 그릇된 상사다. 이것도 경계해야 한다.

신앙추종형

아주 예외적이지만 분명히 있다. 종교적 색채를 띠는 회사라면 더욱더 그렇다. 또 어떤 회사든 종교적 믿음으로 편을 가르고 집단화하는 사람들이 극소수이긴 해도 분명히 존재한다. 특히 상사가 그런 유형이면 부하 직원들은 괴로워진다. 종교의 자유마저 빼앗긴다. 부하 직원이라는 이유로…. 그러지 마라. 신성한 종교에 대한 모독이다.

관계형

최고 권력자와 같이 일한 경험을 중시하는 유형으로 난쟁이들 중에서 가장 바람직하다. 같이 일한 경험을 토대로 일 잘하는 사람을 중용한다. 이 사람들은 믿음을 갖는 가장 끈끈한 유대감과 동료 의식으로 최측근의 자리에서 활동한다. 그 숫자가 극히 적기 때문이다.

직장인들이여!
경험컨대, 일곱 난쟁이의 모습은 결코 바람직하지는 않다. 무엇보다 일을 잘해서 성과로 최고 권력자의 사랑을 받아야 최고의 가성비를 내는 것이다. 일곱 난쟁이들이 사랑을 많이 받겠지만 최고 권력자가 바뀌면 그들의 신세도 바뀐다. 하지만 일 잘하는 사람은 최고 권력자의 신상과 관계없이 지속가능한 사랑을 받는다.

제5장

생존의 기술

지금까지는 직장 속 직장인들이 드러내는 이모저모의 특성들을 다뤘다면 이제는 그 특성들을 자신에게 유리한 국면으로 이끌어 성공의 기반을 다지는 기술을 논하고자 한다. 싸움도 기술을 겸비하면 백전백승이다. 직장인이 성공의 기술을 터득한다면 앞날은 탄탄대로를 걷게 될 것이다.

직장인의 기초 능력

일본 경제산업성의 보고서가 아주 적절한 자료라서 먼저 소개하겠다. 경제산업성은 일본의 300개 기업을 대상으로 설문조사해 발표한 '사회인의 기초력(社會人の基礎力)'에서 직장인의 기초적 능력을 행동력, 사고력, 협동력 등 3개의 능력과 12개의 하위 요소로 정의하고 있다. 이 조사에서 '스스로 일에 매달리는 능력'을 의미하는 '주체성'을 가장 중시한다고 대답한 기업이 80%가 넘었다. 다음은 '실행력', '창의력' 등의 순이었다. 특히 일본 100대 기업에서는 84%가 '주체성'을 중시하고, 54%가 '실행력'을 중요시하고 있다. 이 보고서는 직장인이나 사회인이 갖춰야 할 기초 능력, 즉 일을 할 때 반드시 갖춰야 할 능력을 잘 전하고 있다.

내가 보기에 직장인이 성공하기 위한 기본 능력으로 손색이 없을 정도로 필수 요소들을 포함하고 있어, 이를 숙지하고 습득한다면 반드시 많은 도움이 될 것이다. 이러한 직장인의 기초 능력을 학교에서는 가르치지 않는다. 직장에서도 일을 하면서 자연스럽게 체득하는 능력이지만, 이러한 기초 능력을 일찍부터 의식하고 일을 한다면 직장에서 필요한 능력을 빠르게 파악해 자신의 것으로 체화(體化)할 수 있지 않을까? 기초 능력은 일을 할 때 의도적으로 인식해야만 빠르게 형성해나갈 수 있다.

행동력(Action) :
한 발짝 앞서 나아가고 실패해도 끈기 있게 해결하는 힘

여기에는 주체성, 설득력, 실행력 세 가지 하위 요소가 있다.

주체성은 자신의 상황을 스스로 파악하는 능력을 말한다. 다른 사람의 도움 없이 스스로 문제를 파악하고 해결 방향을 찾는 능력이라고 하겠다. 즉, 상사의 지시를 기다리지 않고 적기에 해야 할 일을 찾아 실행하는 것이다. 일에 스스로 매달리는 능력이다.

예를 들어 어머니가 "오늘 저녁 식사는 뭐가 좋겠어?"라고 물어봤을 때, "무엇이든 상관없습니다"라고 대답하지 않았는지? 이는 자신의 결단을 포기하고 있는 것과 같다. 고기가 좋은지, 생선이 좋은지, 야채가 좋은지, 스스로 결정하는 것이 주체성이다. 친구와 놀 때도 "어디로 갈까?"라고 물어볼 때 "아무 데나 다 좋아"라고 대답하지 않았는지. "강남은 어때!"라고 의견을 내는 것만으로도 좋다. 스스로 생각하고 스스로 결정하기를 포기하지 마라.

설득력은 주위 사람들이 일하게 만드는 능력이다. 조직에서는 이를 파급효과로써 중시한다. 일하는 분위기를 만드는 사람은 내환영이다. 이런 사람은 다른 사람을 일에 끌어들이는 능력을 갖추고 있다 하겠다. 일을 성공으로 이끌려면 혼자가 아니라 유능한 사람과 함께해야 한다. 자신뿐만 아니라 함께 행동하려는 동료들과 목표로 향할 수 있다면 성공 가능성은 한층 높아진다.

주위 사람들과 협업을 하려면 몇 가지 포인트가 있다. 첫째로, "아자! 아자!"와 같은 소리로 표현하는 것이 중요하다. 주위 사람들을 격려해 기분을 북돋게 하기 위해서도 꼭 필요한 표현이다. 스포츠 현장에서는 팀 동료들끼리 사기를 올리려고 "우리 잘합시다!", "파이팅!"과 같은 구호를 외쳐댄다. 모두를 하나로 뭉치게 하는 데는 이런 격려의 소리가 큰 힘이 된다. 다음 포인트는 '목표 의식'이다. 활동의 합목적성을 명확히 하고 진원이 거기에 돌진하는 것에는 큰 의미가 있다. 전원이 하나가 되어 같은 목적을 향해야 팀의 강점을 발휘할 수 있기 때문이다.

실행력은 목적을 설정하고 확실하게 행동하는 능력이다. 온갖 노력을 쏟아 붓고도 성공 여부를 가늠하지 못할 아슬아슬한 목표를 설정해 놓고 끈질기게 행동하고 도전하는 것이다. 처리할 수 있는 한계 내에서 목표를 정하고 추진하는 것을 실행력이라 하지 않는다. 본인의 능력보다 조금 높은 목표를 설정하고, 목표 달성을 위해 어떻게 실마리를 풀어서 해결해나갈지를 스스로 찾아

내는 능력이다. 그러나 너무 높은 목표를 설정하게 되면 좌절하고 결과적으로 역효과를 가져올 수 있어 주의할 필요가 있다.

사고력(Thinking) :
의문을 갖고 깊이 생각하는 힘
과제발견력, 계획력, 창의력 등 세 가지 하위 요소가 있다.

　과제발견력은 현상을 분석해 목적과 과제를 명확하게 정하는 능력이다. 예를 들면, 훌륭한 제품을 개발하려면 시간이 걸리고 비용이 든다. 하지만 아무리 좋은 제품이라도 가격을 올리면 팔리지 않을 가능성이 높아진다. 이 지점에서 질적으로 더 좋아진 제품을 종래와 같은 가격으로 만드는 방안을 찾느라 고민하게 된다. 이에 관한 과제를 찾아내 해석하는 과정은 아주 중요하다. 결국 질과 가격의 문제로 귀결되지만 어떻게 조화시켜야 하느냐를 과제로 설정해 해결해나가는 게 과제발견력이다.

　계획력은 과제를 해결하기 위한 프로세스를 철저하게 준비하는 능력이다. 예를 들어, 과제 해결을 위해 복수의 프로세스를 정해놓고, 그중에 최선의 방안을 검토해 준비 작업에 들어간다면 상당히 높은 레벨의 업무 추진이라고 할 수 있다.

　직장인들은 회사에서 여러 일을 담당하는 경우가 대부분이라서 계획력은 아주 중요하다. 일의 실패나 지연은 용납되지 않는다. 납기를 못 지키거나 불량품을 납품하게 되면 일 자체가 날아갈 수도 있어 항상 리스크를 의식해 철저한 계획에 따라 착오 없이 진행해야 한다.

　창의력은 새로운 가치를 만들어내는 능력이다. 기존의 발상에 묶이지 않고 과제의 새로운 해결법을 모색하는 것이다. 아이디어가 갑자기 떠오르지는 않는다. 그렇다고 창의력을 쉽게 배울 수 있느냐 하면 그렇지 않다. 우리가 알고 있는 멋진 히트 상품은 아무것도 하지 않는데 갑자기 튀어나온 것이 아니다. 매일 반복해서 생각하고 관찰하고 기록한 결과이다. 아무런 목적의식도 갖지 못한 채 헛되이 지내면 아무것도 보이지 않고, 새로운 가치를 낳을 수 없다. 창의력은 새로운 것을 만들어내려는 노력 없이 발휘되지 않는다.

　기업에서 요구하는 중요한 능력이다. 당연한 일, 오랜 습관도 항상 의문을 가져야 한다. "이렇게 하면 효율이 더 향상하는 것은 아닌지?", "실수가 일어나기 쉬운 것은 업무 흐름에 원인이 있는 것이 아닌가?" 등 의문을 떠올리고 해결책까지 생각해야 한다. 현상을 분석하고 바람직한 모습을 도출하는 에너지가 바로 혁신의 원동력이 된다.

　이를 위해 뭔가 하나의 주제를 정해서 일정 기간 집중적으로 생각해보라. 그리고 생각한 결과를 누군가에게 말해보라. 그것을 통해 충고나 의견을 종합하다 보면 이전에는 깨닫지 못했던 가치를 끌어낼 수 있다. 설령 망설여지더라도 위축되지 말고 고민해서 지혜를 짜내는 자세가 중요하다.

협동력(Teamwork) :
다양한 사람들과 함께 목표를 향해 협력하는 힘

조직의 시너지를 내려면 조직 내 다양한 사람들과의 연결이나 협동을 끌어내는 힘이 필요하다. 여기에는 전달력, 경청력, 유연성, 상황파악력, 규율성, 스트레스 조정력의 요소가 있다.

전달력은 자신의 의견을 알기 쉽게 전달하는 능력이다. 글로 쓴 내용을 읽는 사람이나 발표를 듣고 있는 사람들에게 취지가 정확하게 전달되게 하는 것은 일의 진행 과정에서 아주 중요한 대목이다. 전달력을 몸에 익히려면 어떻게 하는 게 좋을까? 글이든 말이든 전달받은 사람을 대상으로 메시지 내용의 이해 여부를 직접 확인하거나 반응을 살피는 자세가 가장 효과적이다. 전달하고자 하는 내용이 제대로 전해지지 않아 사람들이 이해하지 못하고 있다면 시간만 낭비한 셈이다. 무슨 방법을 쓰든 반드시 이해 여부를 확인하고 다음의 수순으로 넘어가야 한다.

요즘은 메일이나 SNS를 이용한 커뮤니케이션이 보편화되고 있다. 특히 글로 전달할 때는 자칫 예의에 어긋나는 용어를 사용할 가능성이 높다. 아무리 아랫사람에게 지시한다고 할지라도 항상 경어체를 사용하는 게 예의다. 말로 전달할 때는 사람의 감성이 묻어 있어 용어 선택이 그리 문제가 안 되지만, 글로 전달할 때는 감정이 배제된 활자라서 조심해야 한다. 친구든 자식이든 아랫사람이든 글로 전달할 때는 경어체를 사용하는 습관을 가져라. 상대가 대하는 태도가 달라질 것이다. 일에 관한 내용을 글로 전달하려면 되도록 다른 사람의 리뷰를 거칠 것을 권한다.

경청력은 다른 사람의 의견을 정중히 듣는 능력이다. 사람과 이야기를 하고 있을 때 상대가 듣고 있는 것처럼 보여도, 정말 듣고 있는지는 잘 알 수가 없다. 따라서 가만히 귀를 기울이는 게 아니라 상대방에게 행동이나 말로 듣고 있음을 전하는 자세가 필요하다. 소위 말해, 리액션이다. 그렇다고 무조건 맞장구를 치는 것은 오히려 역효과를 유발한다. 적절한 시점에 적절한 말이나 행동으로 맞장구를 쳐야 한다. 텔레비전의 대담프로나 뉴스 프로그램에서 캐스터가 게스트와 인터뷰할 때 어떤 표정으로, 어디를 보고, 어느 타이밍에 어떤 맞장구를 치는지를 관찰해보면 도움이 될 것이다.

유연성은 다른 사람과의 의견이나 입장의 차이를 이해하는 능력이다. 유연성은 직장 생활에서 아주 중요한 자질이다. 직장인으로서 생활할 때는 동료나 거래처 기업의 담당자와 함께 일을 진행하지 않으면 안 된다. 그런 사람들과 잘 어울리기 위해서는 서로가 서로를 이해해야 한다. 의견 차이나 입장 차이를 이해하지 못한다면 앞으로 나아가지 못한다.

유연성을 적절히 발휘하면 상대 역시 납득할만한 제안을 내놓을 것이고, 결국 교섭도 잘 이뤄져 순탄하게 업무를 끝낼 수 있게 된다. 설사 자신과 다른 사고방식이나 가치관의 소유자를 만났어도 일단 '그런 생각도 가능하다'는 식으로 이해하고 들어가라.

상황파악력은 자신과 주변 사람과의 관계를 이해하는 능력이다. 직장에서 자신만의 일에 집중해야 하지만 주위의 상황에 항상 신경을 쓰지 않으면 안 된다. 주위 사람들이 바쁘게 움직이면

'왜 자신만 빼고 다른 사람들이 분주하게 움직이고 있는가?'라는 의문을 가지고 상황을 파악하면 자신의 운신이 편해질 수 있다. 바로 상황파악 능력의 힘이다.

이를 위해서는 평소에 자신의 주위에서 무슨 일이 일어나고 있는지를 항상 주시하고 스스로가 무엇을 할 것인가를 생각하는 습관을 익힐 필요가 있다. 물론 그러려면 자신의 능력을 충분히 숙지하고 있어야 한다.

상황파악 능력을 키우기 위해서는 어떻게 해야 할까?

첫째는 처해진 상황을 이해해야 한다. 뭔가에 몰두할 때는 자신의 일만 열심히 할 것이 아니라 주위의 상황에 주의를 기울이는 노력을 기울여야 한다. 결코 '나만 좋으면 된다. 다른 일에는 관심 없다'라는 편협하고 좁은 사고방식은 버려야 한다.

다음으로는 자신의 강점을 파악해야 한다. 자신의 강점을 알고 있으면 자신의 능력을 살릴 상황이라고 판단했을 경우 적극 활용할 수 있게 된다.

규율성은 규칙을 엄수하고 다른 사람과의 약속을 지키는 능력이다. 비즈니스 현장에서 약속을 지키지 못하면 모든 게 파행으로 갈 수밖에 없다. 룰이나 약속을 지키는 것뿐만 아니라 일에 진지하게 대응하는 것도 규율성이다. 직장인의 업무는 고객에게 상품이나 서비스를 제공하는 것이다. 따라서 불량품을 내놓거나 불성실해서는 절대로 안 된다.

'물은 낮은 곳으로 흐르고, 사람은 쉬운 곳으로 흘러간다'라는 말이 있다. 누구나 편안한 쪽을 좇다 보면 룰을 어기는 경우가 발생하게 된다. 스스로를 강하게 규율해야 한다.

　스트레스 조정력은 스트레스에 대처하는 능력이다.

　이는 스트레스를 견디지 말고 스트레스를 조절하라는 말이다. 아무리 어려운 일이 닥쳐도 '힘들다, 큰일이다'라고 당황할 게 아니라 어떻게 헤쳐 나갈지를 냉철하게 따져보는 식으로 스트레스를 조절하는 것도 능력이다. 스트레스가 가해지는 상황에서 스트레스의 본질을 파악해 대응 방안을 찾다 보면 어느새 스트레스를 해소할 수 있다. 스트레스에 이렇게 대처하는 능력을 갖추면 직장 생활이 편안해진다.

배움의 기술

세상의 변화 속도가 빠른 만큼 배움의 길은 끝이 없다. 스스로 배우고, 남에게 가르침을 받고, 또 다른 사람을 가르쳐라. 그것이 진정한 배움의 길이다. 학교에서 배운 기본 지식을 평생 우려먹을 생각은 버려라.

남이 갖지 못한 무기를 습득하라

직장 사회에 발을 들여놓은 순간 또 다른 경쟁의 세계에 들어선 것이다. 직장인들이 조직 생활을 하면서 경쟁은 불가피하다. 학창 시절 경쟁이란 같은 또래 간에 벌어지는 순위 경쟁이지만 직장에서의 경쟁이란 선배와도 하고 후배와도 하며 타 부문의 전혀 모르는 사람들과도 한다. 그 결과에 따라 부와 명예를 손에 쥐거나 인생의 길을 바꿀 수도 있다.

경쟁에서 이기기 위해서는 경쟁자보다 우위의 무기를 가져야 한다. 게임에서 더 우수한 아이템을 얻는 것과 같은 이치이다. 우위의 무기는 남이 가져다주지 않는다. 스스로 획득해야 한다. 경쟁자가 누구든 그보다 더 많이 노력해야 하는 것이다.

1985년쯤으로 기억한다. 내가 다니던 회사에 PC를 처음 들여왔을 때 이야기이다. 당시는 가로세로 숫자 맞추기를 모두 주판으로 하던 시절이다. 정도의 차이는 있겠지만 모든 직종에서 주판이 없으면 계산 자체를 못하던 시절이었다.

그때 IBM호환용 PC가 우리나라에 도입되기 시작했다. 물론 부품을 수입해 조립한 초기 제품이다. 지금이야 우리가 세계에서 으뜸가는 전자 기술을 지녔지만 당시는 PC조차 부품을 수입해 조립해야만 생산이 가능했다.

내가 어떻게 결심했는지 기억이 잘 나지 않지만 주판을 제대로 사용하지 못했던 처지에서 이런저런 궁리를 하다 보니 그 물건이 눈에 들어 왔지 않나 싶다. 고민이 깊을수록 눈이 뜨이는 법…. 그래서 과장, 부장을 며칠 동안 설득해서 생산성을 높이고 수정도 바로 할 수 있으며 시뮬레이션도 가능한 물건이라고 아는 체를 하며 나름대로 열심히 설명했던 것 같다. 겨우 오케이를 받고 가격을 알아봤더니 현재 가치로 보면 자동차 한 대 값이다. 지금 일반 사무용 PC가 자동차 가격이라면 아마 놀랄 일일 것이다.

부장님께서 겨우겨우 사장님을 설득해서 전산실 프로젝트를 겸해 구매했고 그 프로젝트가 끝나자마자 내 자리로 가져왔다. 떡 하니 가져오기는 했는데, 사용법을 아는 사람도 없었고 물어 볼 곳도 없었다.

전산실에서는 코딩용으로 사용했던 터라 사무용에 대해서는 문외한이고 생산한 회사조차 수입해서 조립한 수준이니 잘 알지 못했을 뿐더러 기본 조작법조차 물어보면 공부해서 알려주는 식이었다. 정말 난감했다. 고집을 부려 기계를 사놓고 쓰질 못하니….

물어물어 배워서 하드디스크를 확인하니 Lotus라는 프로그램이 깔려 있었다. 바로 스프레드시트(Spreadsheet) 프로그램이었다. 당시는 그 프로그램이 얼마나 파워풀한 것인지도 몰랐다. 어쩌면 PC가 이렇게 보급된 것도 스프레드시트의 영향이 클 것이다.

내가 고집을 부려 비싼 기계를 들여왔으니 고민 끝에 청계천 헌책방으로 향했다. 스무 곳 정도 헌책방을 들르면서 Lotus 매뉴얼이 있냐고 물었더니 다행히 한 곳에서 며칠 전 미군 부대의 헌책들이 들어왔는데 본 것 같다고 한다. 이리저리 뒤져서 영문 매뉴얼을 손에 넣은 기분이란 이 세상 누구도 모를 것이다.

며칠 밤을 지새우며 보고 또 보고 처음부터 요약 정리해가면서 습득했다. 매일 컴퓨터를 붙잡고 씨름하며 첫 시트를 완성해 다음 날 모두가 보는 앞에서 가로세로를 맞추고 숫자 하나를 수정했다. 결과 값 모두가 동시에 바뀌는 것을 보자 모두들 뒤로 자빠질 지경이었다.

주판 세대, 타자기 세대인 주위 사람들이 '깜놀' 했다. 속으로 으쓱하며 그것을 바로 인쇄해서 보여 주니 이번엔 타자 1급인 옆자리 미스킴(그때는 이렇게 불렀다)이 깜짝 놀라며 "내 일거리가 없어지겠네!"라며 키득댔다.

지금 생각하면 별것도 아니지만 PC는 사무 업무의 혁명이었고 업무 효율을 상상할 수 없을 정도로 향상시켰다. 물론 불필요한 일도 많이 생겼다. 예전 같았으면 한두 번 해보던 시뮬레이션을 컴퓨터를 이용해 수십 번도 더 반복해본다. 그만큼 일의 시행착오가 줄어들었지만 일의 양은 늘어났다.

컴퓨터로 인해 타자기가 없어지니 미스킴은 워드의 전문가가 되어 일자리가 더욱 견고해졌다. 역시 미스킴이 열심히 자기학습을 한 덕분이고 다른 타이피스트들은 컴퓨터에 적응하지 못해 타자기를 사용하는 다른 조직으로 이동했다.

시대는 변한다. 매일 바뀌지 않는 것이 없다. 변화에 따라가기만 해서는 경쟁력이 없다. 변화를 선도해야 한다. 그래야만 남이 갖지 못한 무기를 먼저 갖게 된다.

요즘 유행한 드라마를 봤더니 무슨 아이템을 습득해 퀘스트를 깨는 미션이다. 그 미션을 수행하려면 레벨을 높여 최상급 무기를 습득해나가야 하는데 그 과정에 엄청난 노력을 들여야 한다. 드라마의 주인공이 매일 게임을 하면서 내공을 키우는 장면이 나온다.

직장 생활도 마찬가지다. 매일 자기학습을 통해 남이 갖지 못한 무기를 습득해야 한다. 모든 업무나 영업에는 키포인트가 있다. 이를 먼저 습득해야 경쟁에서 이길 수 있다.

자기개발은 회사일과 관련되어야 한다

무릇 자기개발이란 자신을 새롭게 할 무엇을 만들어낸다는 뜻이다. 참 좋은 말이다. 직장인이라면 한번쯤 열심히 노력도 하고 숱한 다짐을 하지만 뜻대로 잘되지 않는 게 자신과의 약속이다. 내 경우에는 별도로 자기개발을 해본 적이 없는 것 같다. 바쁘다는 핑계도 있었지만 솔직한 심정으로는 그리 필요성을 느끼지 못한 듯하다. 하지만 지금 생각해보면 숱한 시간을 자기개발에 쏟았지 않았나 여겨진다. 일을 하면서 항상 새롭게 무엇인가를 기획해야 하는 입장이었기 때문이다. 업종이 다양해지고 인터넷을 비롯한 사무 환경이 하루가 다르게 변화되는 시절에 실무를 맡은 터라 변화에 맞게 바뀌지 않으면 속도를 따라갈 수 없었다.

요컨대 일하는 방식을 바꾸는 것 자체가 나에게는 자기개발이었다. 개인용 컴퓨터를 처음으로 도입하고, 수작업으로 처리하던 일을 전산화하면서 컴퓨터를 배운 것은 아주 소중한 자기개발이 되었다. 연이어 인터넷이라는 괴물이 나타나 전파 속도가 어찌나 빠른지 가만있다가는 하루아침에 구시대 인물이 되는 듯했다.

모든 업무 환경이 통째로 뒤바뀌어버리는 가히 혁명적 상황이 연일 계속되는 환경이었다. 아마 유사 이래 회사의 업무 환경이 컴퓨터와 인터넷의 출현으로 그렇게 급속히 바뀐 적이 없었을 것이다. 일상생활도 덩달아 비슷한 변화를 겪었다.

하지만 일보다는 자기개발로 외국어 하나라도 열심히 공부한 직원이 나중에 기세등등해 하는 것을 보고 씁쓸했지만 후회는 않는다. 나름대로 자기만족을 느끼는 희열을 맛보았으니….

자기개발은 해야 한다. 반드시 필요하다. 평생 사람은 배우면서 산다. 몇십 년 전에 배운 기본 지식을 평생 우려먹을 수는 없다. 그러나 자기개발을 해도 회사로부터 녹(祿)을 받는 직장인인 만큼 회사일과 관련된 것이어야 한다. 특히 전문 능력을 지속적으로 업데이트해 실적을 높이고 자신의 일을 효율적이고 생산적으로 개선시켜나가야 한다.

자기개발에서 약방의 감초인 외국어나 배우고 체력 단련을 하는 것이 자신의 일과 어떠한 관계가 있는지 모르겠다. 물론 관계가 없을 수는 없겠으나 요즘 같은 때는 AI와 관련해서 공부해보는 것이 어떨까?

나쁜 상사에게도 배울 게 있다

며칠 전 내가 좋아하고 존경하는 선배님과 당구를 치고 소주 한잔을 기울였다. 내가 이런저런 얘기를 하면서 경험을 바탕으로 책을 쓰고 있다고 하니까 "너답다"라고 하면서 한마디하셨다.

"우리가 직장 생활을 하면서 상사를 욕하고 특히 술 한잔 걸치면 좋은 안줏거리로 삼았는데, 거꾸로 우리가 임원이 되었을 때 역시 좋은 안줏거리가 되지 않았겠는가?"

함께 껄껄 웃었지만, 상사 얘기란 결국 불만의 토로에 지나지 않는다. 상사는 평소 스트레스도 많이 받고 본인의 의사와 상관없는 일도 어쩔 수 없이 할 수밖에 없었다. 그렇다 보니 불만이 쌓였던 부하 직원들이 술자리에 모였다 하면 안줏거리로 올려놓게 되는 것이다. 대부분 직장인들이 상사를 못마땅해 할 수밖에 없다. 하지만 거기에도 배움의 길이 있다. 아무리 맘에 들지 않는 상사라도 그 위치까지 오른 사람이라면 분명 귀감이 될 만한 게 있다.

모든 것은 어떻게 받아들이느냐에 따라 달라지는 법이다. 내가 저런 상사는 되지 말아야 하겠다는 다짐이나 저런 면은 닮고 싶다는 자세, 부하의 실수를 지나치게 책망하는 매정함에서 자신을 돌아보는 자기반성 등 모든 게 상사의 가르침이다. 굳이 선생의 가르침만 배우는 게 아니라 자신을 되돌아보고 느끼고 반성하는 것도 훌륭한 배움의 길이다. 배움에는 끝이 없고 모두가 스승이고 모두가 학생이다.

상사를 바라보고 불평불만만 하지 말고 그를 자신을 되돌아보는 불씨로 삼는다면 성장에 큰 도움이 될 게 분명하다. 평가 인터뷰를 해보면 일 잘하는 사람과 일 못하는 사람들 사이에 분명한 차이가 하나 있다. 일 잘하는 사람들은 이구동성으로 아직도 많이 부족해 더 노력해야 하고 배울게 많다고 한다. 겸손하다. 그런데 일 못하는 사람들은 한결같이 자신이 일을 잘하고 있다고 생각하며 더 이상 부족한 게 없다고 한다. 심지어 자신의 능력을 조직이 알아주지 않는다고 원망까지 한다.

착각도 그런 착각이 없다. 자신을 알지 못하니 일을 잘할 수가 없는 게 아닌가? 겸손한 마음으로 평생 배우며 살아야 하는 기본 원리도 모르는 사람들이 의외로 많다. 직장이라는 환경에서 수많은 경쟁 기업과 다투는 하루하루를 직원 한 사람 한 사람이 앞서나가지 않는다면 어찌 살아남을 수 있겠는가?

별도로 공부라도 더 하면 좋겠지만 한가한 소리일 뿐이다. 우리는 일하는 순간순간마다 배우고, 모시는 상관에게 배우며, 옆 팀의 직원에게 배우고, 후배 직원에게 배우는 등 하루 일과 내내 배워야 한다. 한번만 생각을 달리 해보면 우리가 배울 게 지천에 깔렸다. 특히 후배 직원들은 나보다도 최신 이론과 지식으로 무장되어 있어 배울 게 많은 최고의 선생임을 알아야 한다.

후배들은 선배 직원에게 먼저 접근해서 이러쿵저러쿵 말을 하지 못한다. 배운다는 마음가짐만 있으면 후배 직원들에게 먼저 물어봐라. "우리의 일하는 방법이 자네가 보기에는 어때! 솔직하게 한번 말해보라고!" 후배가 잠시 머뭇거리다가 말문이 트이면 아마 깜짝 놀랄만한 지적을 들을 수 있을 것이다.

가르친다는 것은 배우는 것이다

조직에는 교육, 연수 등 직무에 관련된 연수 과정이 있다. 신입사원 연수, 승진자 보임 연수, 특정 업무에 관련된 업무 교육, 외부 위탁 교육 등 다양한 교육 연수 과정들이 있다. 그중에서 직무에 관련된 부문은 강사진이 거의 대부분 사내 직원으로 구성된다. 하지만 연수 담당자가 사내 강사를 섭외해 의뢰하면 대부분 바쁘다는 핑계로 강의를 잘 맡지 않으려 한다.

자기가 담당하고 있는 분야에서는 나름대로 업무 노하우와 지식이 있게 마련이다. 기업에서는 이를 공유해 회사 자산으로 만들려는 노력을 많이 하지만 실제로는 잘 되지 않는다.

회사 입장에서 보면 종업원이 회사에 입사해 취득한 지식을 회사의 재산으로 보지만 직원 개인의 입장에서는 자기 개인의 지적 재산으로 치부해 혼자 독점하려는 의식이 강하다. 선배 직원에게 물려받은 것도 아니고 스스로 개발하고 찾아낸 노하우가 왜 회사 재산이냐는 것이다.

이는 일 못하는 사람의 전형적인 모습이다. 행여 내가 알고 습득한 업무 지식(노하우)을 다른 직원이 알게 되면 자기 일자리가 위태롭게 된다는 아주 소아병적인 발상을 하는 사람이다. 어리석기 짝이 없다. 지금 하고 있는 업무가 평생 자신의 것이라는 착각에 빠져있기 때문이다.

생존 능력으로 따지면 이런 부류의 사람은 한참 모자란다. 하루가 다르게 변화하는 주변 환경에 적응하려면 다양한 경험과 업무 지식으로 복합적인 솔루션을 찾아야 한다. 오늘날 같은 융·복합 시대에는 특정 부문의 전문화된 지식은 아무짝에도 쓸모없다. 학교에서 진리처럼 여기며 배운 지식마저도 입사 후에는 잊어버려야 한다.

얘기가 다른 방향으로 잠깐 흘렀지만, 조직 내에서 강의 요청이 오면 적극 참여해서 자신의 노하우를 전파하라! 나의 업무 방식이 회사 표준으로 정착된다면 내가 가장 경쟁력이 있지 않겠는가?

강의를 하려면 항상 준비가 필요하다. 강의 1시간을 위해서는 10시간 이상을 준비하게 된다. 이는 내가 하고 있던 일을 한번 되돌아보는 계기가 된다. 아무리 내가 하고 있는 일이라도 남에게 가르치려면 완벽해야 한다. 일을 처리할 때 지장이 없었던 사소한 것까지 정리되지 않으면 가르치지 못한다. 따라서 한번 강의를 하게 되면 내가 하고 있던 일을 전반적으로 점검해볼 절호의 찬스가 되는 것이다.

물론 강의를 한번 해보면 프레젠테이션 능력도 배가된다. 프레젠테이션에 관해서는 별도로 얘기하겠지만 많은 사람들 앞에서 자신의 주장을 편다는 게 결코 쉬운 일이 아니다. 사실 1시간 강의 중에 실제 핵심 내용은 10분도 채 안 된다. 전달할 내용이 적다는 것이 아니라 주제의 핵심을 말하는 것이다. 하지만 교육이란 핵심 내용 한 가지를 전달하기 위해서 많은 보조 수단이 필요하다. 유머를 섞어서 질문을 하고 답변에 맞장구도 쳐주면서 칭찬도 하고 비유적인 예시를 들어가면서 교육생들의 흥미를 이끌어야 제법 강의다운 강의가 된다. 강의 잘하는 사람들은 나름의 노하우가 있다. 배워두면 도움이 될 것이다.

내 지인 중 강의를 잘 하는 한 분이 말씀하시기를 자기는 강의할 때 항상 5분 늦게 시작하고 10분 일찍 끝낸다고 한다. 그러면서 그것이 자기의 노하우라고 한다. 자기가 교육생들에게 인기가 있는 비결인 양 말하는 데 믿음이 간다. 강사의 인기가 좋으면 강의 효과도 크게 나타나지 않을까?

해외 연수·출장은 새로운 배움의 장

요즘이야 무시로 해외로 여행을 가거나 개인 용무를 보러 나가는 게 아무렇지도 않지만, 지금의 50~60대들이 한창 일할 때에는 해외여행이 쉽지 않은 시절이었다. 그때 해외연수나 출장을 간다면 집안의 영광이었다. 해외 연수와 해외 출장이 구분조차 되지도 않았다. 회삿돈으로 해외여행을 한다는 것 자체가 주변의 큰 부러움이었다. 물론 수출의 역군으로 활약하던 종합상사맨들은 달랐겠지만, 보통사람들에게 해외여행이나 출장은 하늘의 별따기요 직장인에게는 포상과 같았다.

지금도 마찬가지겠지만 명확한 미션을 지닌 해외 출장과는 달리 해외 연수는 조금 달리 접근할 필요가 있다. 사람마다 생각이 다를 수 있겠으나 해외에 가서 배울 수 있는 게 얼마나 될까? 1주일이나 길어야 한 달 정도의 기간 안에….

기업에서는 절대로 한 달 이상의 연수 출장은 거의 없다고 보아야 한다. 물론 회사의 미래를 위해 유학을 보내기도 하지만 극히 예외적인 경우이다. 우리나라에 배우러 오는 외국인들에게 우리는 물어보지도 않는 것까지 잘 가르쳐준다. 하지만 우리가 벤치마킹하러 가는 나라들에서는 지적 소유권에 관한 관념이 강해 그런 혜택을 누리기 어렵다. 우리와 달리 회사일이 대부분 점조직처럼 이루어져 한 사람이 전체 업무를 꿰고 있지도 않다.

그래서 나는 해외 출장과 해외 연수를 다른 측면에서 생각해본다. 사람의 안목을 넓히는 데 이만한 것이 없다. 예전에는 그리 넉넉지 못한 경제 사정으로 요즘처럼 젊어서 해외로 가볼 기회를 갖기가 수월치 않았다.

요즘 우리나라에서 취득하지 못할 해외 선진 문물이란 거의 없다. 인터넷이나 해외방송, 언론 지면 또는 해외 유수학술지 등을 통해 소위 말하는 선진 문물이 실시간으로 전달된다. 뿐만 아니라 어떤 분야는 우리가 세계를 선도한다. 해외에서 우리의 동향을 파악하려 혈안이다.

출장이든 연수든 해외로 나간다면 소중한 기회니 자신의 안목과 견문을 넓히는 수단으로 활용하라. 직장인의 신분으로 해외에 나가보면 예전에 안 보이던 것들이 보인다. 저들은 왜 저렇게 할까? 우리도 도입하면 비용을 상당히 줄일 수 있겠는데…. 아니면 우리가 고민하고 있던 애로사항을 저들은 저렇게 해결하고 있구나 하고 무릎을 칠 때도 있을 것이다. 막상 겪어보지 않으면 깨닫지 못할 것들이다.

그러한 측면에서 보면 공무원들이나 정치인들의 해외 연수도 국가적으로 많은 도움이 될 것이다. 무엇을 보러 가든, 정책 입안이나 입법 과정에서 고민이 있었으면 우연한 기회에 좋은 아이디어라도 챙겨올지 누가 알겠는가? 그러기 위해서는 사전에 많은 준비가 필요하다. 준비한 만큼 많이 보인다.

돌이켜보면, IMF사태가 터지자 세계화가 미진해 그런 불상사가 벌어진 것처럼 모든 기업들이 글로벌화를 외쳤다. 당시 베스트 프랙티스(Best Practice, 세계 최고의 성과를 얻은 운영방식)니 글로벌 스탠더드(Global Standard, 세계에서 통용되는 기준) 같은 관련 구호와 이벤트가 봇물처럼 터져 나왔다.

내가 몸담았던 회사도 외국계 컨설팅 회사를 통해 선진 시스템을 도입하고자 TF팀을 구성해서 작업에 들어갔다. 내가 팀장을 맡았고 팀원도 구성됐다. 실제로 업무를 시작하기 전에 미국 기업에서 도입해 실무에 사용하고 있는 시스템을 벤치마킹할 것을 컨설팅사로부터 권고를 받았다. 팀원 전체의 해외 출장을 최고경영자로부터 승인을 받았다. 기간은 단 1주일. 컨설팅사에서 일정을 만들어왔다. 거꾸로 내가 물었다. 그들이 우리가 궁금한 걸 보여줄 수 있는지.

최선을 다하겠다는 대답뿐이었다. 나는 나름대로 보여주지도 않을 시스템을 보기 위해 시간을 낭비할 순 없다고 생각했다. 방법론은 컨설팅사에서 제공하는 것이고 결국에는 우리 스스로가 내용을 만들어야 하는 데 말이다. 그렇게 생각하니 답이 나왔다.

일정을 조정해서 방문 기업에서 보여주는 대로 설명을 듣고 불필요한 곳은 방문하지 않는 것으로 시간을 최소화했다. 물론 사전에 질문지도 보내서 그들이 답해줄 수 있는 사항을 미리 파악하고 있었던 터였다. 현장에서도 그 이상의 답변은 듣지 못했다.

아무튼 팀원들이 몇 개월은 고생을 많이 해야 했다. 이들이 언제 미국 출장을 갈 수 있을까? 처음이자 마지막인 직원들도 있을 것이다. 이 기회에 팀원들의 안목을 넓혀주자. 고생에 대한 보상을 미리 해주는 게 좋다고 생각했다.

결론적으로 11명 팀원 전원이 플로리다의 키웨스트(Keywest)까지 다녀왔다. 미국인도 일생에 한 번 가기 어려운 미국 최남단의 섬. 준비한다고 나름대로 혼자서 고생을 많이 했다. 사전에 정보가 새어나가지 않도록 컨설팅사에게 입막음을 단단히 시키고, 호텔과 항공권을 예약하고, 현지에서 이용할 버스도 사전에 예약하는 등 혼자 북 치고 장구 치고 정신없이 준비했다. 물론 팀원들이 고생한 덕에 시스템을 무사히 회사에 접목시켜 업계 최초로 가동했다. 그 많은 고생을 해도 어느 누구도 불만을 토로하지 않고 밤샘 작업을 밥 먹듯이 하면서 성공시켰다.

어떻게 보면 회삿돈으로 직원들이 사적 관광을 하지 않았느냐고 비난할 수도 있겠지만 어려운 임무를 완수한 데에 대한 포상이라고 생각하면 간단하지 않겠는가? 물론 책임은 전적으로 나에게 있다.

그때 고생했던 직원들을 고맙게 생각한다. 회사가 어려운 시기에 동요 없이 맡은 바 책임을 다해줘서. 요즘도 그들을 가끔 보게 되면 당시의 이야기를 한다.

일의 기술

상사의 숨은 뜻을 잘 찾아 기획을 통해 임무를 완수하는 것이 일의 과정이다. 일의 종착점은 의사 결정을 이끌어내 목적한 바를 달성하는 것이다. 프레젠테이션은 의사 결정을 이끌어내는 중요한 수단이다. 기획에서 의사 결정까지, 그리고 프레젠테이션으로 바람직한 결론을 도출할 때까지 단계별로 기술이 들어간다.

Back To The Basic

직장에서 '기본에 충실하라'는 말을 가끔 듣는다. 많은 사람들은 당연시하면서 무심히 들어 넘긴다. 그러면서 또 기본적인 실수를 저지른다. 부자연스럽게 웃으면서 죄송하단다. 조그맣고 사소해 보이는 기본이 갖추어지지 않아 큰일을 망치게 되는 경우를 흔치 않게 본다. 이러한 기본은 그야말로 기초라서 당연히 갖추고 있겠지 하는 막연한 믿음에 따라 놓치고 잘 체크하지 못하는 경향이 있다.

회사에서 어제까지만 해도 멀쩡히 잘 사용하던 컴퓨터가 갑자기 작동을 하지 않는 경우가 있었다. 옆자리 동료 컴퓨터는 잘 되는데 내 컴퓨터만 먹통이다. 컴퓨터 뒷면의 각종 배선이 제대로 꽂혀 있는데 모니터도 들어오지 않고 전원을 껐다 켜다를 수십 번 해도 작동이 되지 않아 기사를 불렀다. 기사가 이리저리 살펴보더니 콘센트에 파워케이블이 빠져 있단다. 아뿔싸! 어제 청소를 하면서 파워케이블을 건드렸나 보다. 그렇다. 전자기기의 가동을 위한 기본 중의 기본인 전기가 컴퓨터에 공급되지 않는 줄 모르고 원인을 찾는 멍청한 짓을 했던 것이다.

회사에서는 의외로 기본이 갖춰지지 않아 큰일을 망치는 경우가 왕왕 있다. 기초공사가 부실하면 다리가 무너지고 백화점이 붕괴한다. 건설공사나 집을 건축할 때 기초라 함은 쉽게 이해되지만, 회사일에서는 도무지 종잡을 수가 없다. 어떻게 보면 무엇이 기본인지조차 알 수 없는 사안들도 있다.

기본에 충실해야 한다는 말의 의미는 알겠는데 도대체 무엇이 기본이란 말인가? 맞다! 도통 무엇이 기본인지 모르겠다. 생각하는 사람마다 다를 것이다. 직장인으로서의 기본은 과연 무엇일까? 제일 중요한 것은 무엇보다도 기본예절일 것이다. 인사를 잘하고 겸손하며 상사의 말을 경청하고, 지각을 하지 않으며, 깔끔하게 신변을 정리하는 이러한 것들이 기본에 속한다.

다음으로는 직장에 입사할 수 있는 평균적인 소양을 거론할 수 있을 것이다. 암묵적으로 우리 회사에 입사할 수준이면 이 정도는 기본으로 갖추어야 하는데 그것이 부족하다고 느꼈을 때 상사가 부하 직원에게 기본이 안 되어 있다고 할 수 있다.

하지만 기본에 충실하라는 말의 의미는 그 정도에서 그치는 게 아니다. 중요한 것은 자신의 임무에 관한 것인데 과연 그 임무의 기본이 무엇인지 정확하게 알고 있는 사람은 몇이나 될까? 자기가 하고 있는 일의 기본이 무엇인지 모르는 사람에게 기본에 충실하라고 한다면 난센스다. 기본이 무엇인지 모르는데 어찌 충실할 수 있겠는가? 기본을 파악하는 게 기본에 충실하기 위한 출발점이 되어야 하지 않겠는가?

일의 기본을 알려면 내가 속해 있는 조직의 사명선언문(Mission Statement)을 작성해보고 거기서 내가 맡은 바가 무엇인지를 살펴보는 것도 기본을 찾는 좋은 방법이다. 일을 잘하는 사람일수록 기본을 확실히 파악하고 있다. 그래서 아무리 시간이 촉박하더라도 기본이 튼튼하기 때문에 실수가 적고 핵심을 빨리 파악하게 되는 것이 아닐까?

아무튼 일이란 맡은 사람의 분야와 직종에 따라 수많은 종류가 있다. 따라서 자기 일의 기본을 스스로 찾아서 간과하고 있지는 않은지 수시로 체크하고 다져나갈 수밖에 없다. 기본에 충실하라는 말은 결국 기본을 체화시켜 일을 하는 과정에서 소홀히 하지 않게 자기 검열을 하라는 뜻이 아니겠는가?

지시에 숨어있는 속뜻 제대로 읽기

회사 일을 하다 보면 상사의 말과 뜻이 달라 난감한 경우가 있다. 어떻게 보면 커뮤니케이션 문제일 수 있으나 딱히 그런 것 같지도 않다.

상사와 부하가 지시하고 지시받으면서 마치 숨은 그림 찾기 놀이라도 한다고나 할까? 상사가 다분히 의도적으로 그런 분위기를 만들기도 한다. 또 지시하는 사람이 지시내용을 잘 몰라서 그런 경우도 있고, 지시자도 윗분으로부터 지시를 받았는데 속뜻을 파악하지 못해 혼선을 빚는 경우도 있다.

상사가 엄격하고 권위가 있을 때 그런 현상이 주로 나타난다. 아랫사람은 그런 상사를 대면하기 매우 어렵게 생각하기 때문에 지시를 받을 때 궁금한 게 있어도 물어보지 못하기 때문이다. 그냥 "네네. 잘 알겠습니다. 지시대로 하겠습니다." 무슨 지시를 받았는지도 모르고 알아서 잘 하겠단다.

이를 다시 부하 직원에 전달하면서 일을 시키니 직접 일을 해야 하는 그 직원은 신도 아니고 독심술이 있는 것도 아니어서 코끼리 다리 만지기식으로 일을 할 수밖에 없다. 속뜻을 모르면 다시 가서 물어보면 될 텐데 그렇게 되지 않는 게 현실이다. 다시 물어보면 꼭 무능을 드러내는 기분이 들어서 더욱 그런 모양이다.

그런데 거꾸로 생각해보라. 지시 내용을 제대로 파악하지 못해 일을 망치는 것보다 모르거나 의심스러운 것을 다시 물어 업무를 제대로 처리하는 직원이 더 낫지 않은가? 특히 지시하는 상사도 위로부터 지시받은 내용을 잘 파악하지 못해 뭘 해야 할지 모르는 때가 있다. 이때는 무조건 다시 물어 내용을 구체적으로 파악하고 진의를 알아내야 한다.

업무를 처리하면서 절대 지레짐작으로 해서는 안 된다. 기업은 힘을 지닌 집단이다. 일이 자칫 잘못 처리되었을 경우 그 여파는 당사자의 생사여탈에 영향을 미칠 만큼 의외로 크다. 잘못된 것을 되돌리려면 갑절의 노력과 비용이 소요된다는 사실을 명심하고 또 명심해야 한다.

기획은 만사의 출발점이다

직장인에게 '기획'이란 단어는 생소하지 않다. 상사에게 "김 대리, ○○○에 대한 기획안을 만들어 모레까지 가져오세요!"라는 주문을 한번쯤은 받아보았을 것이다. 보다 구체적으로 방향을 제시하는 경우도 있고 결론을 주면서 그것에 맞춰 작성해야 하는 경우도 있다.

직종과 직무에 구분 없이 우리는 스스로 기획에 매여 하루하루를 보낸다. 어떻게 보면 일 자체가 기획을 전제로 진행된다고 봐야 한다. 어떻게 시작하며, 무엇을 활용할지, 예산의 범위는 어느 정도로 할지, 타깃을 누구로 할지, 효과는 얼마나 거둘까, 혹시 걸림돌은 어떻게 되나, 끝을 어떻게 맺을 것인가 등등 모든 게 기획의 과정이다.

자신의 업무가 기획의 일환임에도 기획안을 만들라고 하면 누구나 어렵게 생각한다. 이는 추상적인 영역을 구체화하는 것 자체가 어렵게 여겨지기 때문일 것이다. 예컨대, 신상품 개발 방안, 인력효율성 제고 방안, 경비 절감 방안, 우량고객 공략 방안, 생산성 제고 방안, 원가절감 방안, 불량률 최소화 방안, 업무 절차 간소화 방안, 휴면고객 활성화 방안, 수송비 절감 방안 등은 머릿속에 있는데 막상 작성하려면 쉽지 않다.

말로는 설명을 잘하면서 그대로 기획안으로 작성하라고 하면 머뭇거리는 경우도 있다. 말은 잘하는데 글을 못쓰는 것과 다를 바 없다. 작성 방법에 대한 훈련이 부족하고 방법을 가르쳐주는 사람도 없기 때문에 더욱 그럴 것이다.

나의 경험에 비춰 나름대로의 방법을 여기서 소개해보겠다. 어디까지나 나의 개인적인 방법일 뿐이다. 먼저 '기획'이란 무엇인지 정리해보자. '기획이란 어떤 대상을 놓고 그 대상의 변화를 가져올 목적을 확인하고 그 목적을 성취하는 데 가장 적합한 행동을 설계하는 것을 의미한다.' 기업의 측면에서 보면, '기획이란 기업이 기존의 상태(현상)를 보다 바람직하게 변화시키고자 정책 의사 결정 과정에서 설정된 막연한(추상적인) 목표를 근거로 명확한(구체적인) 목표를 다시 설정하는 한편, 그 목표를 달성하기 위해 가장 효과적이고 적용이 가능한 방법을 적극 개발 선택하는 업무 활동을 의미하는 말이다.'

요컨대, 추상적인 목표를 실행 가능한 방안으로 구체화하는 작업이 곧 기획이다. 나의 경험을 토대로 기획안의 구성 요소를 정리해본다.

첫째, 현상을 분석한다.

기존 상태에 대한 분석을 통해 무엇을 변화시켜야 할지를 도출한다. 통상 이 부분은 생략하기도 한다.

둘째, 추진 목적을 분명히 설정한다.

추진 목표는 100자 이내로 정리해 슬라이드 1장 정도로 요약

한다. 이 슬라이드로 기획안이 의도하는 목적을 명확히 알 수 있어야 한다. 기획안 중에서 가장 중요한 부분이다.

기획안을 작성하는 사람이 이를 명확히 설정하지 못하면 다음은 어디로 갈지를 모른다. 기획이란 추상적인 목표를 구체화하는 과정이기 때문에 목적이 구체화되지 않으면 안 된다.

셋째, 추진 방향을 설정한다.

기획 목적을 추진하기 위해 추진 방향을 5가지 이내로 설정한다. 슬라이드의 경우 3장 이내로 한다. 이는 구체적인 실행 계획을 도출하기 위한 중간 단계로 추진 방향이 구체화될수록 기획안의 실행 가능성이 높아진다. 추진 방향과의 연관 관계를 설명하는 목적 달성의 흐름도를 추가하면 금상첨화이다. 여기까지면 기획안이 거의 완성된 것이나 다름없다.

넷째, 세부 추진 사항을 작성한다.

추진 방향별로 세부적으로 추진 사항을 구체적으로 작성하면 된다. 즉, 실행 계획이다. 실제로 추진할 때 발생할 사안들을 단계별로 소항목으로 설정해 작성해야 한다. 물론 일을 추진할 때 고려해야 할 제약 요인, 협의 대상의 이해 관계자, 법률적 검토, 소요 비용, 소요 인력, 준비 사항, 업무 분장 등 제반 사항을 점검해 빠짐없이 언급해야 한다. 기획안의 본론이다.

투자 계획, 매출(생산) 계획, 비용 계획 등 사업 수지는 별도로 작성해도 된다.

다섯째, 추진 일정을 작성한다.

추진 과정을 이벤트 위주로 시계열로 작성하면 된다. 추진 일정을 작성하면 기획안의 성공 여부를 스스로 판단할 수 있을 것이다. 추진 일정을 감안해 앞에서 작성한 사항들을 수정해가면서 실행 계획을 확정하면 된다.

여섯째, 주요 이슈 및 해결방법을 정리한다.

기획안을 추진하다 보면 여러 걸림돌이 나타난다. 이러한 문제를 어떻게 해결할지를 이슈별로 정리하고 해결방법을 서술한다. 특히 경영진이 이 과정에서 어떠한 역할을 해야 하는지를 명시해놓는다.

마지막으로 기획안의 추진 효과를 정리한다.

기타 법률적 근거, 추진 절차, 업계 동향, 추정 재무제표 등을 첨부한다.

내가 만들었던 많은 기획안은 사안에 따라 제목은 달랐겠지만 전체 구성은 언급한 대로의 구조였다. 기획안을 작성할 때 가장 중요한 포인트는 '기획안의 내용은 가능하면 함축적인 의미를 지닌 간단명료한 단어를 찾아 작성한다'는 것이다.

프레젠테이션은 의사 결정을 이끌어내는 도구

직종과 직무에 관계없이 조직 생활의 대부분은 아마 프레젠테이션 또는 보고가 중요한 부분을 차지할 것이다. 회사에 입사하면 신입 사원 연수 때부터 분임 토의나 브레인스토밍을 하면서 그 결과를 토대로 프레젠테이션을 하게 된다.

프레젠테이션을 두려워하는 사람들이 의외로 많다. 자신을 처음으로 알리거나 자신이 한 일의 결과를 평가받는 자리이기 때문이다. 프레젠테이션을 하다 보면 단순한 질문에도 자연스럽게 답하지 못하고 자꾸 머뭇거리며 답변을 잘 못해서 낭패를 보는 경우가 많다. 일의 내용이나 본질보다 설명을 잘하거나 못하거나 언변의 능력에 따라 성공 여부가 좌우되는 웃지 못할 상황도 있다. 프레젠테이션은 이래저래 중요하다.

특히 고객 앞에서 하는 프레젠테이션에서는 실수 하나가 치명적인 결과를 초래할 수 있다. 수도 없이 연습하고 모의 질문지를 만들어 질의응답으로 완벽에 가까운 준비를 해도 엉뚱한 질문 한마디에 휩쓸려 당황하는 사례도 적지 않게 보았다.

물론 프레젠테이션에서는 발표자가 발표를 잘해야 한다. 그것은 기본이다. 하지만 가장 중요한 것은 무엇보다도 자료이다. 자료로 인해 엉뚱한 질문이 유발되고, 답변에서 상대방을 오히려 혼란스럽게 하기도 한다.

슬라이드 작성을 도와주는 전용 소프트웨어가 다양하게 있을 정도로 프레젠테이션은 일반화되어 있고 여러 분야에서 필수가 되었다. 특히 이러한 소프트웨어를 잘 사용해 프레젠테이션의 격을 높이는 것은 세일즈맨에게 지대한 관심사다. 원래 프레젠테이션 소프트웨어는 세일즈맨 용도로 개발되었다고 한다. 훌륭한 프레젠테이션의 지침을 소개하겠다.

첫째, 프레젠테이션 자료는 간단명료해야 한다. 한 슬라이드에 다섯 줄 이내로만 표현하고 나머지는 발표자의 스피치로 전달한다.

둘째, 슬라이드 활자 크기는 50포인트 이상으로 보는 사람이 피로하지 않게 편안하게 볼 수 있도록 만들어야 한다. 프레젠테이션은 보여주기 위한 것이다.

셋째, 그래프는 한 슬라이드에 한 개만 삽입한다. 그래프가 많으면 가독성이 뚝 떨어진다. 두 개로 비교해야 할 때는 두 장의 슬라이드로 비교해서 보여주는 테크닉을 사용한다.

넷째, 총 슬라이드 수는 10장을 넘지 말아야 한다. 아무리 좋은 내용이고 재미있는 설명이라도 10장 이상 넘어가면 사람들이 지루해 하고 산만해지며 정작 결론에 이르러서는 집중력이 떨어지게 된다.

다섯째, 결론은 한 문장으로 정리해 참석자들이 큰 이견을 내지 못하도록 유도하고 끝낸다. 발표 시 자세한 사항은 실무 협의를 거쳐 정하겠다고 언급하면서 마무리한다.

대부분 회사에서 프레젠테이션의 내용은 참석자들이 숙지하고 있어 그만큼 질문할 게 많아진다. 빨리 질문을 받아 궁금증을 해소해야 찬성하든지 반대하든지 결정할 수 있다.

그런데 이러한 본질적인 핵심을 무시한 채 주저리주저리 다 아는 내용을 설명하다 보면 정작 중요한 사항은 빠뜨리고 시간에 쫓겨 다음에 다시 논의하자는 식으로 끝나는 경우가 자주 있다. 프레젠테이션의 실패다.

모인 사람들이 다 바쁘다는 것을 명심하라. 얼마나 한심한 일인가? 자사 제품에 관심이 있는데 너무 자세히 설명해 장점을 전달하다 보면 참석자들이 시간을 빼앗기게 되고 조급한 나머지 묻고 싶은 것도 묻지 못하고 자리를 떠나야 하는 경우가 있다. 실무자들은 바쁘고 상급자들은 세부 사항을 모르니 변죽만 울리고 끝나버리는 것이다.

프레젠테이션의 목적은 설명을 잘하는 데 있지 않다. 의사 결정을 이끌어내는 데 목적이 있다. 따라서 프레젠테이션 과정 중에 반드시 살펴야 할 일이 있다. 청중들의 반응이다. 특히 참석자 중 의사 결정권자가 있으면 그 사람의 반응을 집중적으로 살펴야 한다. 의사 결정권자의 관심도에 따라 결과가 달라지기 때문이다. 어느 조직이든 의사 결정권자는 만나기 힘든 사람이다.

기회가 왔을 때 의사 결정권자의 관심 사항을 집중적으로 설명하고 질문을 유도해 직원들로부터 의사 결정권자가 이 제품에 관심을 갖고 있다는 것을 각인시켜야 한다. 순간적 상황에 임기응변식으로 대응하기 위해서는 앞에서 설명했듯이 자료를 간단명료하게 핵심만 실어야 한다. 그래야만 발표자가 설명 방향을 스피치로 조절할 수 있다.

일은 머리로 하지만 결정은 가슴으로 하는 것이다. 직장인들이여, 일의 최종 종착점은 상대를 설득해서 본인이 하고자 하는 바를 성공시키는 데 있다. 고객이든 상사이든 누가 되었든 최종 의사 결정권자의 결정을 도출해내는 과정 하나하나가 일이다.

일의 과정에는 여러 경로가 있겠지만 가장 중요한 것은 말로 표현하면서 상대를 설득하는 것이다. 프레젠테이션이야말로 상대를 설득하는 최고의 수단이다. 사람이 자료만 보고 이해하는 데는 한계가 있다. 결국 설명, 프레젠테이션이 곁들여져야 그 의미가 가슴에 와닿게 된다. 일은 머리로 하지만 결정은 가슴으로 한다. 가슴을 감동시키는 것이 말이다. 프레젠테이션이란 자료화한 지식뿐만 아니라 자료의 진정성과 효용성을 말을 통해 감정이입을 시키고 전달하는 것이다. 물론 말을 잘해야 한다.

달변은 타고난 능력일 수 있지만 연습을 통해 숙달할 수 있다. 프레젠테이션 할 내용이나 결재받을 사안을 충분히 숙지하고 사전에 스피치 연습을 철저히 해 막힐 여지가 있는지 점검해야 한다. 가끔 부하 직원들이 결재를 맡으러 왔을 때 내용을 물어보면 자세하게 답변하지 못하는 경우가 있는데 이는 기본적으로 결재받을 자세가 안 되어 있는 것이다. 내용 파악은 기본 중의 기본이다. 내용을 충분히 숙지해야만 설명을 할 수 있고 질문에 답할 수 있다. 나아가서 단지 결재받을 내용만 단순히 암기해서는 의미가 없다. 설명할 사안을 정확하게 꿰뚫어 보고 제기될 이슈를 예상하면서 본질을 파악하는 능력을 가지고 막힘없이 자신의 생각으로 일관된 주장을 펼쳐야 한다. 이를 위해서는 책을 많이 읽어 생각의 깊이를 키우고 다양한 방법으로 설득할 수 있게 해박한 지식을 갖추어야 한다.

직장인들이여! 일을 잘하려면 달변도 중요하다. 주위에 달변가가 있으면 벤치마킹해 열심히 연습하라. 성공의 요소 중 하나이다.

관계의 기술

누구와 대화를 나누든 항상 성심성의껏 말을 들어주라. 어느 자리에 누구를 초대하든 점심 값은 내가 낸다는 생각을 가져라. 당신을 좋아하는 사람들이 도처에 생겨나 인간관계가 몰라보게 달라져 있을 것이다. 사람과 사람의 관계는 의외로 사소한 것에서 깊어진다.

말을 많이 할 게 아니라 소리를 많이 들어라!
인간은 말을 듣지 못하면 말을 하지 못한다. 말은 입으로 배우지 못하고 눈으로 배우지 못한다. 귀로 말을 들어야만 말할 수 있다. 매우 심오하다. 듣지 못하면 말을 할 수 없다는 게…. 상대방의 의견을 경청하지 않으면 자기 의견을 낼 수 없다는 뜻이 아닌가?

누구에게나 마찬가지겠지만 사람은 자신의 이야기를 제3자에게 들려주기를 좋아한다. 자신의 이야기를 들어주면 동질감을 느끼는 게 나만 그런 것일까? 내가 여기서 하고 싶은 말은 직장 생활에서는 말을 많이 하기보다는 상대의 말을 많이 들어주라는 것이다.

사실, 나는 내가 말을 잘하지는 못한다고 생각하기 때문에 다른 사람들의 소리를 주로 듣는 편이었다. 아마 그것이 나의 직장 생활에 많은 도움이 되었던 것 같다. 약점이 장점으로 작용했던 것이다. 인간관계에서 상대방의 호감을 살 수 있는 방법 중 하나가 그 사람의 말을 잘 들어주는 것이다. 가만히 들어만 주어도 말하는 사람은 자기 말을 들어주는 그 사람에 대한 친밀도가 높아질 뿐만 아니라 좋은 정보도 쉽게 들려주게 된다.

나의 주니어 시절에 상사든 직장 선배든 나를 붙잡고 한두 시간씩 자신의 이야기를 들려주곤 했다. 그런데 그것이 자신의 약점(?)을 들추는 것인 줄도 모르고, 아니면 중요한 일처리들을 마치 무용담처럼 들려주니 나는 얼마나 좋았겠는가? 간혹 같은 이야기를 두세 번씩 들어주어야 하는 고통도 있었지만 처음 듣는 것처럼 반응해주면 더 많은 얘기를 줄줄 들려준다. 말을 많이 하면 내가 어디서 무슨 말을 했는지도 기억하지 못한다는 것을 그때 깨달았다.

아무튼 직장에서 성공하고 일 잘할 수 있는 방법 중 하나가 바로 '듣기'이다. 사람들은 자신의 이야기를 남이 들어주면 좋아한다. 특히 같은 직장에 근무하는 사람들은 비슷한 수준이라서 서로 잘났다고 여긴다. 그래서 상대방의 말을 잘 들어주지 않는다. 조금만 이야기가 길어져도 "그것은 잘 알겠고, 나는 이렇게 생각한다"라며 말을 끊어버리는 경우가 허다하다. 그러면 상대방도 듣고 있다 허점을 찌르고 또 말을 잘라버린다. 마치 말하기 배틀(Battle)이라도 하는 모양새다. 이때 지긋이 들어주는 사람이 있으면 바로 자기편이라고 생각하고 무장해제 상태가 되어버린다.

　직장인들이여! 서둘지 말고 말을 들어줘라. 상대가 지쳐 그만둘 때까지 들어줘라. 고개를 한 번씩 끄덕여 주면서…. 그러면 모두 당신편이 될 수 있고 수많은 정보도 얻을 수 있다. 일도 술술 잘 풀릴 것이다.

점심 식사비는 무조건 부담하라

직장인들이 가장 많이 고민하고 결정에 애로를 겪는 게 있다. 식(食)이다. 바로 점심 식사다. 오늘은 누구랑 무얼 먹지? 직장인에게 점심 식사는 큰 역할을 한다. 고객을 설득하는 자리, 상사와 상담하는 자리, 다른 팀 직원과 업무를 협의하는 자리, 동료와 담소하는 자리, 다른 팀에 로비하는 자리, 부하 직원을 다독거리는 자리, 친구를 만나는 자리, 건전치 못한 만담도 점심 식사 자리에서 이루어진다. 이는 곧 점심시간을 기회로 활용할 수 있음을 의미한다. 시간에 쫓기고 저녁 술자리가 부담스러운 직장인에게 점심시간 활용법은 매우 중요하다.

　나는 점심시간을 이용해 직원들을 사귀고 업무 파악을 했다. 특히 새로운 조직에 부임해서는 모든 직원과 최소한 한 번씩은 점심 식사를 같이 했다. 직원이 많든 적든 그것은 문제가 되지 않는다. 직원이 많으면 시간이 좀 더 걸리고, 적으면 직원과의 대화 시간이 길어질 뿐이다. 이를 통해 많은 정보를 얻고 친숙한 관계를 형성한다.

주위에 보면 거의 같은 직원들하고 한 팀을 이뤄 점심 식사를 하는 사람들을 많이 본다. 아마 직장인들의 전형적인 모습일 것이다. 참 낭비다. 점심 식사가 꼭 다람쥐 쳇바퀴 돌 듯 한다. 어떤 상사들은 식사비가 아까워 부하 직원과의 자리도 잘 만들지 않는다. 이런 상사를 놓고 부하 직원들은 뭐라고 하겠는가? 한술 더 떠서 혼자 식사하는 상사도 있다. 더 이상 안 봐도 그 조직의 분위기는 알만하지 않겠는가?

폐일언하고, 식사비는 무조건 내가 낸다는 생각으로 점심 식사에 직원들을 초대하라. 항상 누구랑 무엇을 먹을 것인가 고민하는 직장인들에게 점심 식사 초대는 가뭄에 단비 같다. 거나하게 술 한잔을 사면서 사람을 사귀는데, 점심 식사비 정도로 사람을 얻는다면 얼마나 경제적인가? 부하 직원들 하나하나하고 식사할 때 식사비를 책임지면 알게 모르게 인품을 끌어올릴 수 있다. 그래 봐야 돈은 얼마 안 든다. 술자리 한번 줄이면 그 정도는 충분히 감내할 수 있다. 굳이 비싼 식사를 하지 않아도 된다. 의외로 라면 한 그릇에 감동하는 직원들도 있다

화해는 갑이 먼저 청하는 게 도리

일을 하다 보면 논쟁을 벌이기도 하고 때론 일 때문에 다투기도 한다. 분명 회사를 위해 좋은 방법론을 찾자고 토론도 하고 주장을 펼친다. 하지만 사람은 감정적인 동물인지라 사소한 말 한마디로 서로가 틀어지고 삿대질까지 한다. 서로가 개인적인 감정

이 있어서가 아니다. 서로의 입장 차이 때문이다.

　직장인들은 직장 속에서도 또 하나의 굴레 속에 갇혀버리기 일쑤다. 분명 같은 회사에 근무하지만 자신이 속한 단위 조직에 따라 입장이 바뀌게 된다. 바로 조직 이기주의가 나타나는 것이다. 단위 조직이 추구하는 조직의 이익은 또 다르기 때문이다. 보다 크게 회사 전체를 보면 서로의 합의점이 쉽게 도출되고, 회사의 이익을 위해서 단위 조직이 존재할 텐데 현실은 그렇지 않다. 최고경영자의 입장에서 보면 우물 안 개구리들의 영역 다툼이다. 같은 조직 내에서도 마찬가지다. 본인이 맡고 있는 직무에 따라서 또 이해관계가 갈린다.

　서로 논쟁을 벌이고 토론을 하는 가운데 좋은 합일점을 찾아 신속히 업무 처리를 하곤 한다. 하지만 첨예하게 대립해 합의가 도출되지 않을 때 조직의 장을 맡은 사람은 난감해진다. 누구 편을 들어줄 수도 없다. 어느 쪽이든 그쪽에서 보면 타당한 소리이기 때문이다. 이런 불일치를 조직의 장들이 리더십을 발휘해 해결하지만 극한으로 치닫는 평행선 같은 사안에는 속수무책이다. 세상에는 절대 가치를 주장할 수 없고 명확하게 결과를 예측할 수 없는 일이 비일비재하기 때문이다.

　일을 하다 보면 갈등도 생기고 논쟁을 하다 보면 격해져 사소한 말꼬리를 잡고 늘어지다 얼굴을 붉히고, "알아서 해!" 하고 자리를 박차고 나가기도 한다. 대부분 시간이 지나고 나면 별것 아니었는데 우리가 왜 그랬지 하면서 자연스레 화해를 하곤 한다. 개인적 욕심이 아니라 일을 잘해보려다가 생긴 다툼임을 서로 잘 알기 때문이다. 하지만 너무 첨예하게 대립하거나 서로의 태도에 심기가 상해 감정의 골이 깊어지면 냉랭해지는 기간이 길어지는 사례가 종종 있다.

서로 얼굴을 보지 않을 수 없는 같은 회사에서 몹시 불편할 것이다. 과연 이런 상황에서 누가 먼저 화해를 청해야 할까? 상사나 조직 관계에서 높은 위치에 있는 사람이 화해를 먼저 청해야 한다. 즉 갑이 먼저 손을 내밀어야 진정한 화해가 이루어지는 법이다. 그러나 대개 현실에서 갑의 입장에 있는 사람은 을의 입장에 있는 사람이 먼저 화해를 청해오기를 바라는 경우가 많다. 여기서 갑이라 함은 상사, 나이가 많은 사람, 힘이 센 조직 등을 일컫는다.

단언컨대, 을의 입장에 있는 사람이 먼저 화해를 청해 이루어진다면 갑의 입장에 있는 사람은 기분이 좋고 화해가 되었는지 몰라도 진정한 화해가 아니다. 을의 가슴에는 응어리가 남게 된다. 앞으로의 일을 생각해서 을의 입장에 있는 사람이 어쩔 수 없이 머리를 숙이는 꼴이기 때문이다. 주위에서 부추기기도 한다. 네가 아랫사람이니 먼저 사과하고 화해하라고.

"아니 내가 뭘 잘못했다고 사과까지 하란 말이냐! 내가 옳다고 내 주장을 편 것뿐인데…." 분명 잘못을 저지른 측이 사과하고 용서를 구하는 게 맞다. 하지만 동일한 사안을 놓고 일을 하다 논쟁을 벌였는데, 사실관계를 따져보지도 않고 일방적으로 아랫사람이 화해를 청하게 만드는 경우를 흔히 볼 수 있다. 그때는 이유를 따지지 말고 갑의 입장에 있는 사람이 화해를 청하는 것이 도리이다. 그래야만 진정한 화해가 이루어진다. 이는 인간관계에서도 마찬가지다.

꺼진 불도 다시 보자

여기서 하고 싶은 말은 고객과의 관계이다. 이윤을 추구하는 기업에서는 고객이 수익의 원천이며 누군가는 고객을 관리하며 관계를 맺어나가야 한다. 고객과의 관계 형성은 기업에서 가장 중요하며 조직 단위에서 다양한 툴과 지원책으로 그 활동을 지원한다. 사실, 나는 개인 고객을 접한 경험이 많지 않았고 현장 경험 역시 마찬가지였다. 그래서 일반적인 사항은 접어두고 인상 깊었던 한 사례만을 소개하고자 한다.

지인 중 한 사람의 고객 관리 원칙인데, 자기가 상대했던 고객이 권좌에 있을 때보다 그 자리에서 물러났을 때 더욱 열심히 관리하는 것이다. 가끔 식사를 같이 한다든지 명절에 선물을 보내는 등 소소하게나마 챙겨주며 관심을 계속 불어넣는다고 한다.

대부분의 세일즈맨은 권좌에서 물러난 이전의 갑을 챙기지 못한다. 새로운 권력을 다시 고객으로 확보하기도 바쁘고 비용도 한계가 있기 때문이다. 권력자 시절에는 바쁘거니와 만나자는 사람이 줄을 서서 그 사람과 약속 한번 잡기도 힘들다. 그런데 나의 지인은 조직의 생리를 꿰뚫어 보고 있었다.

조직은 부침이 심하다. 상사가 누가 되느냐 사장이 누가 되느냐에 따라 자리도 바뀌고 실권도 바뀐다. 그 친구는 그런 현실을 너무나 잘 알고 현재의 실력자도 공손히 잘 모시지만 한직으로 물러난 예전의 권력자도 한 번씩 꼭꼭 챙기는 것이다.

날개 부러진 옛 권력자 입장에서 보면 얼마나 고맙겠는가? 갓 떨어진 뒤 아무도 찾아오지 않는 뒷방에 놀러 와주는 그 친구가…. 대부분의 옛 권력자는 와신상담 쿠데타만 노리면서 칼을 간다. 전문적인 영역일수록 부침이 심하고 인재풀이 적기 때문에 부활하는 경우가 종종 나타난다. 열 명 중 한 명이라도 뒤집기에 성공하면 결과는 더 이상 설명할 필요가 없을 것이다. 그것을 정확히 꿰뚫어 보고 선택한 방법이다.

얼마나 훌륭한 고객 관리 방법인가? 사실 챙겨준다는 것도 현직에 있을 때의 10% 정도면 된다고 한다. 그 정도라도 고마워하고 평생 은인으로 여길 정도로 감동받는단다. 현직에 있는 권력자를 그 정도로 감동시키기란 비용을 아무리 많이 들여도 불가능하다고 한다. 그 친구는 은퇴 후에도 상당 기간 그 고객들을 관리하면서 은퇴 생활을 즐기고 있다.

직장인들이여! 세상에서 인정받고 성과를 내려면 남과 같은 방법으로 살아서는 안 된다. 남이 생각 못하는 방법을 찾고 아이디어를 내야 한다. 그것이 곧 자신만의 인간관계 프레임이 된다. 직장에서도 날개 부러진 옛 권력자를 찾아 한 번씩 챙겨봐라. 그 사람이 다시 복권했을 때 아마 당신을 제일 먼저 찾을 것이다. 꺼진 불도 다시 보라! 불씨는 살아있다.

골프, 어렵지만 자신만의 플랫폼을 만들어라

직장 생활에서 사내든 사외든 웬만한 관계를 유지하고 관계를 맺으려면 불가피하게 골프를 하게 된다. 인간관계에서 골프라는 운동이 갖는 장점은 많은 시간을 함께 할 수 있다는 것이다. 라운딩을 하면 최소한 5시간 이상을 상대방과 함께 보낼 수 있다. 무엇을 하든 5시간 이상 한 공간에서 함께 할 수는 없다. 특히 고객과의 관계에서는 라운딩 한 번으로 수많은 기회를 가질 수 있게 된다.

그만큼 골프는 관계를 맺고 그 관계를 원활하게 끌고 갈 수 있는 좋은 수단이다. 하지만 누구나 알듯이 골프는 어려운 운동이다. 어떤 고객과도 골프를 함께 하려면, 실력을 갈고 닦는 각고의 노력을 거쳐 일정한 수준을 익혀야 한다.

> 어제 연습장에서 쫙쫙 뻗은 드라이버샷 생각해서
> 맘먹고 돌리면. 쪼르르 쪼루고
> 오랜만에 파온 하면, 쓰리빳다요
> 한 타 잃더라도 워터해저드 피해 치면, 풍덩이요
> 드라이버 '오잘공' 나오면, 피칭으로 뒷땅이고
> 또 한 번 파온 할라치면, 온탕 냉탕이고
> 앞 벙크 안 빠지려고 집중해서 치면,
> 스윗스팟에 맞아 그린 옆 벙커에 쏙 들어가고
> 1미터 파퍼팅 하려 머리 안 들고 치면, 빳다로 뒷땅치고
> 슬라이스 홀이라 왼쪽으로 서면, 훅 나서 오비고

벙커 넘기려고 힘주면, 생크고

가뭄에 콩 나듯이 버디 한 번 하면, 조커 뽑고

전반 45개 치고 좋다고 맥주 한 잔 마시면,

후반 도로 백돌이 만들고

움직이는 야구공도 잘 치는데 정지해 있는 공 하나 맞히지 못하니 세상에 내 뜻대로 되는 일이 없다. 세상에 내 뜻대로 안 되는 게 세 가지가 있다.

마누라, 자식, 골프! 마누라와 자식은 어쩔 수 없어도 골프만은 내 뜻대로 해보겠다고 작심하고서 그동안의 플레이를 곱씹어 보며 반성하곤 했다. 결국 배울 때 첫 단추를 잘못 끼웠다는 결론을 내렸다. 주말에 한두 번 연습하고 한 달에 한 번 정도 라운딩 할까 말까 하는 주말 골퍼가 온갖 골프 이론은 다 습득해 PGA 프로급의 폼을 따라 하니 잘 될 리가 없다. 그야말로 폼생폼사다. 하지만 골프는 폼으로 치지 않는다. 스윙으로 치는 운동이다. 나 같은 아마추어는 아마추어에 맞는 폼을 지녀야 한다. 하지만 몸에 맞지 않는 옷을 입고 있는 현실을 깨닫게 된 것은 수많은 시행착오를 겪고 난 다음이었다.

체중 이동은 안 되면서 오른발을 들어 억지로 중심 이동을 시키려고 하니 중심이 흔들려 공이 제멋대로 날아가게 된다는 생각을 하게 되었던 것이다. 궁리 끝에 중심 이동을 해서 부드럽게 오른발이 들려야 한다는 만고의 진리를 버리고 아마추어답게 중심이 흔들리지 않게 스윙을 하자고 마음먹었다. 이후로는 과감히 오른발을 땅에 딱 붙이고 힘껏 회전하듯이 스윙을 해보니 웬걸 거짓말 같이 공이 페어웨이 중심으로 똑바로 가는 게 아닌가?

두 번째의 깨달음은 바로 연습 스윙이다. 나랑 같이 라운딩한 사람들은 이구동성으로 연습 스윙은 프로처럼 부드럽게 잘하는데 왜 본 스윙만 하면 힘이 들어가고 머리를 드느냐고 훈수 아닌 충고를 한다. 좋다. 앞으로는 연습 스윙을 하지 말고 바로 쳐보자고 결심하고 실제 라운딩 때 첫 홀부터 연습 스윙 없이 바로 샷을 했는데 거짓말처럼 공이 창공을 가르며 똑바로 날아가는 것이 아닌가. 이로 인해 가끔 캐디들이 불평을 한다. 연습 스윙하는 줄 알고 동반자 채를 챙기려는데 딱 소리가 들려 쳐다보면 공이 어디로 가는지 보지 못한단다.

세 번째는 이미지 트레이닝이다. 지인 중 한 사람은 가끔 함께 라운딩할 때마다 꼬박꼬박 보기를 했다. 무척이나 부러워서 한 번은 클럽하우스에서 식사 중에 물어 봤다. "사장님 연습을 자주 하시나 봐요. 스윙도 안정적이고 매번 보기 플레이는 하십니다. 참 부럽습니다." 그는 싱긋 웃으면서 "방법을 알고 싶나?" 하고 농을 던진다. "연습 많이 하는 것 말고 방법이 또 있습니까?" "그것을 공짜로 알려줄 수는 없지!" 하며 또 웃는다. 나의 심각한 얼굴을 보고 진정성을 느꼈는지 "난 연습장에 안가."라고 한다. 더욱 의아해 정색을 하고 다시 물어보니, "골프란 몸이 기억을 해야 하는 운동이다." "특히 골프는 우리가 평소에 사용하지 않는 근육을 쓰는 운동이기 때문에 이를 단련하려면 꾸준히 연습을 해야 한다." "하지만 우리 같은 월급쟁이야 그럴 시간적 여유가 없지 않은가?"라며 뜸을 들이면서 "몸이 기억하는 것은 곧 뇌가 기억하는 것이지. 그래서 난 뇌를 단련시키는 거야. 매일 시간 날 때마다 눈을 감고 생각으로 스윙 연습을 하고 있지. 이게 바로 이미지 스윙이야. 즉 뇌를 훈련시켜 몸을 움직이게 만드는 것이지"라고 했다. 그 말을 듣는 순간 무릎을 탁 쳤다. '유레카! 바로 이것이다. 게으른 나에게 딱 알맞은 연습 방법 아닌가? 이후로는 연습장에 한 번도 가지 않았다. 퍼팅은 밀어주라고 하지만 그것도 나에게는 거짓말이다. 퍼트로 공을 때려줘야 제대로 간다. 힘 조절도 되면서….

나름대로 이렇게 방법을 터득한 후로는 대체로 보기싱글(보기 기준 싱글. 99타까지이다)은 유지했다. 요즘에는 라운딩하자는 사람도 없지만 그래도 일 년에 한두 번은 나가게 된다. 나름 터득한 기법 아닌 기법 덕분에 항상 보기싱글은 하는 것 같다.

골프가 예민하고 어려운 운동이지만 PGA 프로의 스윙을 하려 하지 말고 자신에 맞는 방법을 찾아 자신의 스윙을 하는 게 최선인 것 같다. 세상일이 다 그렇듯이 남의 옷은 자신에게 맞지 않으니 자신의 체형에 맞는 옷을 스스로 만들어 입어라. 직장인은 보기싱글 정도면 된다. 백돌이는 면해라. 더 잘 치려하지 마라. 싱글치려다가 인생이 싱글되는 경우 많이 봤다.

요즘이야 골프가 대중화되었지만, 우리 세대의 직장인들이 골프를 배울 때는 직장인의 로망이었다. 골프장도 적었을 뿐만 아니라 비용도 상대적으로 비쌌고 사회적 분위기도 가진 자의 유희였다. 그러니 샐러리맨 같은 월급쟁이에게는 그림의 떡이었다. 하지만 한창 대중화되어가던 초기로 기억하는데 내가 고참 과장 정도 되었을 때부터 직장에서도 부장, 차장급에서 많이 시작했다.

내가 처음 골프를 배우기 시작한 것은 과장 때였다. 말이 시작이지, 연습장에 가서 폼을 배우고 연습하던 것을 말한다. 그때부터 중년층에 접어든 직장인들이 골프를 서서히 시작했다. 직장인이 골프를 배우려면 주말 아니면 출근 전 새벽 시간을 이용할 수밖에 없다. 퇴근 후는 야근이 많아 연습장을 찾기가 쉽지 않다.

내가 처음 배우기 시작한 때는 11월이었다. 새벽 5시까지 연습장으로 가서 1시간 정도 연습하고 회사 앞 목욕탕에 들러 샤워하고 출근하기를 두어 달쯤 했을 때까지도 코치는 7번 아이언으로만 치라고 한다. 별로 가르쳐주는 것 같지도 않고 옆에서는 드라이버 치는 소리가 뻥뻥 들려 코치에게 드라이버 치는 법을 가르쳐달라고 하니 아직 멀었다고 한다. 지금 드라이버를 치면 아이언 폼이 무너진단다. "개뿔, 아이언도 제대로 맞지 않는데 무너질 폼이나 있나." 괜스레 속으로 불만을 털어놓곤 했다.

물론 한 달 만에 선배 형이 머리를 올려주었다. 내가 골프를 시작했다는 소리를 듣고 먼저 라운딩을 해봐야 어떻게 연습할지 알 수 있다면서…. 물론 첫 라운딩 때 산으로 들로, 헛스윙에, 뒷땅의 연속이었지만 그것이 시작이었다.

3개월 만에 코치를 물리고 자율 학습을 시작했다. 7번만 치다 보니 다른 채가 궁금해졌다. 피칭도 들고 9번 아이언도 들고 한 번 쳐봤다. 그런데 의외로 잘 맞지 않는가. 그래서 곰곰이 생각해

봤다. 아하 긴 채를 치니 짧은 채는 쉽게 치게 되는구나! 그래서 꾀가 났다. 내가 가지고 있는 채 중에서 제일 긴 것을 보니 4번 채였다. 그때부터 아이언 4번을 들고 휘둘러대기 시작했다. 뒤땅 아니면 탑핑 아니면 생크가 나기 일쑤였고, 어떤 때는 공이 뒤로 갔다.

골프에서 안 좋은 온갖 샷은 다 나왔다. 참 어렵다. 일주일이 지나니 열 번 중 한 번꼴로 중심 30도 각도 이내로 볼이 날아가기 시작하더니 한 달쯤 되니 확률이 절반 정도로 올라간다. 석 달쯤 씨름하니 확률이 80% 수준에 도달했다. 얼마나 고생을 했으면 내 자신이 대견스럽게 여겨졌을까? 그때부터 다른 아이언을 쳐 보니 내 예상대로다. 5번이든 6번이든 7번이든 정말 잘 맞는다. 식은 죽 먹기다. 어디까지나 나의 경험칙을 말하고 있다. 오해 없길 바란다. 지금도 아이언 하나는 잘(?) 치는 것 같다.

그 뒤로 몇 번 라운딩을 하니 드라이버는 꽤 맞는데 우드가 영 안 맞는다. 연습장에서 연습을 해도 영 맞지 않는다. 필드에서 아이어 4번은 잘 맞아 나가는데…. 4번의 비거리가 거의 다른 사람의 우드 비거리만큼 간다. 기억은 잘 안 나지만 열 번째쯤 라운딩 한 후였던가. 열이 잔뜩 받아 집에 와서 우드 세 개를 부러뜨려버렸다.

지금도 우드는 없다. 처음 보는 캐디들은 내가 싱글쯤 치는 줄 안다. 2번, 3번, 4번 온통 아이언만 갖고 있으니 그런 오해를 종종 받는다. 하기야 싱글은 싱글이다. 보기싱글이지만….

골프는 어려운 운동이다. 우리가 평소에 사용하지 않는 근육을 사용하는 운동이라 처음 시작도 어렵지만 꾸준히 연습하지 않으면 금세 표가 난다. 내가 왜 이런 이야기를 하는가 하면, 골프에는 인간사 모든 희로애락이 다 들어 있다. 절대 남이 가르쳐주는 것만으로 골프를 잘 칠 수는 없다. 자기만의 노하우를 만들어야 하는 운동이다. 자신의 플랫폼이 필요한 것이다. 직장에서 일 배울 때와 너무 유사해서 나의 사례를 길게 말하게 되었으니 이해해주기 바란다.

술은 한계를 알고 마셔라!

인간관계 형성에서 빠질 수 없는 게 술이다. 사람을 만나며 관계를 심화시키는 데 술만 한 게 없다. 그러나 술은 사람을 즐겁게도 하고 곤란하게도 만들며 망치기도 한다. 목에 술술 잘 넘어간다고 해서 술이라고 한단다. 유독 우리나라에는 술에 얽힌 이야기가 많고 술만큼 말도 많고 탈도 많은 게 없다. 가능하면 술을 거론하지 않으려고 했는데 직장 생활에서 술을 빼면 그리 할 이야기가 많지 않다.

나의 아내가 자주 하는 말이 있다. "당신은 일 때문에 술 마시는 것이 아니라 술을 좋아해서 마시는 것이다"라는 것이다. 그런 말을 들으니 화도 나고 억울한 생각까지 들어 섭섭하기까지 했다. 내 딴에는 어쩔 수 없이 과음하고 다음날 힘겹게 일어나 출근해 하루 종일 숙취 때문에 고생하는데 한가한 소리를 하느냐고 내심 섭섭해하기까지 했다. 하지만 퇴직 후 지금도 술을 즐겨 찾는 내 자신을 보면 집사람 말이 맞는 듯하다.

아무튼 지금의 직장 문화는 많이 달라졌다고 한다. 예전처럼 술을 강권하거나 억지로 술자리에 합석해야 하는 문화는 사라진 모양이다. 서로 술을 강권하고 술자리도 업무의 연장이라고 자신을 세뇌시키면서까지 술을 마셨던 기억이 아직도 생생하다.

하지만 술은 술이다. 마시면 취한다. 아무리 우리 사회가 술에 관대하다 할지라도 직장인에게 술주정은 최악이다. 술을 마시고 행동을 조심하지 않으면 안 된다. 사람들이 기억하지 못하는 것 같아도 술 취한 후의 행동을 하나같이 모두 기억한다. 아니 술 마신 후의 기억을 퍼즐 맞추듯 복기하는 사람도 반드시 있다.

대개 술을 마시는 동기를 따져본다면 예나 지금이나 비슷할 것이다. 축하주는 승진을 했거나 상을 받았을 때 또는 자식이 대학에 합격했을 때 같이 좋은 일을 축하해주는 술이다. 축하받는 사람으로부터 술 한잔 얻어 마시려고 축하라는 명목을 붙인 것이냐.

위로주는 승진에 탈락했거나, 입찰에 떨어졌거나, 상사에게 큰 꾸지람을 들었을 경우 상대방을 위로한답시고 마시는 술이다. 이때는 대개 위로하는 사람들이 술값을 낸다. 실은 상대방을 위로한다는 핑계로 자신을 위로하는 경우가 많다.

단합주. 회식 자리는 직장인들이 좋아하면서도 싫어한다. 본부 회식, 팀 회식, 끼리끼리 회식, 동기 회식, 동문 회식, 사원 회식 등 종류도 많다. 조직의 회식에는 항상 위계질서가 있다. 상사가 있고 중간 관리자가 있고 사원이 있다. 재미없다. 업무의 연장이다. 참석하기 싫으나 빠질 수 없다. 참석하지 않으면 찍힌다. 이런 자리는 그야말로 업무의 연장이다. 직원은 상사에 아부하고 상사는 임원에 용비어천가를 불러대고…. 하지만 어쩔 수 없다. 조직의 리더가 되면 많은 부하 직원을 거느리며 상석에 앉아 일장 연설을 하는 맛을 만끽하게 된다. 회식은 자칫 상사 한 사람만이 빛나는 자리로 흘러가곤 한다.

단합주는 동기끼리, 사원끼리 직장 상사를 안주 삼아 마시는 술이다. 맛이 최고다. 하지만 조심해야 한다. 입사 동기며 같은 애환을 나누는 동료라 할지라도 꼭 그 자리의 일을 보고하는 사람이 있다. 어떤 직장에서는 그런 자리에서의 뒷담화만 수집해서 보고하는 소위 스파이도 있다고 한다. 직장 상사를 씹더라도 노가리처럼 씹어서는 안 된다. 적당히 양념을 바른 생선구이 정도가 좋다. 씹더라도 약간의 장식을 곁들여 안주 삼아야 한다.

공식주는 말 그대로 회사 업무의 연장이다. 절차와 규칙을 따르는 술자리이다. 여기서는 큰 문제가 발생하지 않는다. 그러나 이후의 자리가 문제다. 이런 자리에서는 꼭 열 받는 사람이 나온다. 그런 자리에는 절대 얽히지 마라. 사장이나 임원들은 공식주 이후의 술자리에서 무슨 일이 일어났는지 반드시 보고 받는다. 공식적인 자리의 연장선상에서 발생하는 사고에는 책임을 따른다고 생각하기 때문이다. 제일 조심해야 하는 술자리이다.

접대주. 그야말로 고객이든 직장 상사든 관계 당국자든 특정 목적을 달성하기 위한 로비성 술자리다. 특히 고객을 만나는 술자리 접대는 중요하고도 중요하다. 이 부문은 뒤에서 다시 한 번 언급하기로 한다.

정기주. 약간 성격이 애매모호한데 딱히 붙일 만한 말이 생각나지 않아 이렇게 불러봤다. 부서 내에서 술자리가 뜸해지면 누군가의 입에서 "한잔 어때!" 하는 소리가 들린다. 귀가 번쩍 뜨인다. 속으로 어찌 그리 내 맘을 잘 알아주는지 부하 직원이라도 되면 귀엽기까지 하다. 나의 아내가 술을 좋아하는 나를 제대로 보기는 한 것 같다.

마지막으로 독주(혼술). 가장 위험한 술이다. 혼자 술을 마시는 사람을 보면 정말 술을 좋아한다는 생각이 절로 들며 혹시 알코올중독자가 아닐까 의심까지 하게 된다. 혼자 술 마실 시간이 있으면 책이라도 보지 않고….

술은 직장 생활에서 필수불가결한 요소로 인간관계 형성의 매개로 사용되고 있는 이상 잘 마셔야 한다. 하지만 달리 잘 마시는 방법은 없다. 자신이 책임질 수 있는 범위에서 마시는 게 최선이다. 술의 절제는 평소 단련을 해야 가능하지, 그러지 못하면 결정적인 순간에 실수를 하게 된다.

접대는 Door To Door!

접대란 손님을 맞아 베푸는 것인 만큼 좋은 뜻이 담긴 단어다. 하지만 요즘 접대란 단어는 왠지 부정적인 의미를 많이 내포하고 있다. 어떤 이득을 얻기 위해 권력이나 영향력이 있는 사람에게 향응을 제공하는 게 접대의 정확한 의미일 것이다. 하지만 기업에서 접대란 주로 고객에 대한 고마움의 표시다. 회사에 많은 이익을 가져다주는 고객에게 감사의 표시로 식사와 술을 대접하거나 골프 라운딩을 같이 하는 것이다. 여기에 술잔치가 들어가고 성접대까지 곁들이면서 대접의 순수한 의미가 퇴색되어 사회적 지탄까지 받게 된다.

고객에게 포인트를 주고 마일리지를 쌓게 하며 상품권을 사은품으로 제공하고, 우수 고객에게는 해외여행을 보내주며, 고객 자녀를 해외 견학시켜 주는 것과 접대의 차이가 무엇일까? 고객을 대접한다는 개념에서 보면 동일하겠지만, 수단의 건전성과 규모의 적절성 같은 사회적 가치 기준을 따지면 분명 차이가 있는 게 아닐까?

그렇다. 고객을 접대할 때는 정도(正道)가 있다.

너무 과해서도 안 되고, 너무 결례를 해서도 안 되고, 너무 소홀해서도 안 된다. 또한 사회적 가치 기준을 벗어나지 않는 정당성 역시 있어야 한다. 그래서 어렵다. 이 대목은 서로의 생각이 다를 수 있어 더 이상 언급하지 않겠다. 각자 판단하기 바란다. 다만 기업의 고객 접대는 경쟁사가 있는 만큼 불가피한 측면이 있다. 아마 접대의 대부분은 식사와 술, 골프 라운딩, 공연 관람 등일 것이다. 접대가 과하면 안 되겠지만 고객의 기여도에 따른 적당한 수준, 즉 법에서 인정하는 테두리에서 사회적으로 용인되는 것이 아닐까 생각한다.

접대하는 사람의 입장에서 한 가지만 얘기하고 끝내겠다. 대접하는 사람이 많은 돈을 들였을지라도 접대받은 사람은 돌아갈 때 자신의 돈으로 택시를 타거나 대리기사를 불러야 한다. 술을 안 마셨더라면, 골프를 안 쳤더라면, 공연을 안 봤다면 내 돈 들어가지 않았을 텐데…. 접대받는 사람도 대개는 월급쟁이다. 나는 항상 후배 직원들에게 이른다. 접대 잘 해놓고 택시비를 주지 않아서 욕먹는다고….

접대 후 택시비 또는 대리기사비를 기사에게 직접 챙겨줘라. 그것은 현금이니 회삿돈으로 안 되겠지만 그 정도는 사비를 들여서라도 제공하라. 더욱 고맙게 여길 것이다. 식사든 골프든 공연관람이든 접대인 경우는 항상 이동수단이나 교통비를 접대받는 쪽이 부담하게 하지 마라. 수백만원짜리 접대를 받았다고 할지라도 택시비로 내 돈 수만 원을 낸다면 아까운 법이다. 대접은 Door To Door!여야만 한다.

돈의 기술

회사 동료들 가운데 강남에 '똘똘한 아파트'를 장만했거나 주식 대박을 친 사람이 나오면 허탈해하는 경우가 있다. 아니 배가 아파 심신이 불편해지기도 한다. 행동할 자신이 없으면 두 번 다시 재테크 타령하지 말고 회사 일이나 열심히 해라! 그래도 당신이 할 수 있는 유일한 재테크다.

재(財)테크는 행동이다

사실 언급하고 싶지 않은 대목이다. 그저 "너나 잘하세요!"라고 말하고 싶다. 언론이나 각종 강연회에서 부동산이 어떻고, 주식이 어떻고 하며 떠드는 소위 전문가라는 사람들이 숱하지만 정작 그 사람들은 자신의 노하우대로 성공했을까? 아마 성공했다면 그 자리에서 강연을 하고 있지는 않을 것이다.

어떠한 방법으로든 돈을 번 사람은 조용하다. 되도록 숨고자 하는 돈의 습성처럼 말이다. 내가 재테크를 운운하기란 격에 맞지 않을 듯하다. 재테크로 성공해본 적이 없기 때문이다. 그런데 운명인가 보다. 우연찮게 내가 아주 좋아하고 존경하는 후배 한

분이 점심 식사를 하자고 왔기에 식사를 하면서 나름 터득한 재테크의 기본 개념을 설명해주는 게 아닌가? 참고로 그 친구는 재테크로 성공한 보기 드문 사람이다. 그가 들려준 이야기를 전하겠다.

그 후배는 대부분 사람들이 재테크를 황금 알 낳는 거위로 생각한다고 말한다. 분명히 재테크도 투입 대비 산출의 효과를 따져야 하는 일이다. 하지만 비용을 투입하든지 불편을 감수하든지 해서 코스트를 치러야 하는데 그냥 돈 놓고 돈 먹는 도박판의 판돈처럼 재테크를 인식한다는 것이다. 예컨대 교통 요지에서 비싼 전세를 사는 친구가 있어 그 전셋값으로 서울 인근 아파트를 사면 2, 3년 내 상당한 시세 차익을 볼 수 있다고 조언을 해주었다고 한다. 그랬더니 그 친구 왈 "나는 직장에서 멀리 떨어진 곳은 싫어. 나는 전철을 타면서 고생하는 것을 안 좋아해!"라고 하면서 말만 앞세우고 행동하지 않더란다.

재테크에는 트레이드오프의 관계가 철저히 적용된다. 나의 불편함, 고통을 투자해야 과실을 얻게 되는 것이다. 후배는 여윳돈이 없는 상황에서 고통을 감수하지 않으면 어떻게 재테크를 할 수 있느냐고 하며 흥분하면서 열변을 토한다.

후배는 또 시드머니(Seed Money)의 중요성을 설파한다. 시드머니는 그야말로 밑천이다. 이렇게 말하면 사람들은 꽤 큰돈일 거라 생각한단다. 하지만 그렇지 않다고 한다. 재테크에도 적은 금액으로 시작할 수 있는 게 많다. 단지 행동할 의사가 없기 때문에 재테크 노래를 부르면서 큰돈이 없음을 한탄만 하는 사람들이 적지 않다. 그러면서 자기도 처음 시작할 때는 분양권이나 입주권 거래부터 시작했다면서 분양권이나 입주권은 그 자체에 프리미엄이 붙어 아주 소액으로 가능한 투자 방법이라고 설명한다.

후배는 재테크를 부도덕하게 여기는 우리 사회의 집단적 사고를 문제시한다. 왠지 재테크로 돈을 버는 행위가 부조리를 저지르는 것처럼 인식된다는 것이다. 섣부른 정의감은 주머니에 집어넣고 행동으로 옮기는 게 중요하다고 후배는 강조한다. 자기가 열 사람한테 좋은 정보를 줘도 월급쟁이들은 절대 따라오지 못한다고 한다. 무엇을 그렇게 따지는지…. 그렇다. 재테크는 행동이다. 주위에는 여전히 재테크거리가 널렸다고 한다. 재테크도 엄연한 경제활동인데 왜 마다하는가?

그러면서 후배는 충고 한마디를 던진다. 재테크도 회사에서 일 잘하는 플랫폼과 똑같다. 어렵게 생각하지 말라. 자신이 기획한 대로 실행하면 된다. 참고로 그 친구도 회사에서 일을 잘했었고 기획 분야를 상당 기간 담당했다. 단 나와의 차이는 그 친구는 행동을 했고 나는 기획만 했다. 행동 하나가 지금 부의 차이를 이렇게 크게 갈라놓았다.

직장인들이여! 재테크는 행동이다. 회사에서 일을 잘하면 재테크도 잘할 수 있다. 단지 그대에게는 행동할 에너지가 없을 뿐이다. 행동하지 못하면 회사일이나 열심히 해라!

한 분야에 집중해야 결실을 본다

요즘도 마찬가지지만 부동산은 늘 중요한 자산 증식 수단이었다. 더욱이 한국 경제가 성장가도를 달리면서 전국이 개발붐으로 몸살을 앓고 있을 때 부동산에 관심을 가졌던 사람이라면 상당한 부를 축적할 수 있었다. 하물며 주거용으로 구입하는 아파트도 하루가 다르게 오르던 시절에는 부동산 투자로 재미 본 직장인들이 꽤 있었다.

나와 함께 근무했던 상사 두 분이 부동산 투자를 일찍 깨우쳐 부를 누리고 있는 사례가 있어 소개하기로 한다. 두 분은 부동산에 집중해 주식 가격이 오르거나 예술품 가격이 움직여도 오로지 부동산에만 투자했다. 어떤 때는 부동산 투기조사 대상자의 명단에 올라 곤욕을 치렀지만 끝까지 부동산에만 올인했다. 두 분의 집념을 보고는 무엇이든 한 분야에 집중해야 성공의 결실을 거둘 수 있음을 절실히 느꼈다. 그분들은 부동산은 배신을 하지 않는다는 말을 입에 달고 살았다. 그러면서 돈만 생기면 부동산에 던졌다.

그래도 우리 때는 주식시장이 급격히 상승했던 때라서 상장기업에 몸을 담고 있으면 우리사주라는 제도를 통해 약간의 목돈을 마련할 수 있었다. 두 분은 일찌감치 사주를 처분해 부동산에 묻어두었다. 나름대로의 기법을 통해 미래 유망한 지역의 땅을 차곡차곡 사들였던 것이다. 결과적으로 주식시장이 하락세로 접어들어 우리사주를 팔지 못한 사람들은 땅을 치고 있었지만, 그분들은 날로 치솟는 땅의 가치를 계산하며 흐뭇한 미소를 짓곤 했다.

두 분의 성공 비결은 선택과 집중에 있었다. 집중을 넘어 집념을 살려가며 투자의 결실을 일궈낸 케이스이다.

건강의 기술

인생에서 건강은 아주 소중하다. 하물며 직장에서야 더 말할 필요도 없다. 당신의 건강이 무너지면 직장에서 설 땅을 잃고, 가족의 보금자리가 송두리째 흔들린다. 이리 치이고 저리 치이며 부딪치는 직장에서 건강은 스스로 챙겨야 한다. 특히 상사와 부하, 동료들과의 관계에서 생겨나는 스트레스는 그때그때 풀어라! 그 방법은 누가 가르쳐주지 않는다. 스스로 알아서 '튼튼한 몸, 건강한 정신'을 유지하는 비법을 찾아야 한다.

때로는 이중생활도 필요
직장인으로 길게 생존하려면 여러 개의 가면을 준비해야 한다. 물론 표리부동해야 한다는 말이 아니다. 수많은 스트레스를 받는 회사에서 행복한 개인 생활을 갖기 위한 불가피한 생존책으로 권유하는 것이다.

회사에서 아주 엄격하고 이치를 잘 따지는 치밀한 사람일수록 가정에서는 유화적이고 다정다감하다. 역으로 회사에서는 그지없이 순종적이고 부드러운 사람이 가정에서는 아주 엄격하고 가부장적이며 독선적이다. 직장인 모두에게 일반화할 수는 없겠지만 그런 경향의 사례를 수차례 목도하고 적이 놀란 적이 있었다.

왜 그럴까?

지극히 인간적인 속성이 아닐까 싶다. 안과 밖에서 시종일관 같은 모습으로 산다면 스트레스로 가슴이 터져버릴 것이다. 자신의 감정을 순화시킬 공간이 없기 때문일 것이다. 지적활동을 하는 인간은 휴식을 가져야 살 수 있는 존재다. 그러나 회사에서나 가정에서나 같은 모습을 유지하는 사람을 본 적이 있는데 자세히 뜯어보면 인간적으로 문제가 있는 경우가 허다했다.

결국 누구나 한두 개쯤의 가면을 갖고 있는 게 어쩔 수 없는 현상 아닐까? 정확하게는 이중생활에 가깝게 자신의 생활을 중화시켜나가지 않을 수 없는 처지인 것이다. 회사에서의 가면과 회사 밖에서의 가면을 달리 쓰면서 자신의 억눌린 감정과 통제된 행동을 풀어야 하는 게 직장인에게는 숙명이나 다름없다.

그러나 여기서 더 나아가 아예 변장술을 쓰는 사람들이 있다. 어떻게 보면 다중인격자라 오해받을 수 있다. 물론 그 사람에게는 생존을 위한 절박한 수단일 것이다. 하지만 자기의 주관이 없고 판단이 없는 줏대 없는 사람으로 보여 이런 부류의 사람들을 회사에서는 좋아하지 않는다. 본인은 환경에 적응하는 카멜레온처럼 생각할 수도 있겠으나 조직은 일관성이 없는 사람을 의외로 꺼려한다.

과거 직장 동료 중에 아주 똑똑하고 제법 일도 잘한다는 소리를 듣는 또래가 있었다. 물론 나도 좋아했다. 하지만 시간이 흐를수록 달라지기 시작했다. 입사 후 3년 정도인가, 제법 자리도 잡았고 확실한 자기 직무도 맡게 되었다. 하지만 주위에서의 평판이 "저 사람은 여기서 이 말하고 저기서 저 말한다." 아니면 "상사의 의견에 따라 상사가 원하는 방향으로 맞장구 치고 자기의 주장이 무엇인지 모르겠다"고 들리기 시작했다. 한마디로 종잡을 수 없는 사람으로 인식되었던 것이다. 나도 그 사람을 좋아하기 때문에 한번은 기회를 내 정색을 하면서 물어보았다. "당신의 진짜 생각이 무엇이냐." "왜 상대에 따라 말이 바뀌느냐." 그는 회사 일에는 정답이 없는 일이 많다고 대답했다. 그래서 각자의 철학과 신념에 따라 상대를 설득하고 토론해서 해결책을 찾아 일을 추진하게 되는 것이라고 했다. 그래서 상대방의 주장에 동조를 하고 맞장구를 치고 있다고 하니 무슨 궤변인지⋯.

정답이 없을수록 자신의 생각을 단호히 주장해서 상대를 설득시키고 토론해야 한다. 그래야 무엇이 문제인지 무엇이 효과적인지를 판별할 수 있게 된다. 나는 변장술을 부리듯이 상대에 따라 본인 생각이 왔다 갔다 하면 기준 없이 사는 게 아니냐고 일침을 놓고 다시는 그 친구와 어울리지 않았다.

변장술로는 회사 문제를 해결할 수가 없다. 단지 개인의 처세술일 뿐이다. 변화에 적응하는 것과 변장술은 다르다. 직장에서 스트레스에 찌든 자신의 생활을 다른 공간에서 푸는 이중생활은 어떻게 보면 필수불가결하다. 이러한 이중생활은 직장인이 건강하게 살아가는 지혜가 아닌가 생각한다. 하지만 분명한 기준에 따라 행동해야 할 필요가 있다. 일을 할 때는 확실한 주관을 지니되 이중적 변화는 퇴근 후 생활에서 스트레스를 푸는 방책에 그쳐야 한다.

적절한 잡기는 스트레스의 특효약

직장일을 하다 보면 불가피하게 스트레스가 따라 붙는다. 일 잘하는 사람이나 일 못하는 사람이나 열심히 일하는 것은 사실이다. 다만 성과가 다를 뿐이다. 스트레스란 심리적·신체적 긴장상태를 나타낸다. 당연히 일과 스트레스는 동전의 양면과 같은 것이다. 스트레스는 만병의 근원이라고 할 만큼 무섭다.

우리나라 사람들이 유독 스트레스를 많이 받는다고 한다. 현재 OECD국가들 중 우리나라 국민의 노동시간이 아마 제일 많은 게 그 방증이 아니겠는가? 우리나라 사람들의 사망률 1위가 암인 것을 보면 유추해 생각해볼 수 있다. 이는 세계에서 유례가 없는 단기 압축성장을 이뤄낸 후유증이라고 할 수도 있겠다. 현재 대한민국이 써내려온 역사에서 인류사상 최초의 기록은 한둘이 아닐 것이다.

돌이켜보면 나는 고스톱을 하면서 스트레스를 많이 풀었던 것 같다. 지금은 많이 달라졌지만 우리 때는 고스톱이 한창 유행이었다. 상갓집에 가도 야외에 나가도 동네 어귀의 평상에서도 고스톱을 쳤다. 정말 한때 국민적 놀이였다.

나도 예외는 아니어서 한 달에 한두 번씩 고스톱 치는 멤버가 있었다. 대략 다섯 명에서 여섯 명 정도 모인다. 고스톱이라고 하면 대개 도박을 떠올리는데 그것은 재미의 차원에서 약간의 금전을 주고받기 때문일 것이다. 하지만 돈 잃고 기분 좋은 사람은 없다.

그래서 우리는 조금 색다른 고스톱을 즐겼다. 누가 말 안 해도 서로가 이심전심으로 스트레스 풀자고 하는 놀이라는 공감대를 갖고 있었다. 우리는 벌레잡이 고스톱이라는 약칭 '벌레 고스톱'을 많이 했다. 화투 48장에 보면 살아 있는 생물들이 그려져 있는데 이를 벌레라고 칭해 5마리를 모으면 그때부터 현금을 주고받는다. 다섯 마리를 모으는 순간부터 정해진 금액(우리는 천 원으로 했다)을 즉시 주고 이후부터는 한 마리 추가될 때마다 정해진 금액을 주고받는다. 물론 점수는 정상적으로 계산하지만 점수는 뒷전이고 벌레잡기가 혈안이 되는 주객이 전도된 게임이다.

벌레 중에는 보이지 않는 게 있다. 흑싸리와 홍싸리 껍데기에는 벌레가 안 보이지만 잎사귀 뒤에 한마리가 숨어 있다. 또한 홍싸리를 보면 커다란 벌레 한 마리가 있을 것이다. 그것은 네 마리로 친다. 뱃속에 새끼 세 마리를 품고 있어 속칭 '돼지'라 부른다.

패를 돌려 게임을 시작하기 전에 표정을 보면 안다. 누가 돼지를 갖고 있는지. 돼지를 갖고 있으면 입가에 미소를 띠면서 "고" 하고 크게 외치며 의기양양해진다. 그러면서 한바탕 웃어젖힌다. 돼지를 먹으려고 홍싸리를 쳤는데 아뿔사, '설사'다. 그때는 천장이 무너져라 하고 서로들 환호한다. 설사한 사람은 얼굴이 벌게지지만 광을 판 사람까지 나머지 사람들은 뭐가 그리 좋은지 복권에라도 당첨된 듯이 좋아라 한다. 역시 남의 불행이 나의 행복인가 보다.

한 순배 돈 후 한사람이 패를 띄우니 홍싸리다. 이번에는 그 사람 혼자서 웃는 소리가 다른 사람들 웃을 때보다 더 크다. 설사한 홍싸리는 벌레가 총 여섯 마리이기 때문에 당장 현찰을 받는다. 벌레값은 현금 박치기다. 점수는 뒷전이다. 서로 벌레를 잡으려고 혈안이다. 어떤 때는 점수가 난 사람이라도 벌레를 만들지 못하면 훨씬 돈이 많이 나간다. 이것이 벌레 고스톱의 묘미가 아닐까 싶다. 한 판 한 판 게임을 할 때마다 웃어젖히는 횟수는 벌레 수만큼 늘어난다. 벌레잡이 몇 순배 돌고 나면 몇 년 묵은 체증이 내려갈 만큼 호탕해진다.

지금도 그 시절을 생각하면 웃음이 절로 나온다. 물론 우리의 벌레 잡는 시간은 자정까지다. 자정이 넘어가면 벌레도 집에 들어가 자야하기 때문에 잡을 벌레가 없어진다. 요즘도 가끔 만나 벌레잡이를 하고 싶은데 잘 안 된다.

그때도 젊은 직원들은 고스톱보다 포커를 좋아했던 것 같다. 지금은 많이 없어졌지만 그때는 상갓집에 가면 밤을 새는 것이 도리였다. 밤을 새면서 한쪽은 고스톱, 한쪽은 포커를 하곤 했다. 가끔씩 부하 직원들이 포커를 하자고 해서 거절하다가도 1년에 한두 번 집으로 불러 장단을 맞춰주곤 했다.

그런데 포커를 할 때는 나 나름대로의 룰이 있어 사전에 직원들에게 다짐을 받는다. 고스톱과 달리 포커는 자칫 도박으로 흐르기 쉬운 게임이다. 게임의 성격상 고스톱보다 판돈의 규모가 크다. 첫 번째 룰은 판돈은 모두 동일한 금액으로 한다. 금액은 그때그때 형편에 따라 같이 정한다. 두 번째 룰은 딴 사람은 딴 금액의 절반을 반납한다. 결과적으로 판돈은 정해진 금액의 절반이 된다. 세 번째 룰은 올인 후 세 명이 남거나 자정이 지나면 게임을 끝낸다. 당연히 판돈은 칩으로 바꿔준다. 그다음 날 서로 웃으면서 딴 사람이 점심 식사 한끼 사면 행사는 종료된다.

고스톱이나 포커도 잘 즐기면 스트레스 해소에 그만이다. 사람에 따라서는 산행이나 스포츠 등 여러 스트레스 해소법이 있겠지만 움직이는 것을 좋아하지 않은 나는 방구석 놀이로 많이 해소한 것 같다.

건강이 무너지면 모든 게 허사

'만사불여(萬事不如) 튼튼'이란 말이 있다. 미리미리 모든 일에 대비해야 한다는 경구이다. 특히 직장인이 일을 하면서 무엇보다도 먼저 불여튼튼 해야 할 것은 자신의 '건강'이다. 기본 중의 기본이다. 하지만 일이 바쁘다거나 아직 젊다는 이유로 건강을 소홀히 하는 사람들을 흔히 본다. 물론 건강염려증까지 가서야 안 되겠지만 자신의 건강은 스스로 지켜야 한다.

직장에서는 1년에 한 번씩 기본적인 사항만 체크하는 성기 선 강검진을 한다. 솔직히 말해서 그런 검진에서 병이 노출된다면 이미 중병에 걸려있는 셈이다. 대부분의 기업에서는 임원의 반열에 올라야 제대로 된 건강검진 프로그램을 복지 차원에서 제공한다.

내가 여기서 하고 싶은 말은 적어도 사람이 죽을 때는 주변 정리는 하고 사라져야 한다는 것이다. 머문 자리는 깨끗하게 말이다. 그런데 이런 기회마저 챙길 수 없는 죽음이 있다. 바로 급사다. 갑자기 죽음 이야기를 하니 엄숙해지지만 걱정하지 마라. 살자고 하는 이야기니. 급사는 본인뿐만 아니라 가족이나 지인들에게도 엄청난 충격을 주는 일이다. 그런데 갈수록 급사의 사례가 늘어나고 있다. 인명은 재천이라고들 하지만 평소 조금만 대비하면 피할 수 있는데 그저 안타까울 뿐이다.

급사는 크게 두 가지에서 온다. 첫째는 뇌출혈이고, 둘째는 심장마비다. 다른 질환들의 경우는 어느 정도 시간 여유가 있다. 사고사는 예외로 하자. 그야말로 사고니.

급사는 막을 수 있는 게 아니라 급사의 징후를 미리 알아채 대비하는 수밖에 없다. 무엇보다 뇌 MRI를 촬영해서 뇌의 혈관 구조를 한번 파악해놔라. 그러면 뇌동맥류가 있는지 뇌혈관이 막혔는지를 의사가 보고 설명해줄 것이다. 이상이 발견되면 의사의 처방에 따르면 된다. 요즘 젊은이들의 급사 원인 중 하나가 뇌동맥류로써 이는 후천적으로도 많이 발생한다고 하니 몇 년에 한 번씩은 꼭 검사하는 게 좋다. 또 정기적으로 심장을 검사해라. 심장 전문의에게 검진받으면 CT라든지 초음파 검사로 당신의 심장 상태를 자세히 점검해줄 것이다. 요즘은 의술이 발달해서 어느 정도 심장마비의 가능성을 사전에 진단할 수 있단다.

이 두 가지만 잘 확인해도 급사는 상당 부분 예방할 수 있다. 일도 잘해야 하겠지만 자신의 건강이 최우선이다. 내가 죽으면 금은보화가 무슨 소용이 있겠는가? 직장인은 몸뚱이가 밑천이다. 평소에 조금만 신경 쓰면 된다. 건강하다고 자만하지 말고 정기검진 때 사비를 조금만 털어서 앞의 두 가지를 반드시 체크하라.

성공의 길

내가 직상 생활을 하면서 목격했던 수많은 동료들의 길을 다음과 같이 분류해보았다. 인간의 길, 짐승의 길, 악마의 길, 그리고 이도 저도 아닌 자포자기의 길 등이다. 여기에다 어떤 가치의 개념을 개입시키고 싶지 않다. 좋든 싫든 직장인들의 적나라한 행태를 옮겨 놓았을 뿐이다. 당신은 어느 길을 선택하겠는가? 알아서 길을 찾아가라! 아무도 가르쳐주지 않는다.

인간의 길

- 자기가 기여한 만큼의 성과만을 쌓는다.
- 부끄러움을 안다.
- 사실만을 보고하며 거짓말을 하지 않는다.
- 부하 직원의 의견을 수용해 성과를 높인다.
- 상사라도 그른 일에 대해서는 직언한다.
- 겸손하며 상대의 의견을 존중할 줄 안다.
- 부하 직원의 책임도 나의 책임이다.
- 성공, 해야 할 일을 했을 뿐이다.
- 상대의 실수를 고쳐주며 다독거린다.

- 본인의 실수를 인정하며 사과한다.
- 회사의 이익 지키기에 최선을 다한다.
- 항상 부족함을 느끼며 배우는 자세로 임한다.

짐승의 길

- 숟가락 얹기의 달인이다.
- 부끄러움을 모른다.
- 용비어천가를 잘 부른다.
- 부하 직원에게 항상 엄격하게 한다.
- 상사에게 비굴하다.
- 자화자찬이 신의 경지다.
- 책임 떠넘기기가 9단이다.
- 생색내기가 사내에서 최고수다.
- 상대의 실수에는 사냥개가 된다.
- 본인의 실수에는 100가지의 핑계가 있다.
- 자신의 이익 지키기에 목숨 건다.
- 스스로 일을 완벽하게 하며 모자람이 없다고 생각한다.
- 거짓말을 잘한다.

악마의 길

- 남의 밥그릇을 뺏는다.

- 내 사전엔 염치란 단어는 없다.
- 나만을 위해 용비어천가를 불러야 한다.
- 부하 직원은 나에게 복종해야 한다.
- 상사에게는 꼬리를 흔드는 강아지가 된다.
- 나보다 나은 사람은 없다.
- 나의 책임은 부하 직원의 책임이다.
- 나만이 할 수 있는 일이다.
- 상대의 실수는 나의 성공의 디딤돌이다.
- 본인은 절대 실수하지 않는다. 모두 남의 실수다.
- 자기의 이익을 위해 남을 희생시킨다.
- 모두 나에게 배워야 한다.
- 나의 거짓말이 진실이다.

자포자기의 길

- 거짓말하는 사람.
- 잘못을 인정할 줄 모르는 사람.
- 책임을 지지 않는 사람.
- 공은 자기 몫이요 잘못은 부하 탓만 하는 사람.
- 핑곗거리가 많은 사람.
- 매사를 비판적으로만 바라보거나 빈정대는 사람.
- 퇴근 무렵부터 일하는 사람.
- 퇴근 후 SNS로 꼭 일 시키는 사람.

- 불평불만을 입에 달고 사는 사람.
- 회식 후 지각하는 사람.
- 술만 마시면 술주정을 하는 사람.
- 회삿돈을 내 돈이라 생각하는 사람(법카=자카).
- 원론적 얘기만 하면서 각론을 비판만 하는 사람.
- 자기 일을 남의 일인 양 얘기하는 사람.
- 남의 뒷담화를 열심히 하는 사람.
- 의심이 많아 부하 직원을 믿지 못하는 사람.
- 보고서를 읽지 않고 질문만 하는 사람.
- 핵심은 얘기하지 않고 변죽만 울리는 사람.
- 행동하지 않고 말만 앞세우는 사람.
- 인사에 답례할 줄 모르는 사람.
- 자신의 외모에 신경을 쓰지 않는 사람.
- 상사랍시고 잘못에 사과할 줄 모르는 사람.
- 상사는 부하 직원보다 많이 안다고 착각하는 사람.
- 골프에 빠져 싱글로 가는 사람.
- 남의 흉을 밥 먹듯이 얘기하는 사람.
- 낮보다 밤에 생기가 돋는 사람.
- 회사에서 재테크에 몰두하는 사람.

제6장

오페라의 별들

빛나는 별들이 모여 한 편의 오페라를 완성한다. 그들의 현란한 지휘 아래 웅장하며 달콤하고 부드러운 선율이 흘러나온다. 선율은 비제의 <카르멘>, 로시니의 <세비야의 이발사>, 푸치니의 <나비부인>, 베르디의 <라 트라비아타> 등 불후의 대작들을 얼마든지 엮어낸다. 나는 성공한 직장인을 오페라의 별이라 부르고 싶다.

인간만세
-역경을 딛고 일어선 개천의 용-

역경을 딛고 일어서 무언가를 이룬 사람을 보면 절로 떠오르는 말이 있다. 인간만세다. 지기의 한계를 극복하고 누구나 부러워할 결실을 따낸 사람에게 아낌없이 보내는 찬사라고나 할까. 우리 세대에는 인간만세의 사례를 흔치 않게 볼 수 있었다. 산업구조의 변혁이 펼쳐지면서 우리 사회가 급속 성장을 하고 있던 때라 그랬지 않나 싶다.

그 시절 시골에서 올라온 촌놈들은 서울 토박이를 만나면 '서울내기'라고 놀리면서도 부러워했다. 당연히 서울 사람들은 부자라고 생각했다. 그래서 시골에서 상경해 대학을 졸업하고 취직해서 회사에 다니면 그것만으로 잘나가는 인생이었다. 당시 서울 이외의 지역은 모두 시골이었다. 그러니 곳곳의 개천에서 용이 나온 셈이다.

내 주위에서 만났던 '개천의 용' 두 분의 인간만세 케이스를 소개하겠다. 한 번씩 술 한잔하면서 그 선배들의 옛날 얘기를 들어보면 나 역시 어렵게 자랐지만 금수저가 아니었나 하는 착각에 빠진다. 그분들은 내가 상상도 못할 역경과 곤경을 겪으며 오늘에 이르렀다.

한 분은 조실부모하고 중학교 때부터 자신의 생계를 책임지면서 상고를 나와 대학에 진학하고 금융기관에 취업해 임원까지 올랐다. 지금은 어엿한 중산층 가장이시다. 한때 돈이 없어 굶기를 밥 먹듯 했고 학비를 벌기 위해 술집 웨이터까지 했던 분이다.

또 한 분은 친척 중에 월북한 사람이 있어 공부를 아주 잘 했으면서도 고시도 보지 못하고 온갖 곤욕을 치루면서 신의 영역까지 올랐다. 그때는 연좌제라는 족쇄가 있어 친인척 중에 월북자가 있으면 이마에 빨간 딱지가 붙는 시절이었다.

국가나 기업이나 성장하지 않으면 어려움에 빠지게 된다. 요즘 젊은이들이 취업난에 어려움을 겪는 이유는 우리 경제의 성장이 정체되어가고 있기 때문이다. 경제가 선진국형으로 전환되면서 저성장 저금리 기조로 달라져 혁신이 없으면 자칫 주저앉을 수도 있는 상황이다. 안타깝지만 어쩔 수 없는 노릇이다. 시대에 맞는 변화상을 끌어내려는 부단한 노력이 절실한 시점이다.

직장인들이여!

그래도 능력만 있다면 개천의 용이 될 수 있는 기회는 얼마든지 있다. 옛날처럼 쉽게 이룰 수는 없을지라도 그만큼 보상 규모가 커진 것 또한 사실이다. 용감한 자라면 신기원의 발상을 품어내며 도전하라. 실력으로 승부하는 세상이다.

철갑을 두른 거품
- 거품도 남이 알아채지 못하면 실력이다. -

사람마다 남이 하는 평가는 다 다르다. 그만큼 사람에게는 여러 측면이 있고 어떤 측면을 보느냐에 따라 각양각색의 평가가 내려진다. 따라서 누군가를 입에 담을 때는 항상 조심해야 한다. 그러나 일 잘하는 사람들이 보면 분명 엉망으로 일하는데 주변의 평가는 아주 좋은 사람들이 있다. 특히 밖에서는 그런 사람이 회사의 대표 주자로 알려진다. 참으로 귀신 곡할 노릇이다. 거품도 그런 거품이 없다.

하지만 이것도 능력이요 실력이다. 거품에는 무게가 거의 없다. 아무리 많은 등짐을 지어도 무게를 느끼지 못한다. 그렇다. 이런 부류의 사람은 거품을 잔뜩 지고 있어 밖에서 보면 대단한 사람으로 보이는 게 당연하다고 할 수 있다.

거품에 싸여있는 사람들이 대단히 중요하게 여기는 것이 있다. 바로 네트워크이다. 모든 노력을 거기에 집중해 상대방을 관리하니 대외 평가는 좋을 수밖에 없다. 또 그런 사실이 거꾸로 회사에 전해지니 윗분들도 무시하지 못하고 중용하게 되는 선순환의 흐름을 타곤 한다. 그들은 무임승차의 최고수이다. 보통사람 같으면 거품이 금방 터져버린다. 그래서 망신을 당하기도 해 거품 때문에 오히려 손해를 본다.

거품이 많은 사람들의 말로는 불안하다. 스스로 침소봉대해 만들어낸 거품으로 인해 결정적인 시기에 해결사로 나섰다가 일을 그르쳐 본색을 드러내는 것이다. 그런데 거품에 갑옷을 두르게 되면 위력은 실로 엄청나게 된다. 네트워크라는 갑옷이 철갑이 되어 거품을 휘두르면 그것이 그 사람의 본모습으로 보여 승승장구하게 된다. 내가 한동안 모셨던 한 선배는 품성이 빼어나고 술을 좋아했다. 그분은 다고닌 인화술로 회사 안팎에서 명성을 쌓아 항상 고위층의 주목을 받았고, 결국 임원 자리까지 올라 직장인으로서는 천수를 누렸다. 내 기억으로는 이 선배가 일을 잘했던 것 같지 않다.

그렇다. 거품을 만들려면 철갑옷을 둘러라. 그것이 실력이요 능력이다. 거품에 갑옷을 두르면 거칠 게 없다. 신의 영역은 물론 신중의 신이 관장하는 영역에까지 진출할 수 있다. 거품도 거품 나름이다. 거품에도 등급이 있고 품질에도 차이가 있다. 아무리 거품에 싸여있더라도 터지지 않으면 실력이다. 직장인이라면 한번 배워볼만한 노하우다. 하지만 아무도 가르쳐줄 것 같지 않다. 따라서 스스로 체득해야 하며, 아마 따라 하기도 쉽지 않을 것 같다.

방패 뚫는 엿가락
- 상사의 사랑을 받는 것도 기술 -

갑자기 웬 엿가락 타령이냐고요! 그러게 말입니다. 내가 하도 부러워서 얘기를 안 하고 넘어 갈 수가 없다. 지인 중에 나도 좋아하는 사람이지만 짜증나는 성격의 소유자가 있다. 윗분들은 누구나 그 사람을 좋아한다. 어떻게 보면 윗분들을 살살 녹인다고 말하는 게 정확할 것이다. 동료들이나 부하 직원들과 있으면 말도 잘 못하고 약간 어눌하기까지 한데 윗분들과는 아주 잘 어울린다.

어울린다기보다는 윗분들을 잘 모시는 것이 맞다. 아무리 싫은 소리를 하더라도 웃으면서 받아넘긴다. 설령 일처리를 잘못해 야단을 맞는 자리에서도 웃으면서 에둘러 사과를 하는데 죄송한 마음에서 용서를 구하는 것인지 자기의 잘못으로 마음이 상했을 법한 상사를 위로하는 말을 건네는지 헷갈리게 한다. 그런데 상사의 심사를 풀어놓는 기술은 가히 신의 경지라 할 만하다.

옆에서 지켜보면, 윗분들한테 절대 자기 주장을 펴지 않고 듣기만 한다. 부드럽게 리액션을 넣으면서 아주 절묘하게 맞장구를 친다. 거의 신기에 가깝다. 대화 도중 자신의 아이디어를 윗사람 의견인 양 밀어 넣으면서 찬사를 보낸다. 윗분이 좋아하지 않을 수가 없다. 그러면서 원하는 바를 슬쩍 내비치면 윗사람은 "응 알았어! 자네가 알아서 진행해!"라고 한다. 아무리 어렵고 민감한 사항이라도 그 사람은 윗사람에게 오케이를 받아낸다. 정말 일 솜씨가 혀를 내두를 지경이다. 머리도 좋아 순간순간 변하는 윗분의 의중을 콕 집어 적절한 소재로 용비어천가를 불러대니 어찌 기분 좋지 않겠는가?

그러나 동료 직원들에게는 그리 좋은 평판을 얻지 못했다. 이런 성격의 소유자들은 대체로 자신의 주관이 뚜렷하지 못한 특징이 있다. 동료 직원들이 같이 일을 하려면 죽이든지 밥이든지 분명해야 설득도 하고 토론도 하며 의사결정을 하는데 윗사람 대하듯이 모든 게 좋다는 식이니 혀를 내두르게 된다.

그런 사람이 부하 직원에게는 아주 엄격했던 게 아이러니하다. 마치 엿가락 같다. 윗사람 앞에서는 난로 옆의 봄눈처럼 녹아내리고 부하 직원을 보면 얼음물처럼 차가워진다. 그 사람이 윗분들에게 결재를 척척 받아내는 것을 보면 정말 엿가락으로 방패를 뚫는 것 같다.

직장인들이여! 주변에 그런 사람이 있다면 벤치마킹을 할 필요가 있다고 생각한다. 어떤 식이든 사람을 유화적으로 대하며 자신의 의도대로 끌어간다는 것은 직장 생활의 크나큰 장점이 된다.

낮은 포복의 거인
– 겸손의 미덕도 성공에 도움이 된다 –

 겸손이나 겸양지덕이 몸에 밴 사람이라면 어떻게 봐야하겠는가? 성실과 근면까지 갖추고 모든 사람들을 부드럽게 대하는 사람은 또 어떠한가? 종교의 성인을 말하는 게 아니다. 겸손해서 자신을 낮추고 상대방을 항상 존중하는 사람은 참으로 보기 드문 성격의 소유자다. 누구나 그런 사람을 대하면 편안하게 여길 것이다. 게다가 얼굴 한번 붉히지 않고 무슨 일이든 상대에게 고마움을 느끼는 사람이라면? 이런 성향은 만들어지는 게 아니라 천성에 더 가깝다고 하겠다.
 한마디로 살아가면서 적을 일절 만들지 않는 인생이다. 보통 사람은 도저히 흉내 낼 수없는 삶이다. 색깔이 없어 무색무취하다고 폄하하는 사람들도 있겠으나, 그런 사람에게는 개성이요 색깔이다. 무슨 일을 하든지 솔선수범하면서 아무리 어렵고 험한 일이라도 불평불만 한 번 없이 받아들이며 자신의 역할을 해낸다. 어떻게 보면 그런 성향이 장점이지만 상대방에게 이용당할 약점이 되기도 한다.

하지만 그 사람에 대한 평판은 좋을 수밖에 없고, 설사 속을 알 수 없는 존재로 비칠 약점도 좋은 평판에 가려질 수 있을 것이다. 나 역시 그 사람을 좋아해 요즘도 가끔 만난다. 예나 지금이나 그는 온화하고 자신을 낮추며 겸손한 자세를 잃지 않는다. 나는 평생 도를 닦아도 그런 경지에는 가지 못할 것 같다.

사실 '자신을 낮춘다'는 것은 말이 쉽지 실천하기란 여간 어려운 게 아니다. 머리로야 백번 그렇게 하고 싶지만 자존심에 걸려 몸이 움직이지 않는다. 그 사람은 자신을 낮출 줄 아는 자세가 몸에 배었고, 결국 그것이 큰 장점으로 작용해 직장 생활에서 성공할 수 있었다. 겸양지덕은 아무나 흉내 내기 어렵다. 그렇기에 나는 그 사람을 존경하며 닮아보려고 했지만 뜻을 이루지 못했다. 한 번만 고개를 숙이면 될 텐데 그것을 못하다니….

직장인들이여! 자신을 낮출 줄 아는 자세를 몸에 익히면 성공의 지름길에 다가설 수 있다. 주변에 그러한 사람이 있다면 머리에서 발끝까지 철저히 따라 해라. 그러면 미래가 열릴 것이다.

집사의 왈츠
- 가늘고 길게 사는 비결 -

직장인에게 '가늘고 길게!'는 금과옥조와 같은 말이다. 영웅 심리에 굵고 짧게 살 생각은 절대로 하지 마라. 실리가 없다! 누가 뭐라고 해도 월급쟁이는 오래 붙어 있는 게 최선의 상책이다. 함께 근무했던 옛 동료 중에 이런 철칙을 맹신하며 오래오래 살아남은 사람이 있다. 나는 직장인으로서 그를 존경한다.

이 사람은 평소 자존심이 세고 금전을 별로 따지지 않으며 리더십도 제법 발휘하고 인간관계도 비교적 넓은 편이다. 일은 신중히 깔끔하게 처리하는 것으로 정평이 나있다. 천성도 아주 고운 샌님 스타일이다.

그런데 직장에서만큼은 자존심을 철저히 숙이고 상사에게는 절대 복종하며 무슨 일이든 시키면 충실히 수행하는 것을 보면 가끔 놀라기까지 한다. 마치 영국 귀족 저택의 충직한 집사장 같다. 평소 말하는 것을 보면 전혀 그렇지 않을 것 같은데 실상은 딴판이었다. 그저 충직한 일꾼이었다. 그렇다. 직장인은 그래야 한다. 월급쟁이는 순종적이어야 한다.

그런데 업무를 떠나 대화하는 것을 보면 딱 부러지게 결론을 내고 싫으면 싫다, 좋으면 좋다 식으로 호불호가 분명하다. 그래서 나는 더욱 그를 좋아했다. 요즘도 그를 만나는데, 지금의 그의 모습을 보면 이제야 정리가 된다. 일 잘하는 집사!

결코 나쁜 말이 아니다. 일 잘하는 집사는 직장인의 롤모델이다. 영화에서 보면 영국의 귀족 집안의 집사가 주인공인 영화들이 꽤 있다. 바로 거기에 나오는 주인공 집사다. 자기의 직분에 충실해 매사를 무난하게 처리하는 집사. 윗사람이 이런 사람들을 좋아하지 않을 수 없다. 재벌 오너의 눈에 띄었다면 재벌가의 집사도 가능했을 것이다.

직장은 이런 사람을 제일 좋아한다. 일 잘하지. 말 잘 듣지. 반항하지 않지….

보통 일 잘하는 사람들을 보면 상사 말을 잘 안 듣는다. 일 잘해서 승진도 시키고 곁에 두지만 실상은 껄끄러운 존재다. 간혹 덤비기도 한다.

상사의 입장에서는 자기 자리를 엿보는 게 아닌가 하는 의구심도 갖곤 한다. 그렇다고 일 못하는 사람을 순종적이라고 곁에 두지는 않는다. 본인에게 도움이 안 되기 때문이다.

직장인들이여! 일 잘하는 집사가 되어라. 집사가 되어 상사와 우아하게 왈츠를 한번 춰봐라. 그러면 가늘고 길게 오래 갈 것이다.

안개 속의 등대
- 직장에서 동반자를 만나는 행운 -

직장이란 사회 역시 각양각색의 사람들이 몰려있어, 저마다 개성을 뽐내며 자신을 뚜렷하게 드러내게 된다. 누구든 일을 맡아 처리하는 과정과 결과를 보면 어쩌면 일하는 사람의 성향이 그대로 배어있는지 신기할 정도다. 아래에서 올라오는 기획안을 보면 누가 만들었는지를 금방 알 수 있을 만큼 사람에게 개성은 결코 떨어질 수 없는 모양이다.

내가 좋아하는 선배 중 한 분은 특별히 영민하지는 않지만 자신의 색깔을 전혀 나타내지 않고 어떠한 상황에서도 흥분하지 않고 침착하게 사안을 판단하는 사람이다. 어떻게 보면 모든 일을 너무나 쉽게 재단해 무성의하다는(?) 소리를 들을 정도로 깊이가 없어 보인다. 아니 깊이가 없다기보다도 모든 사안을 어렵게 생각하지 않는다는 말이 옳을 것 같다. 그렇다고 해서 일을 가볍게 여긴다는 것은 아니다.

그야말로 단순하다는 이야기다. 모르는 사람이 보면 세상을 너무 쉽게 생각하는 것으로 오해할 수도 있다. 행동도 그렇다. 숨기는 것 또한 없다. 생각나는 그대로 말을 뱉는다. 그러니 윗사람들이 좋아할 리가 없다. 하지만 그분은 개의치 않는다. 마치 될 대로 되라는 듯이 한 걸음 떨어져서 세상을 관조하는 사람처럼 보인다.

한때는 나도 그 선배를 그런 부류의 사람으로 치부했다. 말을 하는 것을 보면 영락없이 도를 닦은 수도승이다. 하지만 나는 성격이 급하고 칼로 무 자르듯 한 모난 면이 있어서 그랬는지 그 선배를 언제부터인가 좋아하기 시작했다. 아마 나의 부족한 면을 많이 메워주고 있다고 여겼나 보다.

그분은 물에 물탄 듯 술에 술탄 듯 만사를 두루뭉술하게 받아들이는 것 같았다. 마치 안개 속에서 사라져버리는 사물을 대하듯 말이다. 나는 그 모습이 너무 좋았다. 인생에 대한 그분만의 깊은 내공을 엿볼 수 있었기 때문이다. 깨달음이 없다면 그렇게 편안하게 사물을 바라볼 수는 없을 것이다.

그런데 내가 깜짝 놀라면서 그 선배를 존경하게 된 계기가 있다. TFT에서 심각한 사안을 논의할 때 모두가 길을 잃고 어찌할 바를 모르고 있는 데 마치 안개 속 등대 빛 같은 역할을 하는 게 아닌가? 선배는 "뭘 그렇게 어렵게 생각들 하는가? 가장 기본적인 것만 따져서 그것이 옳으면 그 길로 가면 되는 게 아니냐"고 했다.

바로 그것이 답이었다. 어려운 난제일수록 사람들은 거기에 파묻혀 헤어 나오지 못하고 어렵게만 생각한다. 역으로 기본을 생각해보면 바로 답이 나오는데…. 말이 쉽지 보통 사람들은 그렇게 잘 안 되는 게 현실이다. 어려울수록 어렵게 풀어야 되는 줄 알고 있다. 어려운 것을 쉽게 풀면 어려운 게 아니라고 착각할 정도다.

선배는 말을 많이 하지 않는다. 한참 설명을 듣고서도 "난 모르겠다. 나는 무식해서 자세한 것은 잘 모르겠다"고 했던 적이 있다. 그러면 모두들 한심한 표정으로 귀담아듣지 않고 토론을 이어가지만 그때마다 그 선배가 던지는 한마디는 그야말로 정답이었던 것이다.

그 선배는 그동안 나를 자주 만나 스스럼없이 어울리면서 내게 항상 등대 빛이 되어주었다. 나의 약점을 정확히 꿰뚫어 보면서 평소에는 한마디 안 하다가도 내가 안개 속을 헤매면 빛을 비춰주는 게 아닌가? 그만큼 세상을 넓게 관조하며 나를 내려다보고 있었던 것이다. 선배님 죄송합니다! 나는 정말 행복한 사람이다. 몇 안 되는 인생의 동반자 중에 앞날을 밝히는 빛과 같은 분이 있으니….

직장인들이여! 여러분들도 주위에서 이런 옥석을 찾아보라. 분명히 있다. 선배든 후배든 그것은 전혀 문제 될 것이 없다. 나이는 숫자에 불과하다. 여러분이 어떻게 하느냐에 따라서 선배든 후배든 친구가 될 수 있다. 안개 속 인생에서 한 명쯤은 등대가 되어줄 수 있는 사람이 있어야 되지 않겠는가?

킬리만자로의
삼촌지설(三寸之舌)
-달변가의 성공 행로-

내가 좋아하고 존경하는 선배 중 한 분은 정말 말을 잘 한다. 여기서 내가 말을 잘 한다는 것은 재미있게 한다는 게 결코 아니다. 그분은 사물을 정확하게 꿰뚫어 보고 본질을 파악하는 능력이 탁월하다. 막힘이 없다. 항상 자신의 생각이 정리되어 있어 일관된 주장을 펼친다. 책도 아주 많이 읽어 생각의 깊이도 깊고 해박한 지식을 가지고 있다. 요즘도 항상 책을 읽으면서 자신의 생각을 키우고 있다고 한다.

그분은 절대 다른 사람의 생각을 자기 것인 양 말하지 않는다. 자신의 인생철학을 논하면서 보조 수단으로 책을 동원해 이런저런 글을 보았다고 설명한다. 그러면서 인용된 책에 최대한 예의를 전한다.

　토론이나 논쟁할 때는 가히 촌철살인이다. 논리와 설득력은 혀를 내두를 정도다. 군더더기 하나 없이 예리한 분석력과 정확한 표현력으로 항상 상대방을 압도한다. 속된 말로 '말빨'이 장난이 아니다. 부럽다. 나도 저런 달변가였더라면 지금의 나보다 열 배는 더 성장했을 텐데 라는 생각이 절로 든다.

　그분은 업계에서 가히 손꼽히는 달변가였다. 사마천의 《삼국사기》 평원군 열전에 나오는 '모수(毛遂)가 세치 혀로 백만 명의 군사보다 더 강한 힘을 발휘했다'고 칭송한 데서 유래한 삼촌지설(三寸之舌)의 예를 보는 듯하다. 가히 킬리만자로의 삼촌지설(三寸之舌)로 추켜올리고 싶다.

　직장인들이여! 절대 말을 많이 할 필요는 없다. 그것은 수다쟁이에 불과하다. 그러나 말을 잘할 필요는 있다. 직장일 하나하나가 결국은 말로 사람을 설득하는 작업 아닌가? 주위에 말 잘하는 달변가가 있으면 배워라. 배워서 연습해보라. 말 잘하는 기술도 배우면 말을 잘할 수 있다.

완벽한 인간
- 뱁새들의 선망, '황새' -

학교 다닐 때 전교에서 한두 명쯤은 완벽한 학생이 있었을 것이다. 공부는 전교 1등이고, 축구는 골게터요, 달리기는 항상 선두며, 노래는 가수 뺨치고, 피아노는 콩쿠르에 나갈 수준이고, 그림은 그렸다 하면 입상하며, 작문도 백일장에서 장원이다. 친구도 많고 이성 교제도 잘 하고 그야말로 팔방미인이다. 완벽한 학생이다. 보통학생들은 이 중 한 가지라도 1등을 해본 적이 없는데…. 많이 부러웠을 것이다. 나는 직장에서 이런 사람을 보았다. 완벽한 직장인!

학벌 좋고, 머리 좋고, 일 잘하고, 순발력 좋고, 말 잘하고, 재치 넘치고, 네트워크 좋고, 인간관계 좋다. 상대의 약점을 잘 찾아내고, 협상을 잘하며, 지략을 잘 쓰고, 회사에 돈도 잘 벌어다 주며, 자신의 실리도 잘 챙기고, 술까지 잘 마시니….

가히 나무랄 데 한 점 없는 완벽한 직장인이다. 참 많이 부러웠다. 어찌 저리 못하는 게 없을까? 외계인인가? 회사에 기여도 참 많이 했다. 윗사람 중에 그 사람한테 도움 한 번 안 받은 사람이 없을 정도다. 그만큼 발도 넓고 모르는 사람이 없을 정도니 문제만 생기면 그 친구를 찾아서 도움을 청한다. 금방 해결해 온다. 그 어디에서도 그런 친구를 본 적이 없다. 당연하겠지만 그 친구는 신의 영역에 진입했다.

나는 그 친구가 종국에는 정치를 할 것 같다는 생각이 든다. 잘할 것이다. 정치에 입문하면 단기간에 당 대표 자리도 꿰찰 것이다. 그만큼 수완이 좋은 친구다. 그 누구도 따라갈 수가 없는 친구다. 참으로 대단한 사람이다. 부럽다. 어디서 그러한 능력을 갖게 된 것인지. 조상님이 나라라도 구했나 보다. 후손에 이런 출중한 인물이 나오다니. 그 집안의 영광이다.

그러나 개인적으로 이런 사람은 사귀지 마라(?). 못난 꼴만 느끼고 자괴감만 쌓인다. 그런 출중한 인간은 모든 사람을 지배하려고 한다. 그게 당연하다. 이런 친구는 집사도 안 키운다. 어느 누구의 도움도 필요치 않다. 아니 누구도 도움을 줄 수가 없다. 모든 면에서 따라갈 수 없을 정도로 출중하니 무슨 도움이 되겠는가? 사람이 아니다. 아마 제갈공명이 현세에 환생한 게 아닌가 착각이 들 정도다.

직장인들이여!

이런 친구는 따라 할 수 없으니 벤치마킹 대상에서 제외하라. 뱁새가 황새 쫓아가다간 가랑이 찢어진다. 자신을 알고 포기할 것은 포기할 줄 아는 것 역시 직장인에게 중요한 덕목이다.

솜털 속의 철옹성
— 투철한 신념, 진정한 강자 —

부드럽고 친절하며 따듯하지만 신념이 투철한 사람. 어떤 사람의 모습이 떠오를까? 한때 내가 모셨던 분이 그런 사람이었다. 내가 존경하기도 하거니와 따르고 싶었던 이상형이었다. 처음 만나는 사람을 대할 때 인자한 선생님이나 온화한 부모님 같다. 부하 직원들에게는 두터운 신망을 받는다. 어디 하나 흠잡을 데가 없는 분이었다.

그분은 대외활동을 많이 해서 그런지, 아니면 외국에서 공부해서 그런지 사교적 몸가짐이 몸에 배어 있다. 언제나 예의 바르고 부하 직원이라도 하대하는 적이 없다. 어떨 때는 거리감도 느껴지지만 항상 그러니 언젠가부터 나도 그분처럼 부하 직원들에게 존댓말을 쓰게 되었다.

　사람들은 무릇 자기 자신을 위해 산다. 그래서 다른 사람이 자신을 위해 배려한다고 느낄 때 친밀감과 고마움을 절로 느끼게 된다. 거짓이라도 내가 그렇게 느끼도록 상대방이 행동하면 진실처럼 받아들이는 것 또한 인간이라서 어쩔 수 없을 것이다. 사교술이 바로 그런 것이라고 생각한다. 상대방을 배려한다는 느낌을 갖도록 하는 기술이다. 그렇다고 사교술을 폄하하는 것은 아니다. 그만큼 사람들은 자신이 배려받을 때 고마움을 느낀다는 반증이다. 맞다. 그분은 사교술이 뛰어난 사람이었다.

　그런데 더 나아가 그분의 행적에 놀라 경외하는 마음까지 품은 적이 있었다. 그분이 자신의 신념에 위배되면 그 어떠한 것과도 타협하지 않는 것을 보고 나는 깜짝 놀랐다. 그렇게 부드럽고 온화한 사람이 자신의 신념이나 가치관에 어긋나는 상황을 접하자 한 발짝도 물러서지 않으려 했다. 어떠한 잘못을 저질러도 용서할 것 같은 성품으로 알았는데 그 어느 누구도 꺾을 수 없는 절옹성의 면모를 보았던 것이다.

　그분은 어떠한 개인적 실리를 잃더라도 자신의 가치관에 어긋나면 과감히 대항하면서 상대의 잘못을 꺾으려고 했다. 특히 거짓말은 경멸할 정도로 싫어했다. 나는 그분의 성향이 좋았다. 나와 비슷한 면이 있어서 그랬다고나 할까? 유감스럽게도 나는 그분의 사교술을 배우지는 못했다. 그분은 마치 철옹성 같았다. 나는 상사로 모시면서 그분의 참모습을 보았다. 보았다기보다 경험했다고 해야 옳을 듯싶다.

직장인들이여! 우리는 살아가면서 신념이나 가치관 같은 것을 포기한다. 목구멍이 포도청이라 어쩔 수 없다고 하기에는 너무나 처량해진다. 그렇다고 나의 자아, 자아를 지배하는 가치관이 사라지는 것은 아니지 않겠는가? 단지 깊은 곳에 숨겨져 있을 뿐….

아무리 직장 사회라고 해도 일을 잘해 능력을 인정받는 순간이 오면 자신의 신념이나 가치관을 숨길 필요가 없다. 평소 품었던 생각대로 이상을 펼쳐도 뭐라고 할 사람은 아무도 없다.

당신은 회사에 꼭 필요한 사람이기에 오히려 응원해줄 것이다. 일을 열심히, 그리고 잘해라! 당신의 자아를 살리는 길은 오로지 그것뿐이다.

중원의 지배자
- 인간관계의 연금술사 -

일을 잘한다는 것은 여러 가지 의미가 있지만 결국은 좋은 성과를 만들어낸다는 뜻이다. 열심히 한다고 해서 일을 잘한다고 하지는 않는다. 오히려 열심히 하지 않았는데도 좋은 성과를 내는 경우가 있는데 우리는 그런 때 일을 잘한다는 표현을 쓴다. 하지만 아무리 열심히 했어도 회사일이란 결과, 즉 성과가 없으면 일을 잘했다고 할 수 없다. 그만큼 직장이란 사회는 인정사정 봐주지 않는다. 리더가 조직 구성원들을 잘 지휘해 성과를 낸다면 회사로서는 가장 바람직할 것이다. 조직의 팀워크나 시너지를 발휘해 성과를 올리는 것 자체가 회사가 리더에게 요구하는 중요한 덕목인 것이다.

서론이 길어졌는데, 내가 좋아하고 따르는 선배 중에 회사 안팎으로 폭넓고 다양한 인간관계를 형성하고 있는 사람이 있다. 그분은 일 잘하는 사람을 좋아하기도 하지만, 일 잘하는 사람을 용케 찾아내 자기 사람으로 만드는 탁월한 재능을 가졌다. 그분의 큰 장점은 관계형성 능력이다. 누구든 무언가 강압적으로 끌려가면서도 전혀 그렇게 느끼지 않게 하는 묘한 매력을 가졌다. 성격은 인자하면서도 어떤 때는 온화한 큰형 같고, 어떤 때는 자상한 아버지 같으면서 일할 때는 엄격한 사감 선생님이다. 즉, 상황에 맞는 적절한 리더십을 발휘하는 중원의 지배자 같은 사람이다. 나보다 한 세대 윗분이지만 그 세대에 보기 드물게 일을 중시하는 사람이었다. 그분은 회사의 전문가 영역에서 오래 근무했지만 영업 부문으로 이동해서도 좋은 성과를 올렸는데, 그 역시 그러한 리더십의 결과가 아닌가 생각한다.

그분은 동종 업계에서도 모르는 사람이 없을 정도로 인간관계가 넓었는데, 다른 회사에서 일 잘하는 사람을 찾아내 자신의 사단(?)으로 끌어들이기까지 했다. 나 역시 많은 상사들과 같이 근무하면서 겪어봤지만 그분처럼 일을 잘하는 사람을 좋아하는 경우를 본 적이 없다.

회사에서 여러 사람과 좋은 관계를 맺고 자기 사람으로 만들어가며 성과를 올리는 것은 리더의 아주 중요한 자격이다. 다시 말해, 회사에서 일 잘하는 사람을 볼 줄 알고 또한 일을 시킬 줄 알게 되면 성과를 올릴 가능성은 그만큼 높아진다. 결국 그분은 나무를 보는 게 아니라 숲을 보고 일을 했던 것이다.

직장인들이여! 자신이 일을 잘해야 하는 것은 당연하다. 더 나아가 일 잘하는 사람을 볼줄 알고 그 사람을 자기편으로 만들어 같이 간다면 금상첨화가 아니겠는가?

직장에서 혼자서 할 수 있는 일은 절대로 없다. 같이 협력해서 도움받고 도움을 주면서 시너지를 올려야 한다. 일을 열심히 했지만 성과를 올리지 못하는 사람들을 보면 대개 다른 사람들과의 관계 형성에 문제가 있는 경우가 많다. 일을 하면서 도움을 받지 못하거나 남의 도움을 거절한다면 아무리 열심히 해도 성과를 올리는 데는 한계가 있다. 거꾸로 자신의 능력이 부족한 경우에는 그 분야에서 일 잘하는 사람들의 도움을 받으면 성과를 높일 수 있다. 모든 것을 다 잘하는 사람은 별로 없다.

그분은 자신에게 부족한 분야가 있으면 스스럼없이 다른 사람, 그것도 일 잘하는 사람에게 도움을 요청해 최상의 결과로 만들어냈다. 바로 회사에서 바라는 가장 이상적인 자세다. 주변에 일 잘하는 사람을 찾아 내사람으로 만들어보라. 미래 성공의 동반자가 될 것이다. 그렇게 맺어진 관계는 의외로 끈끈할 수 있다. 평생의 동반자가 될 수도 있다.

박힌 돌 굴러온 바위
- 월급쟁이가 믿는 구석은 실력뿐 -

'굴러온 돌이 박힌 돌을 뺀다'는 말대로 직장 사회에서 굴러온 돌이 판을 치면 왠지 기존의 직원들(박힌 돌)은 침울해진다. 조직이란 그만큼 폐쇄적이고 배타적이다. 화이트칼라일수록 그런 습성이 강하다.

철새들은 어차피 자기의 가치를 높게 팔 수 있으면 어디로든 떠난다 해도, 능력 있는 관리자들은 대부분 한 직장에서 자리를 잡고 있는 경우가 많다. 그런 사람들의 직무 특성상 이직의 기회는 많지 않지만 그래도 스카우트가 되어서 새로운 조직에 진출할 기회는 주어진다. 당사자의 입장에서는 엄청난 결단이요 인생의 전기를 이룰만한 사건이 된다. 이렇게 스카우트 대상에 오른다면 전 직장에서도 능력을 인정받고 잘 나갔던 사람들이다. 대부분 인간적 관계를 뿌리치지 못하거나 경쟁자에게 밀려 자의 반 타의반 회사를 옮기는 경우가 있을 것이고, 회사가 도산하거나 인수·합병되어서 전직하는 경우가 있을 것이다. 중요한 사실은 그런 사람들 공히 능력자라는 것이다. 물론 그들은 대부분 새로운 조직에서도 탁월한 능력을 발휘하게 된다.

어찌 보면 그런 사람들은 직장을 옮기는 것 자체가 자극이라서 매번 전직할 때마다 실력이 배가된다. 그래서 굴러온 돌이 조직을 휘젓게 되는 것은 당연하다. 박힌 돌이 무능해서가 아니라 잡초의 위력에 피해를 입는 것이다. 그런 능력자들은 관계 능력도 뛰어나다. 한 곳에서 능력자로 인정받게 되면 다 그럴만한 이유가 있다. 일도 잘해야 하겠지만 사람과의 관계 능력도 좋아야 한다. 따라서 굴러온 돌로 새로운 조직에서 살아남아 제대로 능력을 발휘하기 위해서는 관계 능력이 중요한 역할을 한다. 뿐만 아니라 대외적인 네트워크도 나름대로 갖추고 있어야 새롭고 생소한 조직에서 힘을 발휘할 수 있다.

탁월한 능력을 가진 분이 굴러온 돌로 회사에 들어와 함께 근무한 적이 있었다. 정말 보기 드문 능력을 가진 인재였다. 그분은 굴러온 돌이 아니라 바위였다. 용인술과 관계 능력이 가히 상상을 초월했다. 새 조직에는 당연히 뿌리가 없으니 사람들이 서먹할 수밖에 없었다. 그런데 조직의 핵심 인재를 파악해 자기 사람으로 만드는 재주가 혀를 내두를 정도였다. 그리고 냉철한 사람이었다. 아니 냉혈한이라고 해야 맞을 듯싶다. 아마 굴러 돌아다니며 체득한 성향이 아니었을까 생각한다. 그분은 어려움이 닥치면 가차 없었다. 과감히 잘라내고도 눈 하나 깜짝이지 않는다. 그리고 다시 챙겨 본다. 혹시 자신의 결단에 따라 누수가 발생하지 않는지….

그분에게 잘려나간 사람은 그저 수술대 위의 환자였을 뿐이다. 비록 자신과 함께 일한 사람일지라도 그분에게는 조직을 위해 제거할 대상이라서 별 염두에 두지 않는다. 그렇다 보니 잘려나간 박힌 돌들의 불평은 이만저만이 아니다. 잘리고 나서 국물조차 없으니 말이다. 내가 자기를 위해 얼마나 많이 노력했는데 이리 매정할 수가…. 하지만 부질없는 헛소리에 지나지 않는다. 능력자라서 조직을 장악하고 박힌 돌을 빼내는 게 아닌가?

나는 회사가 위기에 봉착했을 때 그분이 대외 네트워크를 동원해 어려운 국면을 넘기고 외부의 다양한 위협요소들을 제거해 나가는 것을 보았을 때 존경심마저 느꼈다. 박힌 돌들이 할 수 없었던 일을 굴러온 바위가 처리하지 않았는가? 회사로서는 행운이며, 박힌 돌들에게는 무사안일에 안주한 자신들을 되돌아보게 했다.

직장인들이여! 박힌 돌이나 굴러온 돌, 아무런 의미가 없다. 실력만이 살아남을 수 있는 유일한 방법이다. 실력이 있으면 어디서든지 살아남는다. 장수가 전쟁터를 가리는 것 보았는가! 싸움에서 이길 수만 있다면 장소가 어딘들 무엇이 문제가 될 수 있겠는가? 어디에서든 살아남을 수 있는 내공을 키워라.

마지막 황제, 영원한 보스
  ### - 영웅은 하나다 -

간디는 인도의 국가적 영웅이다. 이순신 장군은 우리 민족의 영원한 영웅이다. 간디나 이순신 장군이 영웅으로서 국민의 존경을 받는 것은 무엇 때문일까? 과연 후세 사람들은 영웅들의 업적을 제대로 알고 추앙하고 있는 것일까? 혹여 부모님이나 조상들이 존경하고 경외해온 터라 그저 따라 하는 것은 아닐까? 그렇지는 않을 것이다. 배움의 과정이나 교육을 통해 학습된 게 아니면 스스로 체득한 결과일 것이다. 다이아몬드를 보석 중의 보석으로 여기는 것도 마찬가지다.

국가의 영웅이 국민들의 정신적 지주가 되듯이 기업에서는 창업주의 경영 철학이 기업 문화로 스며들어 종업원들의 정신적 지주가 된다. 이는 창업주의 후손들이 기업을 이어받으면서 소유의 정당성을 확보하기 위한 방편으로 활용되곤 한다. 월급쟁이가 기업에서 영웅으로 추앙받는다면 가당키나 할까? 결코 자연스러운 모양새는 아닐 것이다. 하지만 우연인지, 행운인지, 필연인지는 모르겠으나 월급쟁이 출신의 전무후무한 영웅이 있다.

나 혼자의 일방적인 이야기일지는 모르겠으나, 그분의 경영 활동이 이제 와서 생각해 보니 너무 강렬했고 인상적이었기 때문에 소개하려고 한다. 무릇 사람에 대한 평가는 보는 측면에 따라 다르다. 따라서 지금 전하는 평가는 내가 경험한 범위 내에서 도출한 견해라는 것을 재차 밝혀둔다.

그분은 전문 경영인으로서 보기 드물게 장수하셨다. 물론 오너의 친구라는 특수한 위치가 영향을 끼쳤겠지만, 설사 그렇다 손 치더라도 기업 경영에서는 능력이 안 되면 자리를 맡지 못한다. 오너의 자식이라도 예외는 없다. 기업의 소유와 경영은 다르기 때문이다. 그분은 자신이 직접 채용한 신입 사원이 임원이 될 때도 최고경영자 신분이었으니 얼마나 확고하고 탄탄하게 지위를 유지했는지 짐작할 수 있을 것이다.

그분의 리더십은 한마디로 포용력에서 나온다. 직원들 중에는 양아치도 있고, 악인도 있었을 터인데 모두 이끌고 간다. 한 명의 낙오자도 버리지 않고 같이 간다. 부하 직원이 실수나 실패를 해도 직접 질책하지 않는다. 그 실패를 관리했어야 할 조직 전체를 다그친다. 담당 임원을 혼내면서 직접 다독이기도 한다. 그러면 실패한 직원이 얼마나 미안해하겠는가? 더욱 열심히 할 수밖에 없다. 이런 일이 쉬운 것 같아도 보스의 위치에 있는 사람에게는 결코 쉽지 않다.

그분이 회사와 직원에 대해 갖고 있는 자부심은 대단했다. 직원들에게 항상 1등만을 요구했고 어느 경쟁자에게도 지면 용납하지 않으려 했다. 이는 곧 회사의 경영 방침이었다. 1등 회사는 구호로 그치는 게 아니었다. 1등을 위해서라면 처우와 최대한의 지원을 아끼지 않았다. 그분에게는 '닭'이 먼저가 아니라 '알'이 먼저였다. 그분은 존재 그 자체가 경영이었다.

오너보다도 더 소유 의식이 강했으며 실제로 그렇게 권한을 행사했다. 직원들은 믿고 일만 열심히 하면 되었다. 사원 때부터 직원들의 경력을 꿰고 있다 보니 임원도 될 만한 사람을 시켰다. 회사일은 거의 대부분 밑으로 전권을 위임했으며 위임한 사항은 웬만해서는 관여하지 않는다. 자신이 오너에게서 신임받고 위임받은 것처럼….

즉 직원의 우수성을 신뢰했고, 직원들은 1등으로 보답하고 업계를 선도하는 성과의 선순환이 작용했다. 그분의 리더십을 다음과 같이 요약해볼 수 있다.

첫째, 포용적 리더십
둘째, 형상적 리더십
셋째, 선도적 리더십

그분과 같은 시기에 근무한 임직원들은 유대감과 연대감으로

똘똘 뭉쳐 단기간에 회사의 급성장을 이끌었다. 회사의 몸집이 크게 불어났지만 그것을 유지한다는 것은 더욱 어려운 일이다. 그분은 회사를 떠난 뒤에도 직원들을 떠받치는 큰 산으로 남아 있었다. 회사가 어려움에 빠졌을 때 그 사실만으로도 큰 힘이 되었다.

전문 경영인의 신분으로 그분만큼 오너 못지않은 영향력을 행사한 사람은 없을 것이다. 그룹의 총수보다도 존경받았고 추앙받았지 않나 싶다. 결코 우연이 아니다. 오랜 기간 그분이 펼쳐낸 일관된 경영활동과 함께 근무한 직원들을 포용한 경영 스타일이 회사를 키워가며 기업 문화가 되었고 곧 경영 철학이 되었다. 그분은 월급쟁이들에게 마지막 황제이자 영원한 보스이다.

마
치
며

두서없이 쓰다 보니 어느덧 막장에 이르렀습니다.
능력도 재주도 없는 자가 글을 썼으니 썼다 지우기를 반복하고 추가하고 또 추가해서 여기까지 왔습니다.
많이 부족한 글이지만 끝을 맺어서 기쁩니다.
이 책에서 하고 싶은 말은 단 한 가지, 모든 일은 자신이 선택해야 하고 그 일은 항상 최선을 다해야 한다는 것입니다.
기업에서는 일 잘하는 사람과 일 못하는 사람만 필요로 합니다. 왜냐하면 최선을 다하는 사람들이기 때문입니다. 성과는 능력의 문제이지 노력의 문제가 아닙니다.
그러니 일 안 하는 사람은 되지 말아야 할 것입니다.
이 책을 펴내기까지 도움을 주신 많은 분들께 다시 한 번 감사 말씀 드리며, 마지막으로 항상 나의 든든한 응원자이신 고모님께 이 자리를 빌려 감사의 마음을 전합니다.
감사합니다!

한 일 섭